«¡Mi hijo está gordo!»
Sobrepeso y obesidad infantil

«¡Mi hijo está gordo!». Sobrepeso y obesidad infantil

© Jordina Casademunt
con la colaboración de Javier Giraldo y Rodolfo Román (redacción)
Cubierta: P&M

© **Editorial Océano, S.L., 2005**
GRUPO OCÉANO
Milanesat, 21-23 – 08017 Barcelona
Tel.: 93 280 20 20* – Fax: 93 203 17 91
www.oceano.com

*Derechos exclusivos de edición en español
para todos los países del mundo.*

*Queda rigurosamente prohibida, sin la autorización escrita de los titulares
del copyright, bajo las sanciones establecidas en las leyes, la reproducción
parcial o total de esta obra por cualquier medio o procedimiento,
comprendidos la reprografía y el tratamiento informático, así como
la distribución de ejemplares mediante alquiler o préstamo público.*

ISBN: 84-7556-375-9
Depósito Legal: B-38900-XLVIII
Impreso en España - *Printed in Spain*

9001743010905

Índice

Introducción 7

Cómo saber si tu hijo tiene sobrepeso o está obeso 11

¿Cómo ha llegado tu hijo hasta aquí? Causas de la obesidad infantil 16
Los riesgos de la obesidad 23

Para que sepas exactamente qué come tu hijo. Los alimentos 29
La pirámide alimentaria 29
Los macronutrientes 31
Los micronutrientes 46
El agua 50
Los aditivos 53
La conservación de los alimentos 54

¿Cómo coméis? Un repaso a vuestros hábitos 57
¿Demasiada comida basura? 58
La tiranía de la televisión 62
Mejor en familia 65
¿Cómo cocinas? 68
Raciones pequeñas 71
La cesta de la compra 72
Como un reloj: desayuno, comida y cena 75
Que se tome su tiempo. La importancia de comer
  despacio y masticar bien 84

Dulces sueños. La importancia de dormir bien 86
Cómo gestionar los caprichos y las manías 89
De 0 a 18 años. A cada edad, su alimentación 94
¡Comer sano no significa ponerse a régimen! 104
Algunos consejos más 107

¡A moverse! La importancia del ejercicio físico 109
Los beneficios del ejercicio físico 109
¿De qué hablamos cuando hablamos de ejercicio físico? 113
Consejos para ponerse en marcha 117

El factor psicológico 127
La comida no debe ser un premio ni un consuelo 128
La autoestima 131
Habla con tu hijo y pasa más tiempo con él 134
¿Se siente acosado? 135
El estrés y la depresión 138

Una dieta semanal: Breve guía para que tu hijo empiece a comer bien ... 143

Anexos
   I: La dieta mediterránea 149
   II: Los productos «light» 155
   III: Algunas creencias falsas sobre la alimentación 159
   IV: Cuando los alimentos nos mejoran la vida 165
   V: Los gobiernos se ponen manos a la obra 171
   VI: A modo de decálogo 177
   VII: Peso equilibrado con una alimentación equilibrada 181
   VIII: Alimentos bioactivos 213
   IX: Auriculoterapia y adicción a la comida 239

Bibliografía 245

Introducción

En los últimos veinte años, la obesidad entre la población infantil ha pasado de ser un problema aislado y casi excéntrico –poco menos que una frivolidad en una época en la que aún existe la desnutrición infantil–, a convertirse en una auténtica epidemia de dimensiones mundiales. Así lo ha reconocido ya la Organización Mundial de la Salud (OMS), que ha calificado la obesidad como la «epidemia del siglo XXI» y calcula que alrededor de mil millones de personas adultas en todo el mundo tiene problemas de obesidad o sobrepeso. De ellos, 155 millones son niños, según los datos de la International Obesity Task Force.

Sólo en Europa, la obesidad afecta a 14 millones de niños. Italia, Malta, España, Grecia y el Reino Unido son los países con mayor tasa de obesidad infantil. En Estados Unidos, casi el 30 % de los niños tiene sobrepeso. En Alemania, Canadá, China, Australia y muchos otros países, el porcentaje de niños con problemas de sobrepeso ha crecido considerablemente en los últimos años. Cada año, en los países de la Unión Europea se registran cuatrocientos mil nuevos casos de obesidad.

En España las cifras comienzan a ser alarmantes, porque el número de niños obesos ha crecido un 6 % en los últimos 20 años. El Ministerio de Sanidad calcula que prácticamente el 14 % de los españoles con edades entre los 2 y los 24 años es obeso, un porcentaje muy similar al de los adultos obesos (el 14,5 % de la población). Hace más de veinte años, la obesidad apenas afectaba al 6 % de los niños españoles.

¿Pero por qué estos datos son tan peligrosos? Sencillamente porque un niño obeso tiene muchísimas más posibilidades de convertirse en un adulto obeso, y en consecuencia, de desarrollar enfermedades como el cáncer, la diabetes, la artritis o diversas complicaciones cardíacas de distinto grado. La obesidad puede reducir la esperanza de vida de una persona hasta en diez años. Afecta al aparato digestivo, al circulatorio (algunos estudios aseguran que las arterias de un niño obeso pueden estar tan atascadas como las de un fumador de 40 años), al respiratorio, a la motricidad, al sistema nervioso, etc.

Si la progresión se mantiene en estas cifras, el gasto sanitario derivado de los problemas de sobrepeso y obesidad supondrán en los próximo años un 7 % del presupuesto total.

Prevalencia de la obesidad infantil en España entre 1998 y 2000, según el estudio «EnKid»

Edad (años)	Varones (%)	Mujeres (%)	Total (%)
2-5	10,8	11,5	11,1
6-9	21,7	9,8	15,9
10-13	21,9	10,9	16,6
14-17	15,8	9,1	12,5
18-24	12,6	14,9	13,7
Total (2-24)	15,6	12	13,9

¿Y por qué son de tal magnitud estos datos? ¿Cómo hemos llegado a estas cifras? Básicamente, porque los niños actuales no juegan en la calle (o lo hacen muy poco) como lo hacían sus padres o abuelos, sino ante una videoconsola o un ordenador; porque la oferta alimentaria (y con ella los productos con más calorías, la comida basura, la bollería industrial, etc.) se ha multiplicado; y porque la falta de tiempo y la nueva estructura familiar han ido aparcando poco a poco la importancia de la comida para relegarla a un segundo plano, algo que se puede hacer solo, rápido y de cualquier manera. Volviendo a los datos, el 38 % de los jóvenes españoles se declara totalmente sedentario.

Visto todo lo anterior, habría que replantearse el tópico del niño gordo y feliz, la idea aún sostenida por muchos padres de que un niño gordo es un niño sano, y de que siempre es preferible comer un poco más de lo necesario. La realidad demuestra que es al contrario, y que son muchísimos los niños que comen por un impulso que nada tiene que ver con el apetito: comen porque están solos, aburridos, ansiosos o estresados, pero no porque tengan realmente hambre.

La obesidad no es sólo un problema estético: tiene una vertiente fisiológica, directamente relacionada con los hábitos alimenticios y de ocio, y también un componente psicológico que, en ocasiones, puede causar o acelerar la aparición de enfermedades como depresión, ansiedad, estrés, falta de autoestima...

Si tienes este libro en las manos, probablemente sospechas o crees a ciencia cierta que tu hijo tiene sobrepeso o está obeso. Debes tener en cuenta, sin embargo, que a ciertas edades, el propio crecimiento de tu hijo hará que gane unos kilos, y que por lo tanto ese aumento no se deberá a ningún problema de sobrepeso.

Tan perjudicial es obsesionarse con el peso y con la comida como pasar por alto el problema. Existen muchos padres convencidos de que su niño presenta un aspecto mucho más saludable con un kilos de más (no se dan cuenta de que esos kilos de más pueden convertirse en un serio problema en cuestión de pocos años) y otros que, simplemente, siendo conscientes de los riesgos de la obesidad de su hijo, no hacen nada para evitarla.

En la lucha contra la obesidad no hay ningún truco ni ninguna varita mágica. En la inmensa mayoría de los casos, todo se reduce a una ecuación muy sencilla, pero que requiere la explicación que pretende darte este libro: llevar una alimentación sana y equilibrada y hacer ejercicio. No obsesionarse con el problema, sino saber qué hay que hacer para solucionarlo y ser muy consciente de que perder peso no significa pasar hambre ni ponerse a dieta. Requiere cierto esfuerzo (por parte de todos, no sólo de tu hijo) y alguna que otra renuncia, pero se trata de un esfuerzo muy llevadero que pronto dará sus frutos. Así que el primer mensaje es muy claro: la obesidad tiene solución, al contrario de lo que ocurre con otras enfermedades.

Necesitarás poner en marcha ciertos ajustes y unas dosis de paciencia. No olvides que tu hijo está creciendo, y por lo tanto aprendiendo. Y aprender significa muchas veces actuar por mimetismo, es decir, tu hijo hará lo que vea en casa. Si toda la familia lleva una dieta equilibrada y variada, es difícil que un miembro de ella sea una persona obesa. Así que para que tu hijo comience a perder peso, tú deberás dar el primer paso. Este libro te ayudará a hacerlo de una manera fácil y cómoda, sin altibajos. Encontrarás consejos para concienciar a tu hijo sobre la importancia del ejercicio físico, para cocinar de una manera más sana, para comprar los productos más indicados y para gestionar los posibles problemas que surjan en el camino.

Cómo saber si tu hijo tiene sobrepeso o está obeso

Antes de alarmarte, movilizarte o poner a tu hijo a hacer ejercicio de manera frenética, párate a pensar. ¿Realmente tu hijo está obeso? ¿Tiene sobrepeso? ¿O simplemente es más alto, fuerte o robusto que la media?

Empezaremos por el principio: aunque los medios de comunicación suelen utilizarlos como sinónimos, «sobrepeso» y «obesidad» no son exactamente lo mismo.

El **sobrepeso** es simplemente un exceso de peso en relación a la altura del niño. Pero este término puede ser engañoso y quedarse corto, porque no tiene en cuenta la constitución física (si es delgado, fuerte, robusto, etc.), la estructura ósea, la musculatura o la envergadura. Así que es posible que el peso de tu hijo esté un poco por encima del teóricamente ideal, pero eso no quiere decir que sea obeso, porque el peso incluye la grasa, pero también el resto de tejidos. Es más, es probable que tenga un aspecto perfectamente saludable aunque los números te digan que pesa un poco más que la media.

En términos médicos, **la obesidad** se define como un exceso de grasa en el organismo. Más adelante, veremos que la grasa no sólo es necesaria, sino imprescindible para vivir, pero es su acumulación en exceso lo que determina la obesidad. Un niño con un exceso de grasa en su organismo será, a buen seguro, un niño obeso, o estará en el camino de serlo. La sobreabundancia de grasa lleva consigo un aumento de peso.

Normalmente, la obesidad aparece cuando la persona ingiere más calorías de las que necesita. Esas calorías, al no gastarse (por eso es tan importante el ejercicio físico) se acumulan en forma de grasa en unas células llamadas adipocitos. En general, se considera obesidad infantil la que se inicia a partir de los 3 años de edad, ya que los excesos de peso antes de esta edad no se consideran un factor de riesgo.

Se considera que una persona tiene obesidad cuando sobrepasa en un 20 % el peso ideal para su edad y altura. Pero, ¿cómo saber cuál es el peso ideal de nuestro hijo?

Es más fácil de lo que parece: normalmente, en cualquier centro de salud encontrarás las tablas de crecimiento que los médicos han diseñado para facilitarte el seguimiento y la evolución de la altura y la edad de tu hijo. Pero si no las tienes a mano, lo primero que tienes que tener en cuenta es el índice de masa corporal (IMC) de tu hijo.

El IMC (también llamado «Índice de Quetelet») es el primer indicador que podemos tener para saber si realmente nuestro hijo está obeso o no. Se calcula dividiendo el peso en kilogramos por la altura al cuadrado de tu hijo.

IMC = peso en kilogramos / talla en metros al cuadrado

Por ejemplo, una niña de diez años que mida 1,35 metros y pese 30 kilos tendrá un IMC (30 / 1,82) de 16,48, una cifra perfectamente normal a tenor de las cifras recomendadas por los especialistas.

En los adultos se acepta como válida la siguiente tabla de valores:

- **IMC inferior a 18,5:** peso insuficiente
- **IMC entre 18,5 y 24,9:** peso normal
- **IMC entre 25 y 26,9:** sobrepeso de grado I
- **IMC entre 27 y 29,9:** sobrepeso grado II (preobesidad)
- **IMC entre 30 y 34, 9:** obesidad de tipo I
- **IMC entre 35 y 39,9:** obesidad de tipo II
- **IMC entre 40 y 49,9:** obesidad de tipo III (mórbida)
- **IMC superior a 50:** obesidad de tipo IV (extrema)

Sin embargo, los niños no pueden regirse por estas cifras. Su cuerpo está aún en formación, desarrollándose continuamente, por lo que es difícil marcar unas cifras generales para los niños. Sí existen, sin embargo, unas cifras aproximativas que probablemente te serán muy útiles. Eso sí, no olvides que son meramente orientativas de lo que se consideraría un peso más o menos normal, y que no debes alarmarte si la desviación es mínima.

IMC considerado normal entre los 2 y los 18 años

Años	IMC Niño	IMC Niña	Años	IMC Niño	IMC Niña
2	16,4	16,4	11	17,2	17,5
3	16	15,7	12	17,8	18
4	15,7	15,4	13	18,2	18,6
5	15,5	15,1	14	19,1	19,4
6	15,4	15,2	15	19,8	19,9
7	15,5	15,5	16	20,5	20,4
8	15,8	15,8	17	21,2	20,9
9	16,1	16,3	18	21,9	21,3
10	16,3	16,8			

Hay que tener en cuenta que el IMC va disminuyendo poco a poco desde el primer año de vida hasta los seis años. Durante un año, aproximadamente, se estanca, y luego vuelve a crecer durante la infancia y la adolescencia, a medida que tu hijo crece. Es lo que se considera el rebote de grasa, normalmente a partir de los siete años.

El crecimiento no es homogéneo ni siempre mantiene las mismas constantes, por lo que el peso tampoco será siempre el mismo. Así que puedes considerar absolutamente normal el hecho de que tu hijo gane unos kilos a determinada edad, porque lo más normal es que los pierda con el paso de los meses.

Hasta los seis años, los niños acumulan más grasa en las extremidades que en el torso, y a medida que van creciendo, tienden a acumularla más en la barriga y el tronco. En la pubertad, ellos suelen tener más grasa en el tronco a la vez que se reduce en brazos y piernas, mientras que ellas, durante esa etapa, tienden a acumular la misma cantidad en el tronco que las extremidades.

Como hemos visto en el IMC, las cifras no son las mismas para niñas y niños. Los dos sexos mantienen un crecimiento distinto: las diferencias se notan, sobre todo, en la pubertad. Tienen que ver con las grasas, las necesidades energéticas, el desarrollo de la musculatura (normalmente, ellos desarrollan más masa muscular que ellas, por lo que suelen requerir más cantidad de energía) y varios factores más, como la maduración sexual, por ejemplo.

La adolescencia (acuérdate del famoso «estirón») supone un evidente aumento de peso porque crecen los huesos y los músculos. También la grasa, pero lo normal es que crezca en su justa medida. Si aumenta desmesuradamente, hablamos de un caso de obesidad. En el caso de los chicos, el esqueleto es más robusto. Crecen más en altura y desarrollan más masa muscular. Las chicas tienden a aumentar los tejidos grasos, aunque ellas sufren antes el estirón propio de esta época, aproximadamente a los nueve o diez años.

Entre los seis y los diez años, los chicos (de ambos sexos) ganan aproximadamente dos o tres kilos por año. Antes de entrar en la adolescencia, este ritmo aumenta un poco, así que es normal que tu hijo gane unos kilos antes de dar el estirón.

En términos generales, el peso de un chico puede doblarse entre los 10 y los 18 años. En el caso de ellos, debido a los músculos, y en el caso de las niñas, por los músculos, pero también por la grasa que se acumula en la cintura y en el pecho. Por eso las chicas tienen una figura más redondeada, y por eso es importante distinguir las curvas de una chica de un exceso de grasa. Cuando entra en la adolescencia, el cuerpo de tu hija cambia rápidamente, y sólo debes preocuparte si el aumento de peso es demasiado elevado.

Entre los 15 y los 20 años, se considera normal que las chicas tengan entre el 18 y el 22 % de su peso corporal en grasa, mientras que en los chicos ese porcentaje oscila entre el 15 y el 18 %.

Pero no te obsesiones con las cifras del IMC porque puede llevarte a conclusiones erróneas o precipitadas. Las tablas del IMC sirven como orientación general. No te preocupes si tu hijo mantiene siempre una curva de crecimiento constante, aunque esté unos puntos por encima de la media.

Un consejo: de la misma manera que muchas familias van controlando poco a poco la altura de sus hijos (muchas veces, por motivos lúdicos, más que puramente médicos), puedes ir midiendo cada cierto tiempo el peso de tus hijos. Eso te permitirá ver su evolución en perspectiva y te ayudará a saber si en algún momento de su crecimiento puede llegar a ser considerado obeso.

El IMC presenta una desventaja: no mide la grasa del cuerpo. Por ejemplo, los músculos pesan más que la grasa, así que una persona musculada siempre tendrá un IMC más elevado que otra que no lo es, lo cual no implica que sea obeso.

Para saber con mayor certeza si tu hijo es obeso puedes recurrir también a un método sencillo: mídele la cintura. Los expertos recomiendan llevar una medición constante, porque el diámetro de la cintura (una de las zonas del cuerpo que suele acumular grasa) suele ser un buen indicador a la hora de comprobar si realmente tu hijo tiene obesidad.

Un porcentaje demasiado elevado de cintura, junto a un IMC muy alto, son indicios claros de que tu hijo tiene sobrepeso o es obeso.

Hemos visto el IMC y la medición de la cintura. Pero quizá lo primero que deberías hacer es echar un vistazo a tu alrededor. Si en tu familia hay varias personas obesas, es muy posible que tu hijo también lo sea, no sólo por factores genéticos o hereditarios, sino por los hábitos alimenticios instalados en tu casa. Si un niño proviene de una familia en la que todos sus miembros son obesos, es muy difícil que él no lo sea.

Si aún tienes dudas o no estás totalmente segura, acude al pediatra o al médico. Él te podrá decir con más exactitud si tu hijo tiene sobrepeso o no, probablemente recurriendo al estudio de los pliegues cutáneos para comprobar el nivel de grasa. También es conveniente, llegado el caso, estudiar el índice de glucemia (azúcar en la sangre), de ácido úrico y el nivel de hormonas tiroideas para descartar hipotiroidismo (el funcionamiento insuficiente del tiroides).

En resumen: actúa sin alarmismos, procura seguir la alimentación de tu hijo con cierta perspectiva, estudia qué es lo que suele comer y cuánto ejercicio físico realiza al día antes de cambiar de arriba a abajo su alimentación.

Sin embargo, tampoco es cuestión de pasar por alto el problema. Si crees que tu hijo puede entrar dentro de la categoría que hemos visto que correspondería a un niño obeso, no busques excusas o te escudes en el tópico («su cuerpo es así», «es su metabolismo», «estar gordo le viene bien», «sólo es temporal», «deben de ser las glándulas», «es genético» o cosas por el estilo). Afronta la cuestión con naturalidad y discreción, como algo natural, que tiene una solución fácil y no necesariamente dolorosa, sino incluso al contrario.

Siempre es difícil juzgar con ojos neutrales a una persona amada, más aún si se trata de tu hijo (al que ves a diario, lo que complica el hecho de comprobar a ciencia cierta si va ganando peso), pero se trata de aceptar la cuestión y tratar de corregirla poco a poco, sin brusquedades. Y recuerda siempre que, en estos casos, es mucho mejor prevenir que tratar de solucionar. Más adelante estudiaremos la aproximación al tema.

¿Cómo ha llegado tu hijo hasta aquí? Causas de la obesidad infantil

¿Te has preguntado alguna vez por qué tu hijo tiene sobrepeso, está por encima del peso teóricamente estipulado para su edad o es obeso? La respuesta no debes buscarla tan sólo en esas ideas comunes que hemos mencionado antes y que normalmente circulan por ahí («es su constitución física», «retiene líquidos», «es el metabolismo» o «es hereditario», si bien esta última puede tener cierta influencia).

Todo el mundo sabe que comer demasiado, llevar una dieta inadecuada y no hacer ejercicio son las grandes causas de la obesidad. Es cierto, pero conviene ir un poco más allá, repasar el estilo de vida que llevan tus hijos, cómo utilizan el ocio y estudiar los factores genéticos.

En el caso que nos ocupa, podríamos concluir con casi toda seguridad que si tu hijo es obeso, ello se debe no sólo a uno de las causas apuntadas inicialmente, sino a una combinación de factores.

- **La dieta.** Analizaremos más adelante con profundidad en qué consisten los alimentos que tu hijo consume a diario, pero si tu hijo es obeso, es muy probable que su dieta no sea la más adecuada. Comida basura, chocolatinas, bollería industrial, palomitas, golosinas, refrescos, patatas fritas, etc., ¿te suenan? Están a la orden del día, suelen ser productos baratos, accesibles y presentados en cajas y envases de colores, muy atractivos para los niños y que además vienen con regalos u otras promociones. Para una madre, es difícil resistir las súplicas de su hijo, que le pide insistentemente tal o cual producto de este tipo. En otros casos, son los propios niños quienes se compran este tipo de alimentos, porque los niños y adolescentes manejan una cantidad de dinero (normalmente semanal) que sus padres ni soñaban a su edad.

Pero la mayoría de estos productos son ricos en grasas, sal y tienen demasiado azúcar. Muchas veces, son los más apreciados por los niños, pero son también los que más contribuyen a la obesidad, porque son muy ricos en calorías y muy pobres en nutrientes.

Mientras tanto, las frutas y las verduras frescas pierden peso entre los niños y adolescentes. Muchos las consumen sólo por obligación, y muy de vez en cuando, con el riesgo que ello entraña: menos vitaminas y minerales; en ocasiones, muchos menos de los recomendados. Aquí tenemos la primera causa de la obesidad: una alimentación desequilibrada (y a veces deficitaria). En el capítulo dedicado a los alimentos veremos con más detalle esta cuestión.

- **Menos ejercicio físico.** ¿Cuánto deporte hace tu hijo a la semana? ¿En qué suele emplear sus ratos libres? ¿Va al colegio caminando, en coche o en autobús? Son preguntas que parecen nimias, pero que adquieren una importancia capital a la hora de estudiar las causas de la obesidad. Si tu hijo no hace nada de ejercicio físico, tiene muchas más posibilidades de ser un niño obeso.

Los niños cada vez juegan menos. Se sientan delante de la televisión, el ordenador o la videoconsola, pero cada vez juegan menos en el sentido físico y tradicional de la palabra. Entre la población infantil se ha instalado de manera alarmante el sedentarismo.

Algunos factores explican esta dinámica: los niños tienen poco tiempo para sí mismos, entre el colegio, las actividades extraescolares, los largos desplazamientos, etc., y ese poco tiempo lo pasan delante de la televisión o del ordenador. Además, cada vez tienen menos espacios para jugar porque vivimos en una sociedad principalmente urbana, con ciudades cada vez más grandes y, sin embargo, con pocas zonas verdes o amplias, aptas para el juego de los niños. A medida que una ciudad crece, se convierte en más peligrosa (al menos en el imaginario de los padres, temerosos de que sus hijos sufran algún incidente) y lo niños se quedan en casa, muchas veces por consejo paterno, porque se considera que en casa el niño está seguro, y en la calle, en cambio, expuesto a la gente.

El hecho de que los padres pasen tanto tiempo fuera de casa debido al trabajo hace que el niño tenga que quedarse más tiempo en la guardería, el colegio o con su canguro. Los padres no tienen tiempo de llevar a sus hijos al parque.

Todo ello significa una más que notable reducción de la actividad física y un sedentarismo creciente que ya se asume como algo normal entre los chavales de hoy en día.

Y sin embargo, el ejercicio físico es fundamental para estar en forma y prevenir la obesidad. Moverse con frecuencia favorece el metabolismo. Es decir, moverse quema la energía consumida durante la comida. Es una cuestión de lógica. Si tu hijo no quema todo lo que consume, irá ganando peso progresivamente y puede convertirse en un niño obeso.

El ejercicio mejora el estado de forma, pero también ayuda a liberarse de la ansiedad y combatir el estrés y la depresión.

- **Factores hormonales.** Aunque en menor medida que lo visto anteriormente, los problemas hormonales pueden causar problemas de sobrepeso y obesidad. Es el caso del hipotiroidismo, un fenómeno que se produce cuando el tiroides (una glándula situada en la garganta) no segrega la cantidad suficiente de las hormonas que controlan en metabolismo. Y, obviamente, el metabolismo (el ritmo de combustión de las calorías para convertirse en energía) influye en el peso. Unas personas tienen el metabolismo más lento que otras, pero un metabolismo excesivamente lento puede deberse a la falta de ejercicio físico o a que tu hijo tenga un ritmo irregular en las comidas.

Algunos trastornos relacionados con la insulina, las hormonas del hipotálamo, el sistema nervioso o la disminución de la leptina también se relacionan con la obesidad, pero son poco frecuentes. Precisamente la leptina, conocida como «hormona de la obesidad», juega un papel fundamental: una vez secretada a la sangre, su función primordial es actuar a nivel del hipotálamo, induciendo un estado de saciedad.

También es muy poco frecuente el «síndrome de Cushing», una alteración de la glándula suprarrenal que consiste en el aumento en la producción de cortisol, directamente relacionada con la obesidad.

- **Factores genéticos o hereditarios.** El riesgo de llegar a ser obeso cuando los miembros de la familia son obesos es del 27,5 % para el varón y del 21,2 % para la mujer. Si los dos padres son obesos, el riesgo de que su hijo también lo sea se dispara hasta el 80 %.

Algunos factores fisiológicos pueden ser directamente heredados de los padres. El metabolismo del niño está directamente relacionado con el de la madre. En la actualidad se reconocen más de setenta genes implicados en la causa de la obesidad.

La constitución física y la envergadura son factores básicos a la hora de estudiar la obesidad, y ambos están directamente relacionados con los genes que heredamos de nuestros padres. Atendiendo a la forma del cuerpo podemos desglosar tres categorías, los ectomorfos (de complexión ligera y con escasa capacidad para almacenar grasas), los endomorfos (al contrario que los anteriores) y los mesomorfos, que ocuparían un lugar intermedio.

Así, es lógico que si tu hijo ha heredado una constitución física pesada, sea más propenso a ser obeso (pero recuerda que normalmente existe un conjunto de causas). Además, los genes del ser humano no han cambiado en los últimos treinta años y, sin embargo, las cifras de niños obesos se han multiplicado, por lo que hay que hacer hincapié en los hábitos alimenticios y en el ejercicio físico. Porque además de genes, los miembros de una misma familia comparten también la misma dieta y costumbres de alimentación.

En resumen: si tu hijo tiene una constitución física fuerte y pesa un poco más que el resto de sus compañeros, pero lleva una dieta equilibrada, hace ejercicio con asiduidad y no sufre trastornos emocionales, la obesidad no debería ser un problema para su salud. Simplemente puede que tenga una predisposición genética a pesar más que los demás.

- **Factores emocionales y sociales.** Normalmente los desdeñamos al creer que no tienen influencia directa en el cuerpo, pero los elementos psicológicos o emocionales tienen mucho que ver en las manifestaciones del cuerpo. Está más que demostrado que una persona alegre, tranquila y relajada tiene muchas menos posibilidades de padecer una enfermedad que otra siempre tensa o deprimida. En el caso que nos ocupa, la obesidad infantil, la situación es similar.

En muchas ocasiones nos encontramos en un círculo vicioso: la ansiedad produce obesidad, la obesidad produce pérdida de autoestima o incluso depresión, que dan lugar a la ansiedad.

Existen algunos indicios que nos permiten comprobar hasta qué punto los factores psicológicos o emocionales (lo estudiaremos con más detalle más adelante).

Algunos niños o padres recurren a la comida para disipar culpas, expresar las necesidades o demostrar otro tipo de sensaciones. Se utiliza **la comida como recompensa** (en menor medida, como castigo), lo que confiere a la alimentación una aureola emocional a la que recurrir en estados anímicos especiales, ya sea de euforia desmedida o de bajo estado de ánimo.

A veces, los niños obesos lo son porque **han buscado consuelo en la comida**. Si se sienten tristes, deprimidos, rechazados o solos deciden refugiarse en la comida, algo accesible y a su alcance, pero lo hace no porque tenga hambre, sino como consuelo. Si la comida es recompensa, el niño interpreta que es algo bueno, positivo, un sitio donde refugiarse.

Encontramos también un factor que puede enmarcarse en lo que llamaríamos factores sociales: en contra de lo que ocurría en generaciones anteriores, las familias actuales tienen pocos hijos y, tanto el padre como la madre, suelen pasar mucho tiempo trabajando fuera del hogar. Como consecuencia, los niños pasan poco tiempo con ellos y están mucho tiempo solos. Esto afecta directamente al desarrollo psicológico y a que crezca en ellos un **sentimiento de soledad** que puede desembocar en atracones indiscriminados de comida.

Los niños solos son los que más ven la televisión y, por lo tanto, los más dispuestos a recibir la publicidad de la comida rápida, los refrescos y las golosinas.

Por otro lado, el hecho de que los padres vean muy poco a sus hijos les lleva a ser más permisivos con ellos. «Tengo poco tiempo para estar con mi hijo, y ese tiempo no quiero desaprovecharlo discutiendo, así que le concedo sus deseos», parece ser el razonamiento de muchos progenitores. Ese deseo tiene que ver muchas veces con chucherías, bollería o comida basura. Si los padres trabajan fuera de casa, es muy probable que no tengan tiempo para preocuparse de la merienda de sus hijos, y en lugar de un bocadillo, el niño acabe comiéndose un producto de bollería industrial (incluso elegido y comprado por él mismo).

Pero tampoco el otro extremo en aconsejable: no es bueno dejar que nuestros hijos coman siempre sólo lo que les apetece (porque siempre les apetece lo mismo), pero tampoco conviene prohibirles tajantemente ningún alimento. Eso puede dar lugar a un sentimiento de rebeldía, de gusto por lo prohibido, en definitiva, que se atiborre de ese producto a escondidas.

Así que uno de los primeros consejos que puedes recordar es éste: muéstrate también en este aspecto moderado, no pases absolutamente de la alimentación de tu hijo y dejes que coma siempre lo que quiera, pero tampoco conviertas la dieta en un ejercicio penoso y lleno de prohibiciones. De la misma manera, y teniendo en cuenta que la gran mayoría de niños comen como han visto en casa, sé un ejemplo para ellos. No te hinches a dulces si tienes que celebrar algo o crees que tienes que compensar algún esfuerzo, porque estarás enseñando a tu hijo (aunque sea de manera inconsciente) un camino erróneo.

Hasta hace poco tiempo, **la depresión infantil** se consideraba poco menos que algo imposible y contradictorio, porque se creía que los niños no tenían la suficiente madurez emocional. Pero muchos niños pasan por etapas de decaimiento físico y moral en alguna ocasión. La depresión puede llevar al niño a refugiarse en la comida, a reducir notablemente su actividad física, entre otras causas de la obesidad.

Si notas que tu hijo pierde autoestima, está irritable, es pesimista, habla poco, está triste, no duerme bien o ha perdido el interés por sus actividades cotidianas, no debes bajar la guardia y acudir a un profesional; es probable que esté deprimido.

El ritmo de vida actual es agotador. No sólo para los padres, también para los niños. El **estrés** era algo desconocido en décadas anteriores, pero hoy está a la orden del día incluso entre la población infantil (algunos estudios demuestran que un alto porcentaje de niños se consideran a sí mismos «estresados»). De hecho, muchos niños consideran la presión académica y la ansiedad que conlleva como algo perfectamente normal. Pero también influyen los horarios, los largos desplazamientos de casa al colegio, los problemas familiares, la creciente violencia en las aulas y en la televisión, la falta de tiempo y espacios para jugar, etc.

Es frecuente que los niños vivan jornadas asfixiantes, con actividades después del colegio y deberes al llegar a casa, sin tiempo para jugar o para estar con sus padres.

El estrés no tiene una manifestación concreta, pero se deja notar en síntomas como ansiedad, dolores de cabeza, mareos, falta de energía, cambios bruscos de humor, problemas con el sueño, hiperactividad, etc. Los niños estresados comen para liberarse de sensaciones de ansiedad, angustia o pensamientos desagradables, porque muchas veces no encuentran explicaciones a su desasosiego.

Además, las hormonas producidas por el cuerpo en tales situaciones favorecen la formación de células grasas y, por lo tanto, de la obesidad.

Algunos estudios apuntan que un nivel socio-económico alto, ser hijo único, el pequeño de los hermanos o pertenecer a una familia con un solo progenitor aumentan las posibilidades de ser un niño obeso.

Así que para resumir el apartado dedicado a los factores emocionales, párate a pensar: ¿Cuánto tiempo pasas con tus hijos? ¿Cuánto tiempo hablas al día con ellos? ¿Conoces sus problemas, sus gustos, sus inquietudes? Si son pequeños, ¿les lees algo antes de que se duerman? ¿Cuántas veces a la semana puedes comer o cenar con ellos? ¿Llevas a cabo alguna actividad de ocio junto a ellos, como correr, pasear, montar en bicicleta, esquiar, etc.?

Los riesgos de la obesidad

Salvo en casos extremos, la obesidad no puede considerarse una enfermedad en sí misma. Pero sí el umbral a numerosas dolencias, tanto en adultos como en niños. Para empezar, tenemos un dato aplastante: el 70 % de los niños obesos *también serán obesos* cuando lleguen a la edad adulta.

Estar obeso no es sólo un problema estético, como podríamos llegar a pensar cuando la publicidad y la televisión nos bombardean cada día con figuras de cuerpos esbeltos y casi perfectos. Debes darte cuenta de que ése no es el ideal que tienes que perseguir, sino simplemente buscar una dieta equilibrada y evitar el problema. No se trata de que tu hijo tenga un «cuerpo diez», sino de que tenga un cuerpo sano.

La obesidad entraña riesgos. Algunos pueden llegar a convertirse en graves y peligrosos para la salud.

- **Problemas respiratorios.** Entre otros, la apnea del sueño, un problema que crece de manera imparable entre los niños y adolescentes, especialmente en obesos. La apnea del sueño consiste en una interrupción de la respiración durante cortos períodos de tiempo (unos diez segundos). La obesidad lleva consigo un aumento del tejido grado del cuello, lo cual bloquea notablemente el paso del aire.
La apnea del sueño puede provocar problemas de memoria y fatiga en general, porque impide un sueño reparador. Sus síntomas principales son los ronquidos, la sensación de cansancio durante el día y cierta inestabilidad emocional. Está demostrado que es una de las principales causas de accidentes de tráfico.
Además, un exceso de grasa en el abdomen dificulta el proceso de expansión de la caja torácica durante la respiración. La respiración de una persona obesa es más complicada por la dificultad de mover el diafragma en el abdomen y la mayor resistencia de la caja torácica a la dilatación por el exceso de grasa. En ocasiones, esta dificultad en la respiración puede provocar una oxigenación insuficiente de la sangre, que puede provocar somnolencia y otro tipo de complicaciones funcionales.

Los niños obesos presentan un mayor número de infecciones respiratorias de las vías superiores y mayor gravedad de los procesos asmáticos.

- **Problemas ortopédicos o de movilidad.** En el caso de los niños obesos, sus pies se ven obligados a soportar un peso excesivo: las rodillas tienden a doblarse, y el resultado será un niño más torpe que se caerá con facilidad. La obesidad puede dar lugar también a padecer artrosis en las rodillas. El exceso de peso castiga muy especialmente los pies y las rodillas, lo que convierte al niño obeso en propenso a sufrir distensiones y problemas musculares en el tren inferior.
Los niños obesos tienen más posibilidades de sufrir problemas de espalda en los primeros años de su adolescencia, debido al peso que han de soportar en esta etapa de crecimiento.
Estos problemas de movilidad les hacen sentirse torpes y poco preparados para la actividad física, lo que no hace sino agravar el problema, porque se vuelven más y más sedentarios. En próximos capítulos veremos que el ejercicio físico no tiene por qué suponer un suplicio y ni siquiera un esfuerzo.

- **Problemas cardíacos.** Según varios estudios, el 60 % de los niños obesos tiene, al menos, un factor de riesgo cardíaco. Un niño con sobrepeso tiene el doble de posibilidades de tener el colesterol alto o la tensión por encima de lo normal, factores de riesgo para padecer problemas de corazón.
De hecho, las arterias de un niño obeso son comparables a las de un fumador de mediana edad. Las paredes de sus vasos sanguíneos tienen más grasa, lo que puede provocar el bloqueo de vasos más pequeños.
Todos los estudios relacionan directamente el exceso de kilos y el riesgo de enfermedades cardíacas, como hipertensión arterial (por cada milímetro de aumento de la presión sanguínea durante la infancia, crece un 10 % la posibilidad de ser hipertenso en la juventud), aumento del volumen cardíaco o dislipemia (la alteración de los niveles normales de grasas, fundamentalmente colesterol y triglicéridos).

Arterias atascadas

Las arterias de los niños obesos presentan características similares a las de lo fumadores en edad adulta. Así se desprende de un estudio llevado a cabo por la Universidad de Hong Kong. Los científicos analizaron a 54 niños y 28 niñas con una media de edad de 9,9 años. Más tarde, emparejaron los resultados de las pruebas de los niños con los de adultos (media de edad de 45 años) que llevaban al menos diez años fumando. Comparados con niños no obesos, los chicos estudiados tenían cinco veces más de probabilidades de sufrir un infarto antes de los 65 años.

- **Diabetes.** La mayoría de los niños que padecen diabetes de tipo II son obesos. Esta dolencia provoca que el páncreas no produzca suficiente insulina, una sustancia necesaria para que el organismo pueda procesar el azúcar. Normalmente, los niños no suelen presentar síntomas de esta enfermedad (y si aparecen, son ligeros, como mayor necesidad de orinar o sentir más sed de lo habitual).

    La diabetes es una enfermedad crónica. No es grave, pero exige un cuidado constante y una dieta específica. Si no se controla, puede causar daños en los ojos (ceguera, retinopatía), el corazón o los riñones (nefropatía), además de lesiones nerviosas.

- **Aumenta las posibilidades de padecer cáncer.** Una investigación de la Asociación Americana contra el Cáncer estudió a novecientas mil personas mayores de 16 años y descubrió que el sobrepeso es un factor de riesgo en las muertes por cáncer en el 20 % de las mujeres y el 14 % de los hombres.

    La grasa aumenta la cantidad de estrógenos en la sangre, lo que aumenta el riesgo de padecer cáncer de mama o de ovarios, y también multiplica el reflujo de ácidos, normalmente relacionados con el cáncer de esófago.

    La Agencia Internacional para la Investigación del Cáncer (adscrita a la Organización Mundial de la Salud) sostiene que la obesidad aumenta los riesgos de sufrir cáncer de mama, colon, riñón, esófago y útero. Sus investigadores creen que el 40 % de los casos de cáncer de útero, el 25 % de los cánceres de riñón y el 10 % de los cánceres de mama y colon podrían evitarse si la gente evitara el exceso de peso.

- **Problemas en la vesícula biliar.** Varios estudios han concluido que la obesidad multiplica las posibilidades de padecer cálculos biliares.

- **Problemas en la piel.** Es frecuente encontrar en los niños obesos estrías o celulitis. Además, suelen aparecer infecciones cutáneas, sobre todo en área de pliegues, y deshidratación en pies y manos.
  Al tener una menor superficie relativa que la piel de la persona sin sobrepeso, el niño obeso debe eliminar gran parte del calor que produce a través de una menor área cutánea, con lo que su piel suele estar más caliente y debe ser refrigerada mediante la sudoración. Esto da lugar a una sudoración más copiosa e inmediata. Con el sudor, la piel está más húmeda, lo que favorece el ataque de bacterias y hongos en las zonas de repliegue cutáneo. Y en las zonas de contacto (la zona púbica y las axilas, por ejemplo) se producen irritaciones por el constante roce de la piel húmeda. Esta excesiva sudoración también da lugar a la aparición de malos olores, algo que pone en peligro la integración del niño obeso.

- **La caries.** Normalmente, los niños obesos consumen una cantidad de azúcar por encima de lo recomendado, lo que les convierte en el objetivo perfecto para la caries.

- **Maduración sexual anticipada.** En las niñas, la obesidad puede provocar un adelanto de la menarquia (la aparición de la primera menstruación). Además, la maduración sexual anticipada termina por afectar el proceso de crecimiento. Las mujeres obesas tienen más riesgo de sufrir el síndrome de ovario poliquístico.
  En algunos casos, la obesidad favorece la ginecomastia (el desarrollo de las mamas en los hombres).

Problemas psicológicos. Las consecuencias psicológicas de la obesidad van mucho más allá de lo que podrías imaginar en un primer momento y son, además, tan importantes o más que las que hemos visto hasta el momento. En los medios de comunicación, los niños obesos son presentados a veces como personas simpáticas y graciosas, pero otras veces, como personajes glotones y cómicos. A partir de los seis o siete años, un niño ya es plenamente consciente de lo que ve o escucha por la televisión o por la radio, así que su idea sobre los niños obesos se va formando desde bien temprana edad.

Muchos niños obesos tienen problemas en su escuela. Desde el punto de vista del adulto, parecen cuestiones sin importancia, pero no lo son para el niño, acusado muchas veces por sus compañeros de no estar capacitado para los deportes o la actividad física (lo que puede convertirle en un sedentario), de que la ropa no le sienta bien o, incluso, de tener pocos amigos. La intimidación o los sobrenombres despectivos también pueden hacer acto de presencia en el caso de los niños obesos.

A la larga, estos niños obesos se van sintiendo inferiores al resto e incluso pueden llegar al extremo de verse a sí mismos como personas desagradables, lo que repercute directamente en su autoestima. Normalmente, los niños obesos se sienten insatisfechos con su cuerpo.

Todo ello puede afectar directamente a su rendimiento escolar y provocar que se vayan encerrando en sí mismos, convirtiéndose en personas de menor sociabilidad que el resto. Se cree que aproximadamente el 10 % de los niños obesos padece depresión.

Esta menor sociabilidad les hace buscar refugio en sí mismos y, muchas veces, en la comida, lo cual perpetúa el problema de la obesidad.

En la adolescencia, el concepto que un chico tiene sobre sí mismo adquiere tal importancia que cualquier característica física que le diferencie del resto de sus compañeros (la obesidad puede ser una de ellas) puede convertirse en un problema más grave.

Para que sepas exactamente qué come tu hijo.
Los alimentos

Para saber qué tipo de alimentación debemos llevar y qué debemos cambiar con respecto a nuestro modo de comer, es conveniente saber en qué consisten los alimentos que consumimos habitualmente. ¿Está tu hijo consumiendo demasiadas grasas? ¿Quizá demasiado azúcar? ¿Es suficiente su cantidad diaria de proteínas o de hidratos de carbono? ¿Qué alimentos tienen hierro, cromo o fósforo? ¿Por qué son tan importante las vitaminas?

La pirámide alimentaria

Para empezar a responder algunas de estas preguntas empezaremos por ver rápidamente la pirámide de los alimentos, diseñada inicialmente por el Ministerio de Salud de Estados Unidos. Es importante porque es un resumen rápido, directo y gráfico de lo que podría ser una dieta sana y equilibrada.

Pirámide **alimentaria**

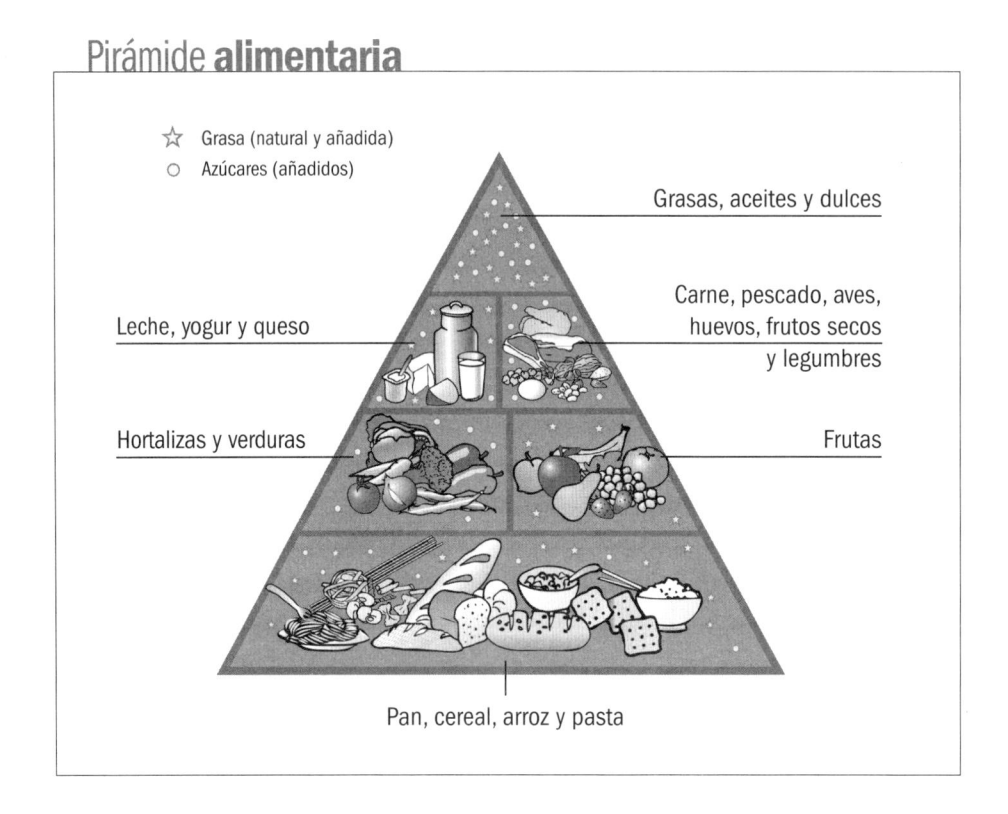

☆ Grasa (natural y añadida)
○ Azúcares (añadidos)

Grasas, aceites y dulces

Leche, yogur y queso

Carne, pescado, aves, huevos, frutos secos y legumbres

Hortalizas y verduras

Frutas

Pan, cereal, arroz y pasta

Los alimentos de la parte baja de la pirámide son la base, es decir, los que hay que consumir con mayor frecuencia en busca de una alimentación equilibrada; y a medida que vamos subiendo escalones de la pirámide, reducir el consumo. De hecho, y para hacer más fácil la comunicación con tu hijo, puedes explicarle un dato interesante: la mayoría de deportistas –quizá tenga algún póster de su futbolista preferido en la habitación– sigue una dieta formada por un 70 % de hidratos de carbono, un 15 % de proteínas y un 15 % de grasas. Quizá si tu hijo sabe que sus ídolos deportivos llevan una alimentación sana y equilibrada se anime con más ímpetu a imitarlos también en la mesa.

En cualquier caso, se trata de una información orientativa. No es necesario ajustarse al cien por cien a los mandamientos de la pirámide, pero es bueno tenerla presente. Una buena forma de lograrlo puede ser hacer una copia y ponerla en la cocina o en la puerta de la nevera. Así te acordarás de cuáles son los alimentos más beneficiosos y cuáles no lo son tanto.

Veamos ahora en qué consiste cada peldaño de la pirámide. Para facilitar las cosas, veamos primero los macronutrientes: los hidratos de carbono, las proteínas y las grasas.

Los macronutrientes

Los hidratos de carbono. Son compuestos formados por carbono, agua y oxígeno. También reciben el nombre de glúcidos. Son, por decirlo de alguna forma, el combustible del cuerpo, la principal fuente de energía del ser humano (1 gramo de hidratos de carbono aporta aproximadamente 4 kilocalorías). Deben ser, como hemos visto en la pirámide, la base de cualquier alimentación equilibrada.

Los más simples y de absorción más rápida son los monosacáridos (los encontramos en la fruta y en la miel, por ejemplo) y disacáridos (el azúcar común o la lactosa de la leche). Los complejos se llaman polisacáridos, compuestos por varias moléculas de los anteriores.

A la hora de estudiar tus hábitos alimenticios es importante que tengas en cuenta que nos podemos encontrar dos tipos de hidratos de carbono: los refinados (buenos para el organismo, fuentes de energía) y los no refinados, capaces de anular los efectos de los anteriores y muy presentes en la llamada «comida basura».

Los carbohidratos no refinados los podemos encontrar en las frutas y verduras, la pasta integral, el arroz, los cereales y las legumbres. Son recomendables porque el cuerpo los digiere lentamente y constituyen una fuente de energía a largo plazo.

En cambio, los hidratos de carbono refinados aportan energía, pero muy a corto plazo. Se encuentran en dulces, tartas, pasteles, galletas, etc., y eso explica por qué algunos niños que se atiborran de este tipo de alimentos (por ejemplo durante una fiesta) están activos y llenos de energía durante unas horas, pero luego (cuando su nivel de azúcar en la sangre cae notablemente) se apagan como si se hubieran terminado sus pilas. Estas bruscas subidas y bajadas provocan, a su vez, irritabilidad, cambios de humor y llantos. Hay que intentar evitarlas.

Además, los hidratos de carbono refinados tienen otro problema: en el proceso de refinado, pierden la mayor parte de sus nutrientes.

EL AZÚCAR

Entre los hidratos de carbono, hay uno que merece especial atención: el azúcar.

Es el hidrato más puro y refinado, lo cual significa que debes estar alerta y, probablemente, ir reduciéndolo poco a poco de la dieta de tus hijos (es habitual que la mayoría de niños con problemas de sobrepeso consuman mucha más cantidad de azúcar que la recomendada).

El azúcar es soluble y de fácil asimilación por parte del cuerpo (por eso es la energía más rápida para el organismo). Pero un consumo excesivo de azúcar reduce la capacidad inmunológica del cuerpo. Si el nivel de azúcar en la sangre aumenta demasiado rápido, el páncreas responde segregando una gran dosis de insulina. Por eso muchos niños experimentan tantos altibajos después de comerse una chocolatina o algún producto de bollería muy dulce. La chocolatina puede ser un reconstituyente inmediato porque aporta al niño una inyección rápida de energía, pero al poco rato de comérsela, es muy probable que se sienta incluso más cansado que antes de ingerirla.

No aporta nutrientes, sino simplemente calorías. Además, muchos alimentos que contienen azúcar llevan también muchas grasas saturadas.

El azúcar, en cantidades excesivas, se convierte en grasa, lo que facilita la obesidad y el sobrepeso. Al aumentar rápidamente el nivel de glucosa en sangre se segrega insulina en grandes cantidades, pero como las células no pueden quemar adecuadamente toda la glucosa, el metabolismo de las grasas se activa y comienza a transformarla en grasas.

Puede ocurrir que el azúcar que consumen normalmente tus hijos desplace a otros nutrientes mucho más importantes, por lo que a la larga corre el riesgo de sufrir carencias en vitaminas o minerales.

El índice glucémico mide el incremento de glucosa en la sangre después de haber ingerido un alimento concreto. Es decir, la velocidad con la que un alimento libera el azúcar que contiene en la sangre de la persona que se lo ha comido. La referencia es la glucosa pura (100). Cuanto más alto es el índice glucémico (IG) de un alimento, más rápido libera su azúcar en la sangre y más afecta esta sustancia al organismo (y, a largo plazo, al peso).

ALIMENTO	ÍNDICE GLUCÉMICO	ALIMENTO	ÍNDICE GLUCÉMICO
Azúcares		**Pastas y panes**	
Maltosa	110	Baguette	95
Glucosa	100	Pan de harina blanca	70
Miel	73		
Sacarosa	75	Pan de harina de centeno	65
Lactosa	46		
Fructusa	23	Pan de centeno	50
		Macarrones	45
Frutas		Espaguetis	37
Sandía	72		
Piña	66	**Hortalizas y verduras**	
Pasas	64	Calabaza	75
Plátano	53	Zanahoria	71
Kiwi	53	Patata	57
Naranja	43	Garbanzos	33
Manzana	36	Lentejas	29
Pera	33	Lechuga	10
Ciruela	24	Champiñones	10
Cereza	22		
		Otros	
Cereales		Gaseosas	68
Arroz blanco	56	Helado	61
Maíz dulce	55	Zumo de naranja	57
Trigo	41	Chocolate	49
Centeno	34	Zumo de manzana	41
Cebada	25	Leche entera	27

Para evitar ingestas desmesuradas de azúcar puedes «compensar» (aunque recuerda que no hay mejor compensación que una dieta siempre equilibrada) dándole a tu hijo más proteínas, porque suelen reducir el IG de un alimento. Procura evitar las bruscas subidas y bajadas de azúcar, normalmente provocadas por los alimentos que liberan muy rápidamente su azúcar en el flujo sanguíneo. Cuando el nivel de azúcar en la sangre sube de manera brusca, el cuerpo tiende a producir una gran cantidad de insulina para contrarrestarlo, y esto es peligroso porque puede dar lugar a fatigas o desmayos (lo que a veces llamamos «un bajón de azúcar», efecto de la insulina), somnolencia, mareos, poca capacidad de concentración, falta de sueño, etc. También puede provocar algún mareo (sobre todo, antes de desayunar, porque el azúcar en la sangre desciende durante toda la noche), irritabilidad, poca capacidad de concentración o un sueño inquieto y poco reparador (el cuerpo intenta equilibrar ese bajón del nivel de azúcar segregando hormonas que estimulen la liberación de glucosa desde el hígado, como por ejemplo la adrenalina, que provoca un aumento de la excitación e incluso de la ansiedad).

Muchas de las comidas precocinadas que están a tu disposición en los supermercados contienen una elevada cantidad de azúcar. Elevada e innecesaria, porque los expertos en nutrición aseguran que esa aportación extra de azúcar es absolutamente innecesaria. Prueba a cocinar tú misma ese plato en casa, ¿a que no le pondrías azúcar? Pero los fabricantes lo hacen porque es relativamente barato y proporciona un sabor más familiar.

Los alimentos se pueden clasificar también en función del tiempo de liberación de sus azúcares. Se da por hecho que los más beneficiosos son los azúcares de liberación moderada o lenta, que proporcionan una liberación constante a lo largo del día. Por el contrario, los de liberación rápida suponen una inyección de azúcar, pero agotan las reservas energéticas muy rápidamente, corriendo el riesgo de dejar a la persona aún más cansada que antes de ingerirlo.

- Los azúcares de liberación lenta se encuentran en todos los tubérculos, las manzanas, las peras, las legumbres, los cereales integrales, el yogur sin azúcar y el pan de centeno.

- Los azúcares de liberación moderada están en el arroz blanco, la pasta, los fritos de maíz o las palomitas.
- Los azúcares de liberación rápida se encuentran en la fruta desecada, la miel, las bebidas azucaradas, el chocolate y los dulces.

Para equilibrar los niveles de azúcar en la sangre a lo largo de un día, los expertos recomiendan tentempiés como las almendras, las manzanas, galletas de avena, el aguacate, las barras de cereales sin azúcar, etc.

LA FIBRA

También merece especial atención un carbohidrato especial, la fibra. La fibra dietética es el componente de varios alimentos de origen vegetal, como los cereales, las frutas, las verduras y las legumbres, que no puede ser digerida por el organismo. Se encuentra únicamente en alimentos de origen vegetal.

La fibra actúa como una esponja, porque al hincharse en el estómago produce un efecto de hartazgo y, además, reduce la absorción de las grasas y azúcares de otros alimentos.

No sólo mejora el tránsito intestinal y previene el estreñimiento sino que, además, tiene un valor energético nulo, lo que ayuda a adelgazar de dos modos. Por un lado, ayuda a reducir la ingestión calórica, ya que las comidas que contienen fibra son menos grasas y poseen menos calorías. Por otro, produce un efecto de saciedad y reduce automáticamente las ganas de comer.

La fibra ayuda a regular el nivel de colesterol, impide que se formen piedras en la vesícula biliar, previene contra el estreñimiento (por su capacidad de facilitar la defecación, al absorber el agua y formarse heces menos consistentes) y disminuye el riesgo de sufrir diabetes y cáncer, especialmente el de colon.

Otro componente de la fibra de las frutas y los vegetales son los llamados fructooligosacáridos. Este tipo de fibra llega entera al intestino grueso, donde existen bacterias que pueden ser perjudiciales, pero también otras beneficiosas, como por ejemplo las bífidobacterias, que son precisamente las que utilizan los fructooligosacáridos para desarrollarse. Esta propiedad de esas fibras de favorecer el desarrollo de las buenas bacterias es lo que se conoce como «efecto bio».

Contenido en fibra de algunos **alimentos**

Alimento	Fibra en gramos por cada 100 g	Alimento	Fibra en gramos por cada 100 g
Judías	25	Avellanas	10
Higos	18	Galletas integrales	6
Ciruelas	16	Frambuesas	6
Garbanzos	15	Guisantes	5
Pan integral	13	Tomate	3,5
Lentejas	12	Plátano	3,5
Arroz interral	12	Lechuga	1,5
Almendras	12		

Las proteínas. Su nombre proviene del griego *protos*, que significa «primero» o «principal». Las proteínas están formadas por los aminoácidos. El ser humano precisa de 22 aminoácidos. De ellos, ocho (los esenciales) tiene que recibirlos por la dieta (fenilalanina, isoleucina, leucina, metionina, lisina, treonina, triptófano y valina) porque el cuerpo es incapaz de fabricarlos. Son nutrientes esenciales para la formación de tejidos y para la renovación de los ya existentes, además de proporcionarnos energía (de hecho, son las únicas sustancias capaces de desarrollar las dos funciones primordiales de la alimentación, la función plástica y la energética). Nivelan la presión arterial y el nivel de azúcar, y se encargan de defender al organismo a través de los anticuerpos. Además, retrasan el envejecimiento del cuerpo.

Así que imagínate qué importantes son las proteínas. Una dieta pobre en proteínas puede provocar retraso en el crecimiento y una notable disminución de la energía del niño. Si observas que tu hijo está cansado con frecuencia, que cae agotado con facilidad y que no tiene fuerzas ni ánimo, cabe la posibilidad de que su alimentación carezca de las proteínas necesarias.

Sin embargo, en los países desarrollados no suele haber carencia de proteínas; sino más bien al contrario, es decir, exceso de ellas. Como cualquier otro elemento (hidratos o grasas), una cantidad desmesurada de proteínas es perjudicial. Un exceso puede dar lugar a problemas de calcificación de los huesos o del funcionamiento de los riñones. Puede provocar también estreñimiento y aumento del calor corporal. Y, por supuesto, sobrepeso.

En una dieta saludable, las proteínas deben aportar entre el 12 y el 15 % de las kilocalorías totales. (Recuerda que la mayoría de deportistas suelen ingerir un 15 %). Las proteínas de origen animal aportan los ocho aminoácidos esenciales y tienen gran valor nutritivo, por eso suelen ser más recomendadas por algunos expertos, que apuntan que deberían representar más de la mitad de las proteínas de la dieta.

Las proteínas de buena calidad las encontramos en la carne, el pescado fresco, los huevos y el yogur, por ejemplo. Son esos productos (frescos) los que tu hijo debe consumir para obtener su cantidad diaria (necesaria) de proteínas, más que las comidas preparadas o los alimentos precocinados.

Alimento	Proteínas por cada 100 g	Alimento	Proteínas por cada 100 g
Arroz	7 g	Ternera	19 g
Pan	9 g	Jamón serrano	19 g
Lomo de cerdo	15 g	Garbanzos	20 g
Merluza congelada	15 g		

Las grasas. Las grasas son la gasolina a largo plazo. No son nocivas en sí mismas, sino al contrario, son absolutamente necesarias para el ser humano. Lo que sí es nocivo es su exceso, porque además el cuerpo convierte en grasa toda la sobrealimentación. Las grasas, también llamadas lípidos, son la fuente de reserva de energía del cuerpo. Un gramo de grasas aporta aproximadamente nueve kilocalorías. Se componen de carbono, hidrógeno y oxígeno.

Las grasas actúan como tejido protector del esqueleto y de órganos internos. Son indispensables en la formación de las membranas celulares. A través de las grasas el cuerpo asimila las vitaminas liposolubes (A, D, E y K).

Los expertos calculan que las grasas deberían suponer entre un 25 y un 35 % de las calorías de la dieta. Sin embargo, la mayoría de las personas suelen exceder ese porcentaje. Y entre ellos, muchos niños. Se calcula que la mayoría de niños ingiere un 40 % de grasas.

Hemos comprobado que las grasas son necesarias. Pero demos un paso más para comprobar que existen varios tipos de grasas, unas beneficiosas y saludables y otras no tanto. Serán éstas las que deberás ir eliminando de la dieta de tu hijo para luchar contra el sobrepeso.

GRASAS SATURADAS

Se encuentran en el aceite de coco, la leche entera, la mantequilla, el queso, el pollo, las carnes grasas o los helados. Una dieta elevada en este tipo de grasas elevará el grado de colesterol «malo» (lo veremos un poco más adelante), incrementará el riesgo de tener problemas cardiovasculares y supone un claro factor para padecer sobrepeso.

La comida basura tiene elevados índices de este tipo de grasas saturadas. Es importante señalar que este tipo de grasas son necesarias, pero su consumo debe ser moderado y acompañado siempre de frutas y verduras.

GRASAS POLI-INSATURADAS

Se encuentran en algunos vegetales (maíz, calabaza, nueces, soja, etc) y en los pescados azules (sardinas, salmón, atún, caballa, por ejemplo). Rebajan el colesterol sanguíneo y protegen de la arteriosclerosis. Constituyen los ácidos grasos esenciales, como el omega-3. Disminuyen la tensión arterial, contribuyen a equilibrar el nivel de agua y de azúcar en el organismo, calman el dolor y alivian las inflamaciones.

Sin embargo, este tipo de grasas están muy poco presentes en la dieta habitual de los niños. Haz un rápido repaso mental a la alimentación de tu hijo y podrás comprobar que es muy probable que su consumo de estos alimentos sea mínimo o casi nulo y, en cambio, su ingesta de grasas saturadas sea la norma habitual. Aquí tienes, pues, otro elemento que cambiar para acabar con el sobrepeso. Más grasas poli-insaturadas y menos saturadas.

Este tipo de aceites o grasas pierden buena parte de sus elementos beneficiosos cuando se calientan demasiado. Se vuelven más inestables y pierden nutrientes importantes.

GRASAS MONOSATURADAS

Aumentan el colesterol HDL y se encuentran en el aceite de oliva.

GRASAS HIDROGENADAS O TRANSGÉNICAS

Las grasas hidrogenadas son aceites que han sido procesados a través de un método de endurecimiento químico para lograr el aumento de la plasticidad (rigidez) de los aceites líquidos a temperatura ambiente. La hidrogenación parcial endurece los aceites, pero no los hace totalmente sólidos. La hidrogenación total requiere la conversión completa de un aceite líquido en una grasa sólida a temperatura ambiente. En definitiva, se añade hidrógeno a los ácidos grasos insaturados de los aceites líquidos (alcanzando su solidificación) para obtener margarinas y grasas emulsionables, grasas sólidas que al estar más saturadas consiguen una prolongación de su vida útil.
Generalmente, la grasa no se hidrogena totalmente y siempre queda parcialmente hidrogenada. Esta grasa se utiliza en la preparación de masas de hojaldre, pan o productos de repostería. Sin embargo, durante la hidrogenación algunas de las moléculas que permanecen insaturadas cambian su configuración dando lugar a ácidos grasos similares a los saturados, es decir, a aquellos altamente relacionados con las enfermedades cardiovasculares.
Este tipo de grasas son las más perjudiciales en nuestro camino hacia una alimentación sana. Aparecen con frecuencia en lo que llamamos comida rápida o comida basura (curiosamente, la que va más dirigida específicamente a los niños). Los ácidos de este tipo de grasas prolongan la vida de los alimentos, por lo que es muy frecuente encontrarlas en comidas preparadas. Un exceso de este tipo de grasas multiplica los riesgos de padecer trastornos cardiovasculares. Además, normalmente el elevado consumo de estas grasas lleva consigo una reducción de la ingesta de fibra, frutas, verduras y hortalizas, porque suelen aparecer en alimentos ya preparados, de fácil consumo y que acaban rápidamente con la sensación de hambre o apetito.

Se encuentran con frecuencia en galletas, pasteles y bollería industrial, así como en muchas margarinas. Normalmente, las etiquetas de dichos productos no reflejan la condición de tales grasas. Sin embargo, en Estados Unidos, una normativa obliga a todos los fabricantes a especificar el nivel de grasas hidrogenadas de sus productos a partir de 2006.

Las grasas transgénicas o hidrogenadas elevan notablemente el índice del colesterol, algo que analizamos con más detalle a continuación.

- **Intenta evitar** las grasas transgénicas.
- **Que tu hijo consuma con moderación** las grasas saturadas.
- **Puedes incluir en la dieta de tu hijo con normalidad** las grasas poli-insaturadas.

EL COLESTEROL

Desde hace unos cuantos años, es una palabra de moda. En los anuncios de la televisión, de la radio y en las etiquetas de los productos vemos y leemos con cada vez más frecuencia que tal o cual alimento es «bajo en colesterol» o «bueno para el colesterol». Sin embargo, no es tan frecuente saber que existe un tipo de colesterol beneficioso y otro que no lo es tanto. Pero empecemos por comprobar que el colesterol es necesario.

El colesterol (del griego *chole*, bilis, y *stereos*, sólido, por haberse identificado por primera vez en los cálculos de la vesícula biliar) un lípido encontrado en los tejidos corporales y en el plasma sanguíneo. Es, en definitiva, una grasa que forma parte de muchos tejidos de nuestro cuerpo, y que se encuentra especialmente en el hígado, el cerebro y la médula espinal. De hecho, el hígado fabrica la mayor parte del colesterol que encontramos en nuestro cuerpo. Es una grasa importante porque, por ejemplo, la vitamina D (que recibimos en buena parte del sol) tiene como base el colesterol. Es un componente básico de las membranas celulares y es precursor de las hormonas sexuales, porque a partir del colesterol se sintetiza la progesterona, los estrógenos y la testosterona.

Así que en lo que se refiere a colesterol, empezaremos por decir que «tener colesterol» no sólo no es malo, sino absolutamente necesario.

Pero hay que diferenciar entre lo que se ha llamado «colesterol bueno» y «colesterol malo». Como todas las grasas, el colesterol, para viajar a través de la sangre, se unen a ciertas proteínas, dando lugar a lo que conocemos como lipoproteínas. Según la cantidad de grasa que transporten estas lipoproteínas se habla de alta o baja densidad.

Las de alta intensidad (HDL, *High Density Lipoprotein*, en inglés) son las que podemos considerar «colesterol bueno». Facilita la circulación de la sangre y previene contra el «colesterol malo», además de ser una buena manera de evitar también patologías cardiovasculares. El colesterol bueno aumenta notablemente con el ejercicio físico y una dieta rica en fibra y baja en grasas.

En cambio, las de la baja intensidad (LDL, *Low Density Lipoprotein*) forman el «colesterol malo». Son, por decirlo de alguna manera, más grasientas (tienen más porcentaje de grasa, casi la mitad), por lo que tienen el peligro de adherirse a los vasos sanguíneos y empeorar el flujo sanguíneo. Tener un elevado índice de colesterol malo conlleva el riesgo de endurecimiento de las arterias (arteriosclerosis), lo que dificulta enormemente el transporte de oxígeno a todas las partes del cuerpo. Un alto índice de colesterol malo es, según todos los expertos, uno de los factores de riesgo más claros para sufrir una enfermedad cardiovascular (angina de pecho, infarto, trombosis, hemiplejías, etc.). En este sentido, hay que tener especial cuidado con la grasa de origen animal (aunque, por ejemplo, las grasas del pescado azul potencian el colesterol bueno, los quesos grasos y los embutidos.

Hay que tener presente que en algunos casos el colesterol es hereditario, es decir, los genes pueden transportar también esa información de padres a hijos.

Otro aspecto a considerar es que con el paso de los años, el colesterol va aumentando. Además, antes de la menopausia la mujer tiene más colesterol bueno, pero después se iguala con el varón. La Sociedad Española de Arteriosclerosis recomienda los siguientes índices:

- **Colesterol total:** menos de 200 mg/dl
- **Colesterol LDL (malo):** menos de 150 mg/dl
- **Colesterol HDL (bueno):** en torno a los 35 mg/dl

Pero para los niños y adolescentes, las cifras se reducen. Éstos son los índices:

	Deseable	Limítrofe	Elevado
Colesterol total:	menos de 170 mg/dl	170-199 mg/dl	más de 200 mg/dl
Colesterol LDL:	menos de 110 mg/dl	110-129 mg/dl	más de 130 mg/dl

La mayoría de expertos recomiendan comprobar el nivel de colesterol en la sangre cada cinco años, aproximadamente, aunque en el caso de los niños y adolescentes conviene llevar a cabo un seguimiento más exhaustivo.

Desde hace una década, aproximadamente, el número de niños y adolescentes con elevados índices de colesterol malo ha crecido de manera espectacular, en buena medida debido a la proliferación de la comida basura y la bollería industrial, ricas en grasas saturadas. En Estados Unidos, un 5 % de los niños y adolescentes entre 5 y 18 años presenta un colesterol superior a 200 mg/dl, cuando, como ya hemos comprobado, los valores recomendados para esas edades están por debajo de los 170 mg/dl. En España, la situación también es preocupante, ya que la cuarta parte de los niños y jóvenes tienen exceso de colesterol. Estudios realizados entre niños de la ciudad de Madrid sitúan las cifras de colesterol en sangre en 175 mg/dl, y entre las niñas de la misma edad la situación es similar, con cifras de 172,6 mg/dl, por encima de las cifras recomendadas. Y eso que en España, país por excelencia del aceite de oliva, los niños y adolescentes tienen un índice de HDL (colestcrol bueno) superior a otros países debido al consumo de este tipo de aceite.

El exceso de colesterol en la sangre (hipercolesterolemia) puede estar directamente relacionado con la obesidad infantil. En estos casos, conviene ponerse manos a la obra. Sin alarmas, pero con constancia, debes ir variando poco a poco los hábitos alimenticios de tu hijo, ir reduciendo las grasas que provocan el colesterol malo y también animarle a que haga ejercicio.
Hay estudios que hablan de la conveniencia de introducir fármacos en casos que pueden ser potencialmente peligrosos. La pravastatina, una de las estatinas (los fármacos anticolesterol más usados en la población adulta), revierte las incipientes lesiones vasculares y previene el riesgo coronario en los niños (8-12 años) que sufren hipercolesterolemia familiar (HF), es decir, hereditaria.
Pero no es el objeto de este libro recomendarte fármacos ni medicamentos, sino aconsejarte a caminar hacia una nutrición más sana. En general, para reducir la tasa de colesterol es muy conveniente reducir el aporte de grasas de la alimentación general para dejarlo en torno al 35 %, o por debajo.

- **Grasas saturadas:** Favorecen el depósito de colesterol LDL en las arterias.
- **Grasas poli-insaturadas:** Rebajan el colesterol sanguíneo y protegen de la arteriosclerosis.
- **Grasas monosaturadas:** Aumentan el colesterol HDL.

Por eso, si tu hijo tiene colesterol alto, puedes tener en cuenta estos consejos:

- Como hemos visto, el aceite de oliva virgen extra es un excelente aliado. Este tipo de aceite es un ácido graso monoinsaturado (ácido oleico) que ayuda a regular los niveles de colesterol.
- Algunos naturistas recomiendan también consumir más ajo y más limón. Disminuyen la tensión arterial, reducen las placas de ateroma (la grasa que se va acumulando en las paredes de las arterias) y aumentan la proporción de HDL.
- Las carnes rojas tienen un índice más elevado de colesterol que el resto. Así que si quieres reducirlo, apuesta más por el pollo (mejor sin piel) o el pavo. El pescado también es un alimento muy recomendable.

- Intenta evitar en la medida de lo posible (recuerda que no hay alimentos prohibidos de por sí) las carnes con alto contenido graso, como las salchichas, el bacon o algunos embutidos (entre ellos, la morcilla es, curiosamente, la que menos grasa tiene).
- Reduce el consumo de huevos a tres o cuatro por semana.
- Cuando sea posible, o en algunos casos muy concretos, introduce leche desnatada o semidesnatada en lugar de entera. Hoy en día, muchos productores de leche anuncian sus productos como ricos en ácidos Omega-3, que contribuyen a estabilizar los niveles de colesterol porque reduce las grasas saturadas.
- El azúcar no promueve el colesterol, pero su consumo debe ser moderado.
- No cocines demasiados alimentos fritos. Mejor a la plancha o hervido. Tampoco es conveniente abusar de los rebozados.
- La mantequilla es más grasa que la margarina, así que esta última sentará mejor a tu hijo para reducir el nivel de colesterol.
- Auméntale el consumo de fibra: cereales, vegetales, frutas...
- El queso, mejor fresco o bajo en grasas.
- Los frutos secos tienen bastantes calorías, pero ayudan a controlar el colesterol y a aumentar el bueno. Especialmente las nueces.
- Ya hemos visto que es positivo aumentar el consumo de pescado. Algunos expertos recomiendan incluso ingerir un suplemento de aceite de pescado.
- La ingestión de alimentos de origen animal no debería superar el 10 % del peso total de los alimentos tomados a diario.
- Tomar una cucharadita diaria de lecitina de soja contribuye a eliminar el colesterol malo.
- Reduce el consumo de vísceras (sesos, hígado, riñones, mollejas, callos) y de marisco.
- La fruta siempre es un elemento aconsejable. También las verduras y las hortalizas.
- Ojo a la bollería. Los pasteles, los bizcochos o las pastas suelen tener grasas saturadas e incluso hidrogenadas. Si puedes, sustituye la merienda de

pastelería industrial por alimentos como el queso semigraso, un sándwich de atún, leche, etc.
- Y anima a tu hijo a hacer ejercicio. Moverse es bueno para la salud, y mucho mejor aún para reducir el nivel de colesterol. Hacer ejercicio estimula los músculos y quema calorías, pero además actúa directamente en el metabolismo de las grasas y muy especialmente en el del colesterol. Por ejemplo, intenta convencerle de utilizar las escaleras en lugar del ascensor. Puede ser un buen primer paso.

Para cerrar el apartado dedicado al colesterol te ofrecemos una guía de la cantidad de colesterol que contienen algunos alimentos. Recuerda que, más que los números que se te ofrecen a continuación, debes tener en cuenta la cantidad de grasas totales (especialmente las de tipo animal) que ingiere tu hijo en su alimentación diaria.

Alimento	Colesterol en mg por 100 g	Alimento	Colesterol en mg por 100 g
Sesos	2.200	Pollo	74
Yema de huevo	1.480	Trucha y salmón	57
Manteca de cerdo	630	Margarina	50
Riñones, mollejas	375	Buey	50
Jamón Serrano	375	Almejas y otras	50
Hígado	360	Rape	44
Mantequilla	250	Leche entera	14
Mariscos	250	Yogur	8
Ternera	250	Leche descremada	3
Jamón York	130	Fruta	0
Cerdo	100	Verduras	0
Crema de queso	90	Arroz hervido	0
Pavo	90	Patatas	0
Atún	80	Legumbres	0
Bacalao	75	Frutos secos	0
Merluza	75		

Los micronutrientes

Las vitaminas. Las vitaminas tienen que obtenerse a través de los alimentos porque el cuerpo no puede sintetizarlas (salvo la D, la K y la B_3). Cumplen funciones muy diversas, y aunque las necesitamos en cantidades pequeñas, son absolutamente indispensables. Contribuyen al crecimiento de algunos tejidos, y algunas son vitales para el crecimiento del niño, como la A (permite la proliferación y la diferenciación de las células), la C (favorece la síntesis del colágeno) o la B_{12} (que aumenta el volumen de la sangre).

Las vitaminas son extremadamente sensibles a la acción del calor, la luz y el aire, y pueden desaparecer de algunos alimentos si no están bien conservados o si se han pasado de la fecha preferente de consumo. Por eso el zumo de naranja conviene bebérselo inmediatamente y es mejor obtener las vitaminas a partir de las frutas y hortalizas crudas, ya que la carne y pescado cocidos, las pierden.

VITAMINA A O RETINOL
- **Función:** regula el crecimiento y es básica para la visión, mantiene y repara los tejidos e interviene en el crecimiento óseo.
- **Dónde encontrarla:** zanahorias, acelgas, espinacas, hígado, leche y algunas frutas (albaricoque, melón, papaya, caqui).

VITAMINA B_1 O TIAMINA
- **Función:** interviene en funciones del metabolismo, actúa sobre el aparato digestivo y el sistema nervioso.
- **Dónde encontrarla:** cereales y germen de trigo, carnes, legumbres, hortalizas, frutos secos, carne (cerdo, jamón).

VITAMINA B_2 O RIBOFLAVINA
- **Función:** sirve para asimilar los azúcares y el yodo y es importante para el mantenimiento de la piel.
- **Dónde encontrarla:** quesos duros, leche, yogur, carne, pescado.

VITAMINA B_3 O NIACINA
- **Función:** es antioxidante, interviene en reacciones del metabolismo y es necesaria para la producción de hormonas.
- **Dónde encontrarla:** alubias, sardina, merluza, carnes, huevos.

VITAMINA B$_6$ O PIRIDOXINA
- **Función:** sintetiza el ADN y el ARN y también es importante para el mantenimiento de la piel.
- **Dónde encontrarla:** legumbres, cereales, pollo, yema de huevo, plátano, aguacate.

VITAMINA B$_9$ O ÁCIDO FÓLICO
- **Función:** antianémica, recomendada en las primeras semanas de gestación, interviene en el desarrollo del sistema nervioso y en la formación de células.
- **Dónde encontrarla:** verduras, fruta, levadura de cerveza, hígado, huevos.

VITAMINA B$_{12}$ O CIANOCOBALAMINA
- **Función:** interviene en el metabolismo del colesterol y en la formación de células en la sangre.
- **Dónde encontrarla:** levaduras, carnes, pescados y productos lácteos.

VITAMINA C O ÁCIDO ASCÓRBICO
- **Función:** antioxidante y antiinfecciosa, fundamental en la formación de glóbulos rojos y en el desarrollo del sistema inmunológico. Favorece la absorción del hierro.
- **Dónde encontrarla:** frutas (naranja, pomelo, fresas), verduras (espinacas, col, coliflor), hortalizas y perejil.

VITAMINA D O CALCIFEROL
- **Función:** favorece la asimilación del calcio (evita que se pierda calcio por la orina) y del fósforo es fundamental en el crecimiento de los huesos. Se llama vitamina del sol porque el cuerpo dispone de una provitamina que el sol transforma realmente en vitamina.
- **Dónde encontrarla:** yema de huevos, leche, aceites de pescado (aceite de hígado de bacalao, por ejemplo) y en la zanahoria.

VITAMINA E O TOCOFEROL
- **Función:** es antioxidante, interviene en el desarrollo del niño antes de nacer.
- **Dónde encontrarla:** aceites vegetales, avellanas, frambuesa, moras, soja.

VITAMINA K O QUINONA
- **Función:** interviene en el proceso de coagulación de la sangre.
- **Dónde encontrarla:** carne (hígado), huevos, espinacas, coles, coliflor, chucrut.

VITAMINA H O BIOTINA
- **Función:** interviene en el metabolismo, previene contra la seborrea en los niños.
- **Dónde encontrarla:** espinacas, soja, champiñones, patatas, hígado y leche.

Los minerales. Los minerales son los componentes inorgánicos de la alimentación. Al igual que las vitaminas, los necesitamos en pequeñas cantidades pero son indispensables. Los que más necesitamos son el fósforo, el sodio, el potasio, el calcio y el magnesio.

FÓSFORO (P)
- **Para qué sirve:** es un importante componente de los huesos, los dientes y las articulaciones, asegura la estabilidad de la sangre.
- **Dónde se encuentra:** leche, cacao, yema de huevo, frutos secos.

SODIO (NA)
- **Para qué sirve:** regula el reparto de agua en el organismo.
- **Dónde se encuentra:** sal, aceitunas, queso y embutidos.

CALCIO (C)
- **Para qué sirve:** fundamental en la formación de los huesos y los dientes (el 90 % del calcio del cuerpo se encuentra en los huesos), y esencial en la contracción de los músculos, interviene en la coagulación de la sangre y previene de la osteoporosis. Es básico en los niños para el crecimiento y el desarrollo del esqueleto.
- **Dónde se encuentra:** leche y productos lácteos, pan, carne, tomates, patatas.

POTASIO (K)
- **Para qué sirve:** actúa en el músculo cardíaco y el sistema nervioso.
- **Dónde se encuentra:** frutas, verduras, té, cacao, pan integral.

MAGNESIO (MG)
- **Para qué sirve:** interviene en la estabilización de los ácidos nucleicos, activador de varias reacciones metabólicas y enzimáticas.
- **Dónde se encuentra:** frutas y verduras frescas (el magnesio es uno de los constituyentes de la clorofila), mijo, soja, chocolate.

FLÚOR (F)
- **Para qué sirve:** fundamental en el esmalte dentario y los huesos, previene la caries.
- **Dónde se encuentra:** agua, té, pescado marino, marisco, salmón.

HIERRO (F)
- **Para qué sirve:** forma la hemoglobina, que transporta el oxígeno a los glóbulos rojos. Fundamental para el desarrollo muscular. Su carencia provoca anemia (menos oxígeno en la sangre, lo que da lugar a un cansancio general, frecuente en muchos niños). Es un mineral básico en la dieta de cualquier niño, sea o no obeso. El aporte de hierro debe ser mayor en las niñas o adolescentes, porque pierden más cantidad de este mineral en la menstruación.
- **Dónde se encuentra:** soja y lentejas, hígado, carnes rojas, jamón, patatas, mejillones, berberechos, pan integral de centeno, espinacas frescas.

YODO (I)
- **Para qué sirve:** indispensable para el funcionamiento del tiroides, una glándula básica en el metabolismo. La ausencia de yodo puede provocar una inflamación del tiroides, que da lugar al llamado bocio que aparece en el cuello.
- **Dónde se encuentra:** sal yodada, pescados, marisco.

ZINC (ZN)
- **Para qué sirve:** interviene en el crecimiento y en la maduración sexual, además de en el metabolismo. Sin zinc, las hormonas propias del hombre no se activan.
- **Dónde se encuentra:** carne, marisco, huevos, leche, queso, nueces.

En el capítulo de los minerales, merece especial atención **la sal**. La utilizamos para potenciar el sabor de los alimentos, pero normalmente, en cantidades excesivas, por lo que el cuerpo se ve obligado a desprenderse de ese exceso. En una persona sana, esta eliminación se produce a través de la orina, pero en personas con problemas renales o de regulación de niveles de agua se produce una acumulación en los tejidos, sinónimo de acumulación de agua, que da lugar a una persona normalmente hinchada.

Los alimentos envasados, como las patatas fritas o algunas comidas preparadas, tienen demasiada sal. Un exceso de sal aumenta la cantidad de calcio expulsada del cuerpo, y tiene una relación directa con la hipertensión arterial, por lo que es un clarísimo factor de riesgo para padecer trastornos del corazón o incluso infartos.

Las etiquetas de los productos deberían incluir qué cantidad de sal llevan. Últimamente son frecuentes los llamados «bajos en sal»; apuesta por ellos en lugar de los que presentan un nivel de sal demasiado elevado.

Consumo diario de sal recomendado

Bebés hasta seis meses . . . . Menos de 1 g al día
Bebés 7-12 meses . . . . 1 g al día
Niños 1-6 años . . . . 2 g al día
Niños 7-14 años . . . . 5 g al día
Adultos . . . . Máximo de 6 g al día

El agua

Tus hijos viven permanentemente bombardeados por la publicidad. Y buena parte de ella tiene que ver con los refrescos y las bebidas gaseosas, cada vez más numerosas. Existen de todo tipo de colores, sabores, formas y tamaños, y es muy frecuente ver a niños y adolescentes consumiéndolas porque, de hecho, la mayoría van destinadas a ellos. Así, poco a poco, muchos niños van reduciendo notablemente el consumo de agua a favor de este tipo de bebidas, muy ricas en azúcares, hasta el punto de que muchos de ellos no beben nunca agua. Es, una vez más, un factor de riesgo para convertirse en un niño con sobrepeso, o una de las causas de ello. En contra de este tipo de bebidas, el agua aparece como el líquido más natural y más sano, y por supuesto el más indicado para pelear contra los problemas de sobrepeso. Porque el agua no es un nutriente: no tiene calorías ni aporta energía, por eso no engorda.

Es muy común la idea de que el cuerpo humano es, básicamente, agua. Al nacer, el cucrpo de un bebé está formado en un 80 % de agua. En los adultos, el porcentaje es del 70 %, así que imagina cuán importante es el agua en nuestro organismo. El agua está presente en todos los procesos alimenticios (digestión, metabolismo y excreción) y además, la temperatura del cuerpo se mantiene gracias al agua.

El agua es fundamental en la hidratación. El cuerpo necesita estar hidratado, no sólo en las zonas o épocas donde aprieta el calor y la humedad, sino en todo momento. Un cuerpo bien hidratado tiene menos riesgos de padecer lesiones de todo tipo, cansancio, dolores de cabeza, etc.

Normalmente, una persona adulta necesita alrededor de un litro o un litro y medio de agua al día. Pero lo niños más pequeños deben beber más agua, porque suelen tener mayor actividad física y porque su digestión de alimentos mejorará. La cantidad de agua que un niño necesita al día dependerá siempre de su grado de actividad, del tipo de comida que toma y del clima. Los expertos aconsejan que los niños beban durante todo el día (durante las comidas y entre las mismas). En general, podríamos decir que seis u ocho vasos de agua al día puede ser una buena referencia.

Sin embargo, los últimos estudios confirman que nuestros niños beben muy poca agua. En algunos países, **el consumo de refrescos es diez veces mayor** que el de agua entre la población infantil. He ahí otra de las razones de que la obesidad infantil crezca de manera casi imparable. Además, las bebidas de cola, por ejemplo, resultan

Más agua, **menos peso**

Un reciente estudio llevado a cabo por investigadores alemanes relaciona la ingestión de agua con la pérdida de peso y, en concreto, con la quema de calorías. Michael Boschmann, del Centro de Investigación Clínica Franz-Volhard, en Berlín, ha analizado su eficacia real entre siete mujeres y siete varones sanos, sin sobrepeso. Después de beber medio litro de agua, los índices metabólicos de las personas estudiadas en el caso reflejaron un aumento del 30 % de la quema de calorías, en ambos sexos. Y además, este incremento empezó a los diez minutos de haber bebido el agua y alcanzó su nivel máximo a la media hora.

Algunos expertos creen que una persona que aumenta su consumo de agua hasta el litro y medio diario podría quemar unas 17.500 calorías extras, es decir, una pérdida de peso de dos kilos, aproximadamente. El experimento del doctor Boschman sugiere que más del 40 % del consumo de calorías se debe al intento del organismo de calentar el agua que ha recibido el cuerpo.

notoriamente excitantes (y un tanto adictivas) a esas edades. En resumen, te recordamos que **las bebidas gaseosas son las menos saludables si tu hijo tiene cierto sobrepeso**. Están elaboradas en buena medida con agua, compuestos químicos y contienen una cantidad de azúcar exagerada y excesiva desde todos los puntos de vista., lo cual, además de reducir la sensibilidad del paladar por degustar cada sabor, suele fomentar otros problemas, como la caries dental o la pérdida de masa ósea. Muchos niños *se inflan* a tomar este tipo de bebidas y pronto se sienten llenos sin haber ingerido ningún nutriente básico, lo que va totalmente en contra de lo que entendemos por una dieta sana. No se trata de prohibirlas totalmente, pero sí de intentar evitar que este tipo de bebidas sustituyan alimentos de primer orden.

Muchas de estas bebidas tienen sabor a naranja, lima o limón, porque suelen llevar algo de zumo natural (depende del producto, pero la mayoría incorporan un porcentaje testimonial y escandalosamente bajo), así que puedes intentar sustituirlas por una preparación casera, pero efectiva. Mezcla agua (si quieres, con gas) con el zumo de un limón o de una naranja.

Al principio le resultará raro. Tu refresco no llevará etiquetas de colores ni será anunciado en la televisión, pero si consigues que tu hijo empiece a tomarlo, poco a poco, con paciencia y sin forzarle demasiado, haciéndole comprender que es mejor para su organismo, habrás logrado eliminar uno de los enemigos de la dieta saludable. Es un primer paso, ya que si consigues que tu hijo vaya cambiando los refrescos por el agua, cosa nada fácil, habrás dado un paso importante hacia una dieta más equilibrada porque habrás reducido el consumo extra de azúcares. Tu hijo ingerirá menos calorías y los cambios no tardarán en manifestarse.

Otro consejo: procura tener siempre una botella de agua fresca en la nevera. Así, tu hijo se animará a beber más a menudo, porque quizá encuentre antes el agua que algún refresco. Paralelamente, reduce poco a poco la compra de estas bebidas gaseosas y azucaradas. La alimentación de tus hijos lo notará y tu bolsillo, también.

Contenido de agua de los principales alimentos

Fruta **90 %**	Huevos **74 %**	Quesos **55 %**	Frutos secos **5 %**
Verdura **90 %**	Pescado **70 %**	Legumbres **12 %**	Aceite **0 %**
Leche **87 %**	Carne **60 %**		

Un último apunte: la mejor agua es la más pura, es decir, la menos dura. Hablamos de dureza del agua cuando ésta presenta un alto contenido en minerales, principalmente calcio y manganeso. La cantidad de carbonato cálcico por litro de agua es lo que determina su grado de dureza.

Los aditivos

Antes de cerrar el apartado dedicado a saber qué es lo que come tu hijo cada día, nos detendremos en una cuestión importante, los aditivos y conservantes que se añaden a los alimentos que hemos visto hasta ahora. Son sustancias que se añaden a los alimentos para asegurar su conservación, potenciar su aroma o dar un mejor aspecto al producto. Muchas veces, tan sólo sirven para hacer comestibles productos de baja calidad. Son productos químicos no nutritivos que el cuerpo ni utiliza ni elimina por lo que se acumula en el organismo y puede alterar el delicado equilibrio químico de los niños. Los alimentos frescos y naturales no contienen aditivos, pero las comidas preparadas y la «comida basura», sí.

¿Cómo podemos saber qué tipo de alimentos llevan aditivos y conservantes? Tenemos que mirar en las etiquetas de los productos (la ley obliga a especificar todos los ingredientes de un alimento, también los aditivos). En condiciones normales, estos aditivos han sido aprobados por las autoridades sanitarias, pero eso no impide que algunos fomenten la irritabilidad, el mal humor o la inactividad.

Algunos expertos desaconsejan terminantemente estos aditivos, por considerarlos perjudiciales para los niños:

E-103 (aparece en algunos helados), E-111 (en algún producto de bollería industrial), E-230, E-233, E-310 (en algunos aceites), E-338 (en bebidas gaseosas y en varios embutidos), E-440a, E-450a, E-450b, E-621 y H-5805.

Afortunadamente para la salud de tu hijo, cada vez es más frecuente encontrar productos libres de aditivos. Existen algunos alimentos que no pueden llevar ningún tipo de aditivo porque así lo marca la ley: leche, pasta seca, frutos secos, huevos, patatas frescas, aceite vegetal virgen, miel, fruta fresca, agua mineral, legumbres, etc.

La conservación de los alimentos

Los **alimentos frescos y naturales son los más adecuados** para llevar una alimentación sana. Procura comprarlos a diario y consumirlos frescos. Sin embargo, si tu ritmo de vida te lo impide, procura evitar las conservas al máximo. Una buena opción es congelarlos frescos para mantener su valor nutritivo y su sabor.

La congelación de alimentos es una buena manera de conservarlos, si bien suelen producir algo de sed durante la digestión. Una opción es utilizar sólo algún ingrediente congelado (guisantes, por ejemplo).

Congelación. Al congelar un alimento, lo que realmente congelamos es el agua que contiene. Durante el tiempo que el alimento permanece en el congelador está, por lo tanto, deshidratado.

El agua se congela a 0 °C, pero debemos tener en cuenta que el agua que contienen los alimentos tiene también cierta cantidad de sales, azúcares y otros minerales o vitaminas. Por eso los alimentos necesitan una temperatura más fría para congelarse, y no todos lo hacen a la misma temperatura. La carne, el pescado, las frutas y las verduras más comunes se congelan entre 0 y - 4 °C. Los que tienen poca agua y son más concentrados (un alimento ya cocinado, por ejemplo) se congelan a unos -10 °C.

Sin embargo, existen algunos alimentos que no deben congelarse. Sobre todo los que puedes encontrar en el mercado en cualquier época del año: algunas frutas (manzanas, peras, plátanos, patatas, huevos, etc).

Es conveniente que la congelación sea rápida para evitar que se formen grandes cristales de hielo que podrían afectar a la calidad del producto.

En el caso del pescado, la congelación es un buen sistema para conservarlo (pasados cuatro o cinco días de su captura, el pescado ha perdido ya buena parte de su valor nutritivo, así que si no puedes asegurarte de consumir un pescado totalmente fresco, puedes recurrir a la congelación.

Tan importante como congelar los alimentos es saber descongelarlos. La carne, las verduras y las hortalizas se pueden cocinar casi directamente. En el caso de las verduras, hirviéndolas en agua, y en el caso de la carne, bien llevándola directamente a la sartén o bien dejándola a temperatura ambiente durante unas horas.

Tiempo de conservación de los **alimentos congelados**

Pollo	Hasta 10 meses
Carne picada (hamburguesas, salchichas)	Hasta 2 meses
Cerdo	Hasta 6 meses
Cordero	Hasta 8 meses
Vacuno	Un año aprox.
Pescados azules y marisco	Hasta 3 meses
Pescado blanco	Hasta 6 meses
Huevos y mantequilla	Hasta 6 meses
Queso blando	Hasta 8 meses
Tartas y pasteles horneados	Hasta 6 meses
Pan	Hasta 3 meses
Sopas y salsas	Hasta 4 meses

El pan es otro de los alimentos que puede merecer la pena congelar. Para descongelarlo, puedes utilizar el horno: tendrás la apariencia de pan recién hecho, aunque luego, eso sí, el pan se endurecerá rápidamente.

Salazón. Consiste en mantener el alimento en sal. La sal absorbe el agua del producto y lo deshidrata. La falta de agua y la alta concentración de sal impide el desarrollo de microorganismos. Su desventaja es que los alimentos pierden algunos nutrientes, que desaparecen con el agua que pierden.

Normalmente se usa este método en algunos pescados. Para hacerlo, debes poner una capa de sal de por lo menos 1 cm en el fondo del recipiente donde salarás el producto. Luego, pon una tanda de pescados boca abajo y cúbrela con otra capa de sal del mismo espesor, y así sucesivamente hasta poner en el recipiente todo el pescado. Cubre luego también la parte de arriba con sal, y más tarde tapa bien el recipiente con una tapa más pequeña para que cuando le pongas peso arriba, la tapa se pueda deslizar hacia el fondo del recipiente por la acción del peso. Deberás luego esperar unos días, lavar el pescado y dejar que se seque antes de consumirlo.

Curación. En este caso, son las sales y los nitratos quienes se encargan de proteger al alimento. Se usa básicamente en algunas carnes, embutidos o fiambres.

Ahumado. Se emplea en algunas carnes y pescados, sobre todo en el salmón, la trucha o la anguila. También en alguna pieza de caza y en algún queso. Este sistema emplea parte de la salazón y de la desecación, pero la desecación no se realiza sólo con aire, sino también con el humo que sale de quemar madera. Hoy en día sólo se utiliza para dar sabor a algunos productos.

Escabechado. Los alimentos en escabeche están prevenidos contra los microorganismos gracias a la sal y el vinagre, cuyo ácido es un buen freno a las toxinas. Se utiliza sobre todo en algunos pescados grasos y mariscos.

Insistimos, de todas formas, en que hay que evitar al máximo todo tipo de conservas en favor de los alimentos frescos y lo más naturales posible. Preferiremos los obtenidos de la agricultura y ganadería ecológicas.

¿Cómo coméis?
Un repaso a vuestros hábitos

Estás a punto de leer el capítulo más importante de este libro. Porque la manera de alimentarse de toda tu familia te ayudará en buena medida a encontrar las razones de la obesidad de tu hijo. Piensa rápidamente en alguna de estas cuestiones: ¿Tu hijo come siempre delante de la televisión? ¿Cuántas veces a la semana toma verdura o pescado? ¿En qué consisten sus tentempiés? ¿Suele comer y cenar solo o en familia? Ahí están algunas de las claves para entender el sobrepeso o la obesidad de tu hijo.

Normalmente, los niños empiezan a elegir qué es lo que quieren comer a partir de los seis o siete años, aproximadamente. Hasta entonces, los padres tienen un control casi total sobre la alimentación de sus hijos (aunque muchos cometen el error de sobrealimentarles, en la creencia de que comer más es comer mejor, y pensando que un niño gordito siempre será más sano que uno delgado).

Pero muchos problemas empiezan precisamente cuando los hijos empiezan a decidir qué quieren comer. Nacen entonces las grandes manías alimenticias, aparecen los berrinches y los caprichos. La mayoría de niños se dejan atraer por los atractivos publicitarios de la comida basura, y sólo consumen de mala gana algunas frutas y verduras.

Suelen hacerlo, además, de manera rápida y acelerada, como quien cumple un trámite desagradable, delante de la televisión o del ordenador. Muchas veces, comen o cenan solos, lo que acelera enormemente el tiempo empleado en la comida.

¿Demasiada comida basura?

Si tu hijo está obeso o tiene problemas de sobrepeso, es probable que una de las razones haya que buscarla en el abuso de la comida basura. Intenta hacer un rápido repaso: ¿cuántas veces a la semana consume tu hijo este tipo de comida?

Antes de continuar, veamos de qué hablamos cuando utilizamos el término comida basura. Se trata de una manera de alimentarse basada en alimentos muy ricos en grasas, azúcares y sal, normalmente relacionados con los establecimientos de comida rápida y en la que abundan las hamburguesas, las pizzas, los bocadillos, las patatas fritas, la bollería industrial, las chocolatinas, el ketchup y los refrescos azucarados, pero también los platos precocinados o congelados.

¿Te suena de algo? Seguro que sí, porque las estadísticas confirman que cada vez más niños y adolescentes consumen con frecuencia este tipo de alimentos, presentados de manera muy atractiva para ellos (a veces mediante promociones especiales, regalos o la presencia de algún personaje famoso como reclamo), relativamente baratos, de fácil acceso (sobre todo en las grandes ciudades) y que en algunos momentos se convierten en auténticos símbolos para los jóvenes que empiezan a disponer de algún dinero propio. Además, la oferta es cada vez más extensa, y son alimentos que pronto logran la sensación de saciedad (pero que no han aportado los nutrientes necesarios).

La multiplicación de la comida basura es una de las causas de la multiplicación de la obesidad infantil. ¿Por qué? Básicamente porque este tipo de alimentos suponen una aportación elevadísima de grasas, azúcares y sal, en mayor medida de la que el cuerpo del niño necesita. Estos alimentos suelen tener muchas calorías, pocos nutrientes y prácticamente una aportación nula de fibra.

Presentan muchas grasas transgénicas y muchas veces tienen demasiados conservantes y potenciadores de sabor, por no hablar de lo perjudicial que es este tipo de comida si quieres controlar el nivel de colesterol de tu hijo.

«Supersize me»

Puede ser que hayas oído hablar del documental *Supersize me*, dirigido por Morgan Spurlock. Este joven director norteamericano (33 años) decidió llevar a cabo un experimento tan curioso como peligroso mientras veía en la televisión las noticias sobre dos mujeres que habían demandado a la cadena McDonald's: durante un mes, se alimentaría exclusivamente de productos de esa cadena de comida.

Así lo hizo, acompañado de la cámara (y de un médico que supervisó los resultados). Durante treinta días sólo comió y bebió en los McDonald's repartidos por veinte ciudades estadounidenses. Cumplido el mes, Spurlock había engordado doce kilos. Pero no sólo eso: su hígado se vio afectado, su colesterol se disparó, vomitó con frecuencia y tuvo numerosos dolores de cabeza. «Se me deshizo el cuerpo», declaró tras el experimento.

La expresión «supersize me» puede ser traducida como «póngame tamaño extra grande o súper», algo frecuente en los restaurantes de este tipo, que ofrecen la posibilidad de aumentar el tamaño de las raciones por un módico aumento de precio.

«Esta película es el viaje de un hombre al mundo del aumento de peso, los problemas de salud y la comida rápida», explica el director en la página web de su película.

Abundan en este tipo de alimentos las frituras (patatas, pollo, algún que otro pescado, etc), pero los aceites que se utilizan para freír no suelen ser los más recomendables, entre otras cosas por motivos económicos.

Normalmente, realizar una comida de este tipo supone ya ingerir la mitad de calorías diarias recomendadas en la etapa de crecimiento y en la adolescencia, lo que conlleva que a lo largo del día tu hijo habrá superado ampliamente las calorías que necesita.

Por ejemplo, una hamburguesa puede tener hasta 600 kcal, dependiendo de su guarnición e ingredientes (queso, bacon, salsas). En cambio, siguiendo con la carne, un filete de ternera de 100 g sólo tiene 150 kcal, y 100 g de patatas fritas tienen aproximadamente 283 kcal, mientras que una ensalada de lechuga y tomate tiene 35 kcal (por 100 g).

Más ejemplos: un vaso de una bebida azucarada tiene cerca de 110 calorías. Un vaso de leche desnatada tiene unas cuarenta, y un vaso de agua, ninguna. Un helado cremoso tiene unas 500 kcal, y una manzana, 60.

Algunos investigadores aseguran que este tipo de comida puede causar en el cerebro cambios bioquímicos similares a los que provocan algunas drogas como el tabaco, la heroína y la cocaína. Una vez enganchadas a la comida basura muchas personas son incapaces de poder regresar a una dieta equilibrada y, en muchas ocasiones, padecen problemas de obesidad, según los científicos.

Está demostrado que las personas que consumen con frecuencia comida basura tienen un mayor riesgo de ser obesas y de padecer diabetes.

Está claro que la comida basura se presenta como uno de nuestros principales enemigos en nuestra carrera hacia una alimentación más sana y equilibrada. Luchar contra las grandes cadenas de hamburgueserías y su imparable maquinaria publicitaria resulta, a simple vista, algo casi imposible, pero comprobarás que con un poco de paciencia y esfuerzo se pueden reducir notablemente los efectos perjudiciales de este tipo de comida sobre la salud de tu hijo.

- Si prohíbes a tu hijo de manera tajante y de un día para otro que consuma este tipo de alimentos, es probable que sólo consigas el efecto contrario al que pretendes. Recuerda siempre que **los cambios bruscos no duran**. Los niños son muy aficionados a este tipo de alimentos, y sólo con paciencia y de forma progresiva podrás lograr que tu hijo vaya reduciendo su pasión por la comida basura. Explícale sin tapujos los perjuicios de este tipo de comida, y no te alarmes si un día decide ir a un «burguer» o comerse unas salchichas con sus amigos. Procura que ese día compense esas calorías de más con verduras y frutas y, a ser posible, con un paseo caminando o en bicicleta.

- Cuando vayas con tu hijo a una hamburguesería o a cualquier otro establecimiento de comida de este tipo, procura que elija siempre los menús de tamaño normal. Cuesta evitar los reclamos de las palabras maxi, extra, súper, etc., por apenas medio euro más, pero la salud de tu hijo lo agradecerá.

- A la hora de escoger el acompañamiento, procura que tu hijo se decante por una ensalada, en lugar de las consabidas patatas fritas, que a menudo presentan demasiada grasa.

- Intenta que tu hijo modere los aderezos de ketchup, mostaza o mayonesa en la hamburguesa, el bocadillo o las patatas fritas, porque aportan muchas calorías y pocos nutrientes.
En el caso de las pizzas, elige siempre las que tengan la masa fina, y poco a poco procura ir introduciendo en ella alguna verdura, porque es un producto que permite una infinidad de variedades. Una pizza de verdura (berenjena, cebolla, champiñones, con queso y tomate) es una comida perfectamente saludable que tus hijos recibirán con mucho gusto.

- En lugar de las bebidas gaseosas que suelen acompañar este tipo de menús, intenta que beba agua o zumos naturales. También suelen ir incluidos en el precio del menú, pero no son tan anunciados como las bebidas azucaradas.

- A la hora del postre, es difícil encontrar fruta en estos establecimientos. Pero recuerda que las frutas son los mejores postres. Intenta que tu hijo vaya aumentando su consumo, al menos en forma de macedonia o envasadas en conserva, con almíbar.

- Algunas cadenas de comida rápida, preocupadas por la imagen que de ellas se da en los medios de comunicación como causantes de la obesidad infantil, ofrecen a sus clientes folletos informativos sobre el valor nutricional de sus alimentos, así como de su procedencia y preparación. Conviene que le eches una ojeada y que lo comentes con tu propio hijo, comparándolo con las virtudes de los productos frescos.

Normalmente damos por sentado que comida basura equivale a comida rápida, pero no tiene por qué ser así. Se pueden elaborar platos sabrosos y nutritivos en poco tiempo (un sándwich de pollo con lechuga y tomate, una ensalada, un bocadillo de jamón, unos huevos revueltos, por ejemplo, no llevan más de un cuarto de hora de preparación y aportan muchas menos calorías y más nutrientes que los menús de los establecimientos de comida basura).

Alternativas a la comida basura

	Comida basura	Comida más sana
Desayuno	Bollería industrial	Leche, zumo y cereales
Comida	Hamburguesas, pizzas, frituras, rebozados, refrescos	Legumbres, guisos, pescados y carnes (cocidos o al horno), fruta y agua
Merienda	Bollería industrial, golosinas y tentempiés muy azucarados	Leche, fruta, yogur, bocadillo de queso o pavo, queso fresco
Cena	Alimentos precocinados y bebidas azucaradas	Ensaladas, verduras y frutas. Zumos de frutas

La tiranía de la televisión

Si tu hijo pasa muchas horas delante de la televisión, deberás doblar tus esfuerzos. Estar pegado a la tele no es sinónimo de obesidad, pero es uno de los factores de riesgo y, como tal, hay que prevenirlo en la medida de lo posible. El Ministerio de Sanidad calcula que los niños españoles pasan una media de dos horas y media al día delante de la televisión, y media hora más, en el ordenador o con los videojuegos. Para las autoridades, la lucha contra la obesidad en la infancia y adolescencia pasa tanto por cambiar los hábitos alimenticios como los de ocio. Y desgraciadamente para la salud de tu hijo, la televisión, los ordenadores y las consolas de videojuegos son los reyes del ocio infantil.

Es evidente que mientras tu hijo ve la televisión, no hace ningún tipo de ejercicio, algo fundamental (como veremos más adelante) si realmente necesita perder peso y acostumbrarse a unos hábitos más sanos.

Otro detalle importante relacionado con la televisión y la comida: la mayoría de niños que comen frente al televisor suelen permanecer sentados después de terminar de comer. Según algunos investigadores, éste es otro de los efectos nocivos de la televisión sobre la alimentación de los niños.

Analistas estadounidenses han calculado que cada comida que se hace frente a la televisión añade entre 38 y 73 minutos del tiempo total que los niños pasan ante la tele (un tiempo ya de por sí elevado).

Según el estudio llevado a cabo por Brian Saelens, psicólogo del Hospital Infantil de Cincinatti (Ohio, Estados Unidos), las familias que tienen una posición socioeconómica más elevada, con los dos padres presentes y con mayor grado de escolaridad, eran menos propensas a que sus hijos comieran ante el televisor. El investigador extrajo estos resultados, entre otros, después de estudiar a 169 familias con niños de entre seis y doce años.

A fuerza de repetir una y otra comida ante el televisor, los niños lo hacen ya de manera mecánica y el estímulo de la saciedad no llega a su cerebro. Aunque comen lo suficiente, su cerebro no procesa que ya ha comido.

A todo lo anteriormente indicado debemos añadir que mientras tu hijo ve la televisión está expuesto a los anuncios de publicidad que diariamente se emiten en todas las cadenas. Y muchos de esos anuncios tienen como destinatario exclusivo los niños: juguetes y ocio, pero también chocolatinas, bebidas azucaradas, bollería industrial, etc. Tu hijo recibe continuamente esos mensajes, y es casi imposible que sepa interpretarlos en su justa medida y sustraerse al encanto de los envoltorios llenos de colores, de las pegatinas que le acompañan, de sus nombres modernos y a la última o de otro tipo de promociones. Algunos anunciantes recurren incluso a deportistas famosos o regalan productos atractivos. Y cuando dispone de su propio dinero, es muy probable que se lo gaste en este tipo de productos.

Pero más del 90 % de los alimentos que se anuncian en la televisión para los niños contienen altos niveles de azúcar, grasa o sal. En cambio, las frutas y verduras nunca se anuncian en televisión.

Casi cien anuncios de **comida basura al día**

Según el informe sobre televisión y niños elaborado por la Confederación Española de Amas de Casa, Consumidores y Usuarios (CEACCU), un niño está expuesto a ver hasta 91 anuncios de comida rápida, fritos, chocolates, bollería industrial y otro tipo de «snacks» sin cambiar de cadena en una sola mañana de sábado.

La repetición de estos anuncios (estratégicamente programados en las horas de mayor público infantil) multiplica los malos hábitos alimenticios de los niños y supone un obstáculo en el esfuerzo de los padres, dietistas y educadores en pos de una alimentación más sana y equilibrada.

¿Cómo luchar contra ese elemento todopoderoso llamado televisión? Parece complicado, pero no lo es tanto.

Para empezar, insiste en comer o cenar en familia, todos juntos reunidos a la mesa y a ser posible, con la televisión apagada. Intenta que fluya la comunicación, que se comenten los acontecimientos del día, pregúntale a tu hijo qué tal le ha ido en el colegio o explícale qué tal ha sido tu día. Si creen que la situación es incómoda o que hay demasiados silencios, prueba a encender la radio.

Pon un límite de horas al día delante de la televisión. Verás cómo al principio tu hijo se lo toma casi como un castigo, pero también comprobarás que pronto se adapta sin ningún problema. Eso sí, procura plantearle alguna alternativa, sobre todo al principio (y aquí puedes aprovechar para invitarle a hacer ejercicio físico). Cuenta con él, negocia unas horas determinadas al día o a la semana, para que así pueda ver algún programa que le guste si al día siguiente reduce su tiempo frente a la tele. Deberás tener en cuenta también si tu hijo tiene su propio aparato de televisión en su habitación.

Intenta que vea la televisión sólo cuando haya algo que le guste o le interese. Ayúdate de una guía de televisión, del teletexto o simplemente de la programación que sale en los periódicos.

Por supuesto, no utilices la televisión como recompensa si tu hijo come tal o cual alimento. Sólo conseguirás que crezca su adicción a estar sentado delante de la pantalla.

Poco a poco, intenta minimizar la importancia de la televisión en la vida de la familia. Incita a tu hijo a descubrir otro tipo de ocio, básicamente el que tiene que ver con la actividad física.

Casi todos estos consejos son perfectamente aplicables a la videoconsola o al ordenador, un elemento que se está haciendo imprescindible en muchos hogares. Son muchos los niños que tienen un ordenador en su habitación, por lo que se han convertido ya en los auténticos reyes del aparato. Los niños y adolescentes pasan cada vez más tiempo delante de la pantalla (básicamente, navegando por Internet y jugando), por lo que debes concienciar a tu hijo de la importancia del ejercicio físico.

Fomenta las actividades al aire libre y procura que sean tus propios hijos quienes se impliquen en la preparación de las actividades, porque supondrá una motivación extra para ellos. En cambio, si se ven obligados a hacer algo «porque sí» o «porque lo mando yo», seguramente lo harán a regañadientes y volverán a buscar refugio y consuelo en la televisión, la consola de videojuegos o el ordenador.

Mejor en familia

Cada vez se hace más complicado que toda la familia se reúna en torno a la mesa, sobre todo a la hora del almuerzo. Pero, ¿realmente merece la pena reunirse todos para comer o cenar? ¿Es práctico renunciar al tiempo libre que tendríamos si damos de cenar a los niños y los sentamos pronto ante el televisor? Además, ¿resulta útil eso de comer todos juntos?

La respuesta a todas estas preguntas debería ser: «Sí, merece la pena que os reunáis todos para comer o cenar». Es más, será una de tus armas para prevenir la obesidad de tus hijos. Comer juntos es la manera más natural y espontánea de reunir a la familia.

Si por razones de trabajo o de escuela de los niños no puedes comer con ellos a la hora del almuerzo, al menos procura que las cenas se lleven a cabo en familia. Cada vez es más frecuente que cada miembro de la familia cene por su cuenta, cualquier cosa, pero debes hacer un esfuerzo por reunir a todos en torno a la mesa.

Comer con tus hijos implica que tú puedes controlar directamente qué es lo que comen. Y además, puedes servir de ejemplo: si tu hijo ve que llevas una alimentación sana, es mucho más probable que también la lleve él. Si comes con él, podrás inculcarle (poco a poco, a través de ejemplos y con paciencia) las bases de una dieta equilibrada.

Verás cómo además mejorará enormemente la comunicación, algo básico si quieres saber cuáles son sus problemas. Si tu hijo está obeso y se siente acomplejado por ello, aprovecha la hora de la comida o la cena para hablar con él.

En esa comunicación seguro que surge el tema de la comida: habla con él para explicarle cómo se prepara tal o cual plato, cuáles son los beneficios de la verdura, la pasta, las hortalizas, la fruta, la leche, etc., y anímale a que él mismo se invente alguna receta.

Comiendo juntos, tu hijo consumirá más frutas, hortalizas y verduras que si lo hace en solitario. Aprenderá también que la comida es algo agradable, un momento para reunirse, hablar, descubrir nuevos alimentos, etc. Si siempre come solo, es probable que se aburra a los cinco minutos, que no elija bien los alimentos que va a tomar (cogerá cualquier cosa, lo primero que encuentre, normalmente comida precocinada o alimentos poco saludables).

Los niños que siempre comen solos no aprenden ni descubren que la hora de la comida puede ser un momento agradable y una buena oportunidad de conversar con la familia o los amigos.

Debes intentar que la hora de la comida aparezca como un momento divertido y relajado, y no como una tortura o un mal trago. No ejerzas demasiada presión sobre tu hijo ni le fuerces a comer tal o cual alimento, porque entonces es probable que no lo haga. Es mejor que coma tranquilo, relajado, sin obsesionarse por los beneficios del plato que tiene delante ni preocuparse por la posible bronca final si no se lo come.

Comer juntos también implica que todos los miembros de la familia coman lo mismo. Así, si tu hijo es obeso no se sentirá discriminado porque verá que come lo mismo que el resto, y tú misma te darás cuenta de que no existen alimentos para niños o para adultos, sino que todos pueden comer de todo.

Procura también que el lugar en el que os sentéis a comer sea siempre el mismo, para que tu hijo se vaya haciendo una idea de qué significa comer en familia. Si un día cena en el salón, otro en la cocina y otro en su habitación, no aprenderá los valores de comer en familia y no podrás enseñarle en qué consiste llevar una alimentación sana y equilibrada.

Si es difícil que los horarios de tu familia coincidan, haz un esfuerzo por intentar desayunar todos juntos (levantarse un poco antes merece la pena en este sentido porque si los niños tienen que desayunar solos, es probable que no dediquen ni tres minutos a desayunar). Si tu hora de la cena es demasiado tarde para tus hijos, siéntate con ellos mientras cenan, compartiendo el momento y probando un poco de lo que estén comiendo.

Al menos, intenta aprovechar los fines de semana. Si de lunes a viernes se te hace totalmente imposible comer o cenar en familia, hazlo al menos el sábado y el domingo.

Un ejemplo de la importancia de comer (o cenar) **en familia**

Reunirse para comer o cenar es una buena manera de combatir y prevenir la obesidad. Sin embargo, hasta hace poco era difícil contrastar científicamente este argumento. Pero un estudio de la Harvard Medical School, en Estados Unidos, lo demostró.

Los investigadores escogieron a 16.200 chicos y chicas de entre 9 y 14 años. Todos eran hijos de las participantes del Nurses Health Study, un estudio epidemiológico en el que participaban más de cien mil enfermeras estadounidenses.

Todos los niños respondieron a un cuestionario sobre sus hábitos nutricionales. Entre ellos, el número de veces que cenaban en compañía de sus padres. Finalmente, los investigadores comprobaron que los niños que cenaban habitualmente en familia consumían más frutas y verduras, no abusaban de los refrescos ricos en azúcares, la comida rápida o las frituras. Tomaban menos grasas saturadas y transgénicas y tenían mejores niveles de calcio, hierro y vitaminas C, E, B_6 y B_{12}.

Los autores creen que uno de los motivos por el que las cenas en familia hacen que la alimentación infantil sea más sana es que en el tiempo que dura la cena, los padres pueden instruir a sus hijos sobre nutrición.

Aunque no esté directamente relacionado con la prevención de la obesidad, reunirse todos juntos para comer, cenar o desayunar ayudará a que tus hijos aprendan a sentirse útiles, porque puedes pedirles que te ayuden a preparar la comida (recuerda: ¡cuanto más se impliquen, mejor!) o a recoger la mesa.

Es probable que al principio te cueste un poco reunirte con tus hijos para comer, porque quizá acaben su plato con una rapidez asombrosa y quieran levantarse, sobre todo si consideran que quedarse en la mesa una vez terminada su comida es una idea bastante aburrida. Debes, por lo tanto, procurar que tu hijo sepa controlar esos impulsos de levantarse, y también, como ya hemos visto, intentar que la comida sea una reunión agradable y divertida.

Y otro detalle: los niños aprenderán mejores modales en la mesa si se acostumbran a comer en familia, porque actuarán según lo que vean en sus mayores.

¿Cómo cocinas?

Conviene que repases tu manera de cocinar los alimentos. Si tu hijo tiene un problema de sobrepeso, es probable que hayas abusado de los alimentos precocinados o de los fritos.

Precisamente freír es lo menos aconsejable. De hecho, los expertos que asesoran a los comedores escolares recomiendan que se incluyan, como mucho, uno o dos platos de fritos a la semana en los menús de los colegios.

Freír consiste en someter al alimento a la acción continuada de una grasa muy caliente. Pero el hecho de calentar en exceso el aceite hace que se oxiden sus grasas y que pueda convertirse en una grasa transgénica.

Cuando vayas a freír, procura hacerlo con aceite de oliva. El punto crítico de este tipo de aceite (es decir, la temperatura máxima que soporta antes de quemarse y generar cuerpos tóxicos) es aproximadamente de 210 °C (el del aceite de girasol o soja es de 170 °C). Teniendo en cuenta que los 190 °C suele ser la temperatura óptima de fritura de la mayoría de alimentos, el aceite de oliva es el más indicado porque es el que mejor se ajusta a la composición de los alimentos que vayas a freír. Además, al soportar mayor temperatura, penetra menos en el alimento, por lo que no aumenta tanto el valor calórico.

Prácticamente todos los alimentos se pueden freír, pero debes tener en cuenta que los productos muy ricos en agua (verduras o pescados, por ejemplo) tienen que ser secados y, dependiendo del caso, recubiertos de harina.

Cuanto más pequeño sea el alimento (croquetas, patatas), el aceite necesitará más temperatura, y viceversa.

Los alimentos fritos suelen ser muy bien aceptados por los pequeños (seguro que tu hijo, como la mayoría, es un enamorado de las patatas fritas), pero esta técnica de preparación de los alimentos es la menos apropiada para las personas obesas porque un alimento frito absorbe entre un 5 y un 15 % de su peso en aceite, lo que multiplica su valor energético.

En el caso de las patatas, por citar un ejemplo conocido y recurrente: 100 g de patatas hervidas aportan 90 kcal. La misma cantidad de patatas, pero fritas, suponen 165 kcal. Por otra parte, han aparecido estudios que relacionan las patatas fritas (reacción química con el aceite caliente, etc.) con determinados efectos nocivos para la salud.

Así las cosas, procura no abusar de las frituras. Puedes recurrir a otra manera de cocinar los alimentos, como hacerlos a la plancha o rehogarlos, con un poco de aceite de oliva y/o mantequilla.

Asar los alimentos puede ser una excelente alternativa. Asar es someter el alimento crudo a una fuente de calor con una porción grasa de por medio para evitar que el alimento se pegue o quede demasiado seco. Los alimentos que se cocinan así son muy sabrosos porque pierden pocos jugos (aunque también pierde vitaminas y minerales por la larga acción del calor, por eso en el caso de algunas hortalizas y de las patatas se trata de una técnica recomendable porque se pueden asar con piel, y así se preservan mucho mejor sus nutrientes).

Cocinar la carne o el pescado a la plancha supone no utilizar grasas innecesarias, y tu hijo apenas notará la diferencia. Cuando lo hagas, es importante que no muevas mucho la porción del alimento: no lo pinches, ni lo voltees continuamente, ni lo aplastes con la intención de acelerar su preparación, porque sólo conseguirás resecarlo y endurecerlo. Es conveniente que añadas la sal al final de la cocción, porque ésta hace «sudar» a los alimentos, perdiendo jugos.

No olvides la posibilidad de hervir o cocer (sumergir los alimentos crudos en un líquido, normalmente agua, y llevarlo a ebullición).

Cocer es siempre un método limpio, sin olores y muy sano, aunque algunos alimentos también pierden un alto porcentaje de nutrientes. Por eso, la mejor opción es cocer al vapor con una pequeña cantidad de agua. Esta técnica, la cocción al vapor, es originaria de Oriente, pero está cada vez más extendida en nuestra cultura. A través de esta técnica, el alimento no está en contacto directo con el agua, sino que media un utensilio (una rejilla o un colador, por ejemplo) que permite el paso del vapor que desprende un fondo de agua. Así se conservan todas las cualidades nutritivas del alimento.

En la cocción normal (los alimentos en agua) es importante que tengas en cuenta un detalle: si quieres preparar un caldo o una sopa, los alimentos sólidos (carnes, verduras, huesos de jamón, etc.) debes introducirlos cuando el agua está aún fría y llevarla poco a poco a ebullición, para que los alimentos vayan liberando progresivamente sus cualidades nutritivas y su sabor. Si, por el contrario, lo que quieres es aprovechar ese alimento sólido (cocer un huevo o una patata, por ejemplo), tienes que meterlos en el agua cuando ésta hierva. Así se preservará su valor nutritivo y su sabor.

Existen muchos alimentos que se pueden consumir en crudo, sobre todo frutas y verduras. Simplemente exigen un buen lavado. Además, así mantienen todos sus nutrientes, y en caso de las frutas, toda su fibra.

Pero también algunas carnes y pescados pueden consumirse sin preparación alguna, laminados en forma de «carpaccio». Estos alimentos no pierden ninguno de sus nutrientes, aunque son más difíciles de digerir.

Aunque las salsas tienen fama de contribuir a la obesidad, no tiene por qué ser así: añade un poco de yogur o queso fresco, o un poco de caldo. Recuerda

Con menos **grasa**

A la hora de preparar los alimentos, hay que utilizar la menor cantidad de grasa posible. Según la forma de elaboración de los platos, los alimentos pueden mantener o no, todo su sabor y valor alimenticio. Al cocinar al vapor, por ejemplo, se conservan todas las vitaminas y minerales. A la plancha se desengrasan las comidas, al horno se realza el sabor y a presión en la olla exprés se reduce el tiempo de cocción. También se puede optar por usar el microondas. En este caso, los alimentos casi se cuecen al vapor y necesitan poca grasa.

también que las especias pueden ayudarte a dar sabor a las comidas, y la mayoría de ellas combinan muy bien con los alimentos frescos. Es bueno que tu hijo se acostumbre poco a poco a los alimentos frescos.

Cuando cocines con especias, recuerda que se trata de hierbas aromáticas que deben perfumar un plato, potenciando su sabor, pero no ahogándolo o escondiéndolo. Lógicamente, no todas las especias combinan bien con todos los alimentos.

Como sustituto de la sal puedes utilizar también el ajo, la piel del limón y el vinagre.

Un par de consejos más: siempre que te sea posible, cocina las hortalizas en el horno y con la piel (berenjena, pimiento, etc.). Cuando vayas a cocer alguna verdura, procura que la cantidad de agua sea mínima y que el recipiente esté cerrado.

En resumen: cocinar puede parecer algo complicado y laborioso, pero recuerda que una alimentación sana no implica platos demasiado elaborados ni horas ante los fogones. En el último capítulo del libro encontrarás algunas sugerencias.

Raciones pequeñas

Es probable que cuando leas algunos menús recomendados o cualquier información sobre la alimentación más recomendable tengas alguna duda sobre las raciones. ¿Cuánta cantidad de comida *cabe* en una ración? ¿Debo tener una balanza para pesar todos los productos?

A partir de los seis o siete años, los niños necesitan raciones similares a las de los adultos. En el caso de los más pequeños, una buena orientación es que el tamaño de la ración le quepa en la mano.

Si tienes dudas, puedes disminuir el tamaño de las raciones, ya que puede ser un buen método para lograr que tu hijo coma exactamente lo que necesita, y no más. Si dejan algo de comida en el plato diciendo que ya se sienten satisfechos, no les regañes ni les pongas pegas, porque lo único que hacen es reflejar los mensajes que envía su propio organismo, que considera que ya ha cubierto sus necesidades de comida.

En lugar de presentar a tu hijo un plato con un solo alimento (carne sin guarnición, por ejemplo), procura disminuir la cantidad de ese alimento y hacer un plato más variado, por ejemplo menos carne, pero con ensalada, en este caso. El plato será presentado mucho más atractivo (todos empezamos a comer con los ojos) y, lógicamente, será mucho más variado.

Muchos padres caen en el error de sobrealimentar a sus hijos, poniéndoles en el plato una gran cantidad de comida (como si se tratase de un adulto) y obligando a su hijo a dejar el plato prácticamente limpio, es decir, a acabarse toda la comida. Esto es contraproducente, porque al final el niño acaba por creer que estar lleno o satisfecho no tiene que ver con las sensaciones que le transmite su cuerpo, sino con la cantidad de comida que quede en el plato.

Equivalencia de las **raciones**

Alimento	Peso en gramos	Medida casera	Raciones
Pan	100	1/2 barra	1
Pasta	60-75	1 plato	1
Cereales (desayuno)	30-40	6 cucharadas soperas	0,5
Arroz	60-75	1 plato	1
Lechuga	100-150	1 plato	0,5
Tomate	200-300	2 tomates	1
Zanahoria	120	2 zanahorias	0,5
Ternera y cerdo	100	1 filete mediano	1
Pollo y conejo	100	1 filete	1
Hígado	100	1 filete	1
Huevos	50-60	1 huevo	0,5
Aceite de oliva	10	1 cucharada sopera	1
Margarina	10-15	1 cucharada sopera	1

La cesta de la compra

Es tan evidente que suena a tontería: si no compras un alimento en concreto, es prácticamente imposible que tu hijo lo consuma. Parece muy sencillo expuesto así, pero luego las cosas se tuercen, pensarás. Veamos cómo puedes empezar a solucionar el tema de la cesta de la compra.

En primer lugar, es importante insistir en esa idea: no compres lo que no quieres que tus hijos coman. Si ellos ven la despensa o los armarios llenos de alimentos precocinados, pizzas, bolsas de patatas fritas y bollería industrial, es fácil que se decanten por comer precisamente eso, y de esa manera es realmente complicado empezar a llevar una dieta sana.

Si realmente quieres terminar con el problema de la obesidad de tu hijo, debes comenzar a tomar las riendas de su alimentación desde el momento en el que sales a comprar. Ten en cuenta que la mayor parte de los alimentos que tu hijo toma depende de lo que compras en el supermercado.

A la hora de hacer la compra, apuesta por la variedad. Muchas veces caemos en el error de acudir siempre a las mismas estanterías del mismo supermercado para comprar lo mismo. Procura llevarte productos de todos los grupos alimenticios: cereales y legumbres, verduras, hortalizas y frutas, carnes, pescados y huevos, y también lácteos y sus derivados. En el caso del pan y el arroz, por ejemplo, prueba a comprar las variedades integrales, con más fibra y menos calorías, y con un sabor muy parecido al que tus hijos se acostumbrarán muy pronto.

Reduce los postres precocinados en favor de la fruta. Si al principio a tu hijo le cuesta abandonar de golpe sus postres preferidos para tomarse una pieza de fruta, puedes comprar yogur natural, batidos de fruta, frutos secos, etc.

Dale a las frutas y verduras la importancia que merecen. Ya hemos visto que en el caso de los niños y adolescentes, deben ser consumidas a diario. No pierdas de vista la pirámide de los alimentos.

Si tienes que comprar algún producto precocinado porque no tienes demasiado tiempo para elaborar comidas, procura que sea bajo en grasas y en sal.

Presta especial atención a las chucherías y a las bebidas azucaradas. Ambas van destinadas al público infantil, pero si quieres que tu hijo lleve una alimentación más equilibrada, debes ir reduciéndolas poco a poco. Recuerda que el consumo de este tipo de refrescos es el responsable de una gran cantidad de las calorías que tu hijo ingiere, por su elevado nivel de azúcar. Algunos se presentan como ricos en frutas o con un elevado porcentaje de zumo de fruta, pero muchas veces esas cifras no se corresponden con la realidad. Además, si tu hijo dispone de dinero propio, cabe la posibilidad de que sea él mismo quien compre este tipo de bebidas, ya sea en un supermercado o en cualquier máquina expendedora.

En lugar de las bebidas azucaradas, compra zumos naturales o leche. La idea de presentarles agua con un poco de zumo de limón te puede ayudar a que vayan abandonando su adicción a las bebidas gaseosas y azucaradas.

En el caso de las chucherías, lo ideal sería suprimirlas por completo porque sólo aportan azúcar, pero es muy posible que cortar con ellas de raíz te suponga algún disgusto con tu hijo. Intenta reducir su consumo, sólo de manera excepcional (¡en ningún caso todos los días!) y busca aquellas que tengan menos azúcar.

La compra de **carne y pescado frescos**

- Cuando vayas al mercado a comprar carne y pescado, busca siempre los alimentos más frescos. Pero no siempre es fácil, ya sea porque a veces se expone género no demasiado fresco, o bien porque no conocemos las características de determinados productos.
- Como norma general, el pescado debe tener la cola y el vientre rígidos y una carne firme. Los ojos deben ser saltones y brillantes, y la piel (también brillante) debe tener las escamas bien adheridas. En el pescado poco fresco, la piel se vuelve pegajosa y mate.
- Las branquias deben estar húmedas, brillantes y de color rosa o rojo sanguíneo.
- La carne de pollo debe tener las patas de un color amarillo o rosado y su piel no debería presentar cambios de color, y sí estar bien adherida a la carne.
- La ternera, que sea satinada y lisa, rosada y de color uniforme y con la grasa blanca.
- También la carne de cordero es rosada, tersa y entreverada de una grasa blanca o rosada y un olor suave.
- La carne de cerdo debe ser uniforme (rosa vivo) y con la grasa muy blanca.
- Normalmente, todos los huevos que están a la venta son frescos, pero quizá tengas en casa alguno y no sabes si es apto para el consumo o no. Algunos consejos para comprobarlo:
    - Si lo introduces en un recipiente de agua con sal y el huevo se sumerge hasta el fondo, es fresco. Si flota, no lo es tanto.
    - Cuando el huevo es fresco, al romperlo y verterlo en un plato, la yema debe quedar abombada, en el centro de la clara y muy adherida a ésta.

Programar con antelación los menús de la semana o de los próximos días puede ser un excelente método. Te será muchísimo más fácil hacer la compra y ganarás tiempo y dinero. Si quieres dar un paso más, puedes incluso diseñarte una plantilla con siete columnas, una por día, para ir anotando los alimentos que debes comprar. Dale prioridad a los alimentos frescos y estudia, según tus horarios, si te conviene congelar algunos alimentos o comprarlos ya congelados, y también con cuánta frecuencia puedes comprar las conservas.

Fíjate bien en las etiquetas. Echa un vistazo a los aditivos que contiene cada alimento, y también al tipo de grasa que lleva. Cuando veas que se especifica «grasa vegetal hidrogenada», recuerda que las grasas de este tipo son las menos recomendables si quieres prevenir la obesidad de tu hijo.

Hemos visto antes que la implicación de tu hijo es fundamental para cambiar sus hábitos alimenticios. Sin embargo, quizá en tus primeros viajes al supermercado en busca de una alimentación mejor es conveniente que vayas sola para evitar que tu hijo se encapriche de algún producto no demasiado recomendable: bollería industrial, helados, pizzas, etc.

Para terminar este apartado, una idea muy repetida pero que te será muy útil: no vayas a hacer la compra con el estómago vacío o con la sensación de hambre porque acabarás comprando mucho más de lo que realmente necesitáis y más productos precocinados o de comida rápida.

Como un reloj: desayuno, comida y cena

El ritmo de vida actual va camino de cambiar radicalmente los hábitos alimenticios. Hoy en día resulta normal saltarse alguna de las tres comidas principales (desayuno, comida y cena) debido al trabajo, las prisas, la falta de tiempo para cocinar, etc. Comer a deshoras es cada vez más frecuente, y eso implica muchas veces comer cualquier cosa para salir del paso.

Pues bien, para prevenir o terminar con la obesidad debes saber que es importante que tu hijo mantenga un ritmo regular de comidas. A ser posible, a la misma hora cada día.

Es importante repartir la ingesta de alimentos a lo largo del día para que el organismo de tu hijo los vaya recibiendo de manera gradual, haga mejor las digestiones y absorba los nutrientes. Cuando sólo se hace una o dos comidas al día (y un poco más fuertes), sucede precisamente lo contrario, ya que se concentra una gran cantidad de alimentos.

En los niños y adolescentes es especialmente perjudicial aportar gran cantidad de comida en pocas ingestas, porque sólo se conseguirá aumentar el deseo de comer en los niños o adolescentes con problemas de sobrepeso.

Comer cinco veces **al día**

Siempre se ha sostenido la creencia de que comer más veces produce obesidad, pero los últimos estudios se han encargado de desmentirlo. Lo ideal, según los expertos, es que tu hijo realice cinco comidas ligeras al día: desayuno (20-25 % de las calorías diarias), tentempié a media mañana (10 %), comida (25-30 %), merienda (10-15 %) y cena (el resto de calorías).

Saltarse alguna comida no sólo no es bueno, sino que además provoca que se deposite más grasa en los tejidos.

Debes intentar, por lo tanto, que tu hijo no se meta «atracones», pero también vigilar que no se olvide de alguna de las comidas, sobre todo de las tres principales.

Aunque tradicionalmente se habla de tres grandes comidas al día (desayuno, comida y cena), en el caso de los niños conviene repartir aún más su consumo de alimentos. Por eso es importante la merienda. Y en algunos casos, es muy frecuente que los niños se tomen algo después de cenar y antes de irse a la cama.

Eso sí, conviene que pasen al menos unas tres horas entre una comida y otra, para que el cuerpo tenga tiempo de llevar a cabo el proceso de digestión.

Así que intenta que tu hijo sea como un reloj, manteniendo un ritmo constante y regular en sus comidas y evitando en la medida de lo posible comer de manera desordenada y picar con frecuencia.

El desayuno. Los resultados aportados por el estudio «EnKid», realizado entre 1998 y 2000 sobre una población de 3.534 niños y jóvenes españoles con edades comprendidas entre los 2 y 24 años, demostraron que sólo un 26 % de ellos llevan a cabo un desayuno adecuado, y más de un 8 % incluso no desayuna.

Y sin embargo, el desayuno es quizá la comida más importante del día, y es esencial para controlar el peso. De hecho, algunos estudios relacionan directamente el riesgo de obesidad con el hecho de no desayunar o de hacerlo mal y demasiado rápido.

Tras ocho o diez horas de reposo y sin recibir ningún alimento, el cuerpo de tu hijo no puede ponerse en marcha otra vez con un café o un simple vaso de leche, porque su capacidad de concentración y su rendimiento escolar pronto se verían afectados.

La atención y la memoria a corto plazo son las funciones que se ven más afectadas por este ayuno (en este caso sería mejor decir «no desayuno»). Está demostrado que los niños y jóvenes que no desayunan registran menor velocidad de respuesta en las pruebas psicosométricas.

Omitir el desayuno puede causar hipoglucemia o caída de azúcar en la sangre, lo cual puede dar lugar a dolores de cabeza, fatiga, cansancio y falta de concentración, lo que se traduce en un impacto directo en el desarrollo intelectual, nutricional y emocional del niño.

Además, si tu hijo sale de casa sin desayunar, lo más probable es que a media mañana mate el hambre con lo más recurrente: cualquier producto de bollería industrial o repostería con exceso de grasa y azúcares y escaso valor nutritivo.

El desayuno es importante porque a esa hora es cuando más tiempo ha pasado desde la última ingesta, la cena del día anterior. Después de toda una noche, nuestro cuerpo necesita nutrientes, y su escasez puede ocasionar importantes trastornos. Es, al fin y al cabo, el combustible inicial, el que debe aportar la energía necesaria para iniciar la actividad diaria.

De hecho, el desayuno debe aportar entre un 20 y un 25 % de las calorías consumidas en un día.

Un buen desayuno mejorará el estado nutritivo de tu hijo, ayudará decisivamente a controlar mejor su peso (la costumbre de no desayunar favorece la aparición de obesidad y no la combate, como piensa la inmensa mayoría de la gente), reducirá el riesgo de que aumente el colesterol, mejorará su rendimiento escolar y físico, y evitará que pique continuamente entre horas, un factor fundamental en la lucha contra la obesidad.

No te alarmes si compruebas que tu hijo no tiene demasiada hambre al levantarse de la cama y no toma un desayuno completo, porque algunos expertos recomiendan incluso dividir el desayuno en dos partes, una antes de salir de casa y otra a media mañana, para repartir las calorías y mantener estables los niveles de glucosa. Y así, la espera hasta la hora de comer no se hace tan larga.

Un desayuno completo y de calidad debe incluir:

- **Productos lácteos** (leche, yogur, queso fresco, cuajada, etc.), porque representan una importante fuente de calcio y de proteínas. También contienen vitamina A, D y B. Para reducir su aporte de grasa puedes recurrir a los productos desnatados.
- **Cereales.** Aquí se incluyen pan, tostadas, galletas, muesli, los copos de cereal tipo «Kellog's», etc. Aportan una gran cantidad de hidratos y, si son integrales, también de fibra. Elígelos sin azúcar siempre que sea posible.
  El pan (recuerda, si es integral y con levadura madre, mejor), es un alimento ideal para el desayuno debido a su alto contenido en hidratos de carbono de absorción lenta, fibra, sales minerales y vitaminas. Añadirle un poco de aceite de oliva es una opción tan tradicional como saludable.
  Sin embargo, puede que tu hijo prefiera untar una tostada con mermelada. También es una buena manera de completar el desayuno, pero procura que la mermelada no tenga demasiado azúcar.
  Los cereales o «corn flakes» suelen ser muy bien aceptados por los niños y jóvenes. Además de sus componentes habituales, muchos llevan azúcar (un ingrediente a evitar al máximo), chocolate o miel, por ejemplo. Normalmente se toman con leche, así que eso te permitirá incluir la leche en el desayuno en el caso de que tu hijo sea reacio a tomarse un vaso «a secas».
- **La fruta** aparece en los desayunos mucho menos de lo que sería deseable. Puedes dársela a tu hijo en forma de zumo (aunque debes tener en cuenta que la fruta entera, consumida con piel, aporta una cantidad de fibra

que no aporta el zumo). Las frutas son ricas en agua y vitaminas, sobre todo la de tipo C. El zumo de naranjas recién exprimidsa es una costumbre muy natural y sana. Para aportar un poco de variedad, anima a tus hijos a que prueben el zumo de tomate, de plátano, de manzana, etc. Incluso él mismo puede combinar varias frutas para hacer su propio zumo (en tal caso, puedes ir incluyendo poco a poco zanahoria, pepino, etc.).

Los huevos o los embutidos pueden tener cabida en el desayuno, pero es mejor no abusar de ellos. Resérvalos para la comida del mediodía o la cena.
Intenta que tus hijos desayunen con calma, sentados a la mesa (es frecuente que se tomen cualquier cosa y de cualquier manera antes de irse al colegio) y a ser posible, contigo o con tu pareja, si el trabajo os lo permite. Emplea el tiempo que sea necesario: los expertos calculan que un buen desayuno debe ocupar al menos un cuarto de hora. Generalmente, cuanto menos tiempo dedicamos al desayuno, peor es la calidad del mismo.
Si, pese a todo, tus hijos se resisten a desayunar, prueba con fórmulas más imaginativas: ofréceles varios alimentos en distintos platos (cereales, frutas, zumos, etc.) como si fuese el buffet de un hotel. Quizá lo atractivo de la presentación les despierte el apetito.

La comida o almuerzo. Para muchos, el almuerzo debe ser la comida más consistente del día, pero desde el punto de vista nutricional, nada obliga a que tu hijo deba llenarse especialmente a la hora de la comida ni ingerir platos fuertes.
Al contrario: la hora de la comida es propicia para que vayas introduciendo las legumbres (garbanzos, lentejas, judías, etc.), condimentada con patatas o un poco de embutido (longaniza, lacón o un poco de chorizo, por ejemplo) para dar sabor al plato y hacer la comida más atractiva. Al igual que en otros casos, es probable que tu hijo lo rechace al principio, pero pronto se acostumbrará si le pones un poco de paciencia.
Las legumbres tienen un elevado índice de proteínas y muy poca grasa, lo que contribuye a controlar el nivel del colesterol en la sangre.

Los hidratos de carbono que contienen las legumbres son complejos y de absorción lenta, por lo que la glucosa pasa a la sangre de forma progresiva, evitando así un sobreesfuerzo del páncreas en la secreción de insulina.

Al ser ricas en fibra, las legumbres proporcionan la sensación de saciedad mucho antes que otros alimentos. Se trata, además, de un producto muy económico y que te abre muchas posibilidades a la hora de cocinar.

También puede ser un buen momento para introducir la pasta, que suele tener muy buena acogida por los niños (casi todos los niños disfrutan con un sabroso plato de pasta).

La hora de la comida te ofrece más variedad que el desayuno porque se puede incluir prácticamente cualquier tipo de alimento. Eso sí, procura ir potenciando poco a poco las verduras (al principio, como guarnición a alguna carne) y controlar las grasas.

La fruta, ¿antes?

Curiosamente, algunos expertos recomiendan tomar una pieza de fruta antes de iniciar la comida o la cena, algo poco habitual. Los dietistas sostienen que la fruta favorece la digestión y permite empezar a comer con menos ansiedad. Para estos casos, la manzana es la fruta más recomendada, porque es una excelente fuente de pectina, una fibra soluble que ayuda a bajar el colesterol y a reducir el apetito. Una manzana mediana contiene 4 gramos de fibra.

Tu hijo no tiene por qué seguir una dieta estricta (a no ser que se trate de casos que requieran seguimiento médico), porque debe comer de todo para llevar una alimentación rica, sana y variada, pero a modo de curiosidad reseñamos aquí la «dieta de las tres manzanas»: según algunos expertos, tomar una manzana antes de las comidas ayuda a consumir más rápidamente las grasas y a eliminar toxinas.

A veces cometemos el error de consumir demasiada grasa en las comidas. Para no caer en ese error, puedes recurrir a las ensaladas, a la carne a la plancha con patatas asadas, purés, o incluso pizzas caseras que puedes aprovechar para incluir algunas verduras y hortalizas como los pimientos o las berenjenas.

También existe la idea de que la hora de la comida es para «comer caliente». Sin embargo, nada te impide preparar platos fríos de vez en cuando en el almuerzo. Es más, algunos niños son obesos porque están acostumbrados a comer muy copiosamente en el almuerzo.

COMER EN EL COLEGIO

Quizá estas últimas líneas te han servido de poca ayuda por una sencilla razón: debido a los horarios, tu hijo siempre come en el colegio. Bien, si es así, debes informarte de los menús que sigue el centro escolar (normalmente, los encargados de prepararlos procuran diseñar un menú equilibrado y bastante variado para que incluya todos los nutrientes necesarios).
Cada vez más niños comen en el comedor escolar. Por lo tanto, la responsabilidad de los centros educativos en la prevención de la obesidad infantil también va en aumento. Recuerda que los niños van formando poco a poco sus hábitos alimenticios, y comer con otros niños puede ser de gran ayuda para que aprendan a comer bien. Lo que hagan o dejen de hacer durante las comidas en el colegio puede marcar decisivamente sus costumbres alimentarias.
 En teoría, no debería haber razón para la alarma, porque en general, en los comedores escolares se siguen las recomendaciones de los expertos en nutrición infantil, pero en la práctica algunos estudios sostienen que sólo la mitad de los centros escolares ofrece un menú equilibrado y nutritivo, conforme con las recomendaciones de médicos, dietistas y pediatras. Por eso es recomendable que te informes bien: recurrir a la asociación de padres de alumnos puede ser una buena manera de hacerlo.
Un buen menú escolar debe incluir productos de temporada (frutas frescas, hortalizas y verduras) y emplear diversas técnicas culinarias (plancha, horneado, estofado, guisado, fritura, etc.). No debe abusar de la grasa y debe ser variado en el acompañamiento de los platos y en las guarniciones: no siempre patatas fritas, sino puré o verduras.
Es importante que los alimentos básicos aparezcan con frecuencia. Verduras, pescado y legumbres deben aparecer al menos una vez a la semana, postres a base de frutas, no abusar de los precocinados, presentar de manera regular pasta y arroces, etc.

Hablando de presentar, es importante que los comedores escolares hagan un esfuerzo por mejorar la presentación de los platos. Muchas veces, la comida empieza por los ojos, y más en el caso de un niño, así que los responsables del comedor deben tener la imaginación suficiente para evitar que tu hijo se aburra con los mismos platos o que se siente a comer con aire de monotonía.

El precio real de los menús escolares

Un estudio llevado a cabo por la revista *Consumer* comparó la relación calidad-precio de varios menús escolares. La conclusión es que pagar más no siempre significa que tu hijo vaya a comer mejor. El estudio comparó los precios de los menús escolares en los veinte colegios más caros de España y en los veinte más baratos: el 85 % de estos últimos, con precios inferiores a 2,35 euros diarios, superaron el examen de calidad, y tan sólo el 70 % de los centros más caros (con precios superiores a los 5,5 euros diarios por menú) aprueban el análisis nutricional.

También debe variar la preparación y la consistencia de los platos en función del calendario. En las épocas de calor son más recomendables los alimentos frescos y ligeros (empedrado de legumbres, ensaladas, cremas, gazpacho, etc.), mientras que en los meses más fríos son deseables platos más consistentes y a mayor temperatura, como potajes, sopas, cocidos o guisos.
Pero hay casos que merecen una atención especial: niños con diabetes o con algún tipo de alergia o intolerancia. Y también los niños con problemas de obesidad. En estos casos, la escuela debería programar unos menús especiales, de acuerdo con las necesidades de cada alumno.
Sin embargo, ello conlleva el riesgo de que los alumnos se sientan excluidos, que se vean a sí mismos como especiales, que se sientan apartados mientras sus compañeros comen en grupo. Por eso es importante evitar en cualquier caso que un niño coma solo en la escuela. En casos así, debes estudiar la conveniencia de que tu hijo se quede a comer en el colegio o consultar con un psicólogo o especialista que te ayude a valorar la situación.

La merienda y los tentempiés. Picar entre comidas tiene muy mala fama. Es una de las tradiciones que primero prohíben algunos expertos en nutrición cuando preparan una dieta de adelgazamiento o aconsejan cómo perder peso, pero esto se debe a que normalmente picar entre comidas quiere decir consumir alimentos con demasiada grasa (en lugar de alimentos sanos y nutritivos) para acabar con la sensación de hambre.

Y sin embargo, tomar algo a media mañana o a media tarde ayuda a activar el metabolismo. Y en el caso de los niños, es algo necesario. Los tentempiés ayudan a mantener el nivel de azúcar en la sangre, a prevenir los antojos y a mantener estable el metabolismo, así que no pienses que comer algo entre horas o en la merienda es perjudicial. Es más bien al contrario. No presentes a tu hijo un tentempié como un premio o una recompensa, sino como algo habitual, siempre y cuando sea nutritivo.

El problema de los tentempiés es que suelen relacionarse con comidas desenfadadas y divertidas (promociones, regalos, envoltorios muy coloreados, etc.). Y muchas veces, eso es sinónimo de productos totalmente desaconsejables. En los últimos años, la hora de la merienda ha sido conquistada por los productos de bollería industrial o snacks (gusanitos, bolsas de patatas, etc.) con demasiada grasa y azúcar para mantener una dieta equilibrada. Entre otras cosas, porque se ha multiplicado la presencia de máquinas expendedoras en colegios y lugares de afluencia infantil. Son productos relativamente baratos y de fácil acceso para los chavales.

Sin embargo, tienes que plantearte el reto de hacerle ver a tu hijo que «comer sano» no significa «comer aburrido». Si tiene hambre entre las comidas, no le impidas tomar alimentos: procura que consuma fruta, un bocadillo de pan integral, un yogur o una barra de muesli, por ejemplo. Para que no tenga la sensación de aburrimiento, cambia la presentación de los alimentos: una manzana en rodajas con un yogur en el medio, una macedonia, etc.

A la hora de la merienda, los bocadillos o sándwiches son un buen recurso, siempre que controles su contenido en grasas. Puedes ofrecerle también a tu hijo un poco de queso, e incluso pasteles, tartas o bollos si no tienen mucho azúcar. Y si son hechos en casa, mucho mejor.

La cena. Muchas personas tienden a saltarse la cena, pensando que, al ser la última comida del día, es la menos importante. Si tú eres de esas personas, recuerda que tus hábitos influirán decisivamente en los de tu hijo.

La cena debe completar el equilibrio alimentario del día, aportando las raciones de alimentos que falten en función de lo que tu hijo haya comido a lo largo del día.

La aportación calórica de la cena debe ser similar a la de la comida o ligeramente menor. Conviene, eso sí, que la cena conste de platos más ligeros y de preparación más sencilla.

No es recomendable que tu hijo cene inmediatamente antes de irse a la cama. Dale tiempo a que haga la digestión antes de acostarse. Los expertos recomiendan una espera de entre una y dos horas (entre el final de la cena y el momento de irse a dormir) para facilitar el sueño y ayudar a realizar correctamente la digestión. Ese es quizá uno de los errores de la alimentación occidental de hoy en día: cenar demasiado tarde.

Las ensaladas son un perfecto método para elaborar una cena rápida, sencilla, digestiva y muy nutritiva. Puedes hacerlas de todo lo que se te ocurra: pasta, arroz, atún, frutas, etc.

La hora de la cena acoge muy bien los alimentos fríos, así que si no tienes tiempo para ponerte a freír o asar; no te preocupes, hay otros maneras de preparar una cena que no engorde. Pan integral con queso fresco, sopas, verduras y fruta te pueden ayudar enormemente.

Y ten en cuenta que la hora de la cena es quizá la que mejor se adapta a las reuniones familiares. Si de buena mañana todos vais con mucha prisa y el almuerzo lo hace cada uno por su cuenta, intenta que al menos la cena sirva para reunir a toda la familia.

Que se tome su tiempo. La importancia de comer despacio y masticar bien

Inmersos en un ritmo de vida frenético, los niños acaban por seguir las costumbres alimentarias de sus padres, y muchas veces estas costumbres significan comer rápido y de manera apresurada, por falta de tiempo para hacer tal o cual cosa.

Ése será uno de los puntos que quizá debas corregir. Párate a pensar cuánto tiempo empleáis en cada comida. ¿Tu hijo come de manera demasiado apresurada, quizás? Comer con calma y tranquilidad es un paso más para terminar con los problemas de sobrepeso u obesidad.

Evidentemente, no existe ningún tiempo establecido para emplear en cada comida, pero calcula que al menos tu hijo debería ocupar media hora en la comida y en la cena, y unos veinte minutos en el desayuno.

Comer rápido evita que tu hijo disfrute el sabor de las comidas. Impide una buena digestión y es una de las claves que todos los expertos en nutrición apuntan como factores de riesgo para caer en la obesidad.

Normalmente, el cerebro recibe el mensaje de saciedad veinte minutos o media hora después de haberse sentado a la mesa. Así que si tu hijo come demasiado rápido, no dará tiempo a su cuerpo a procesar esa cadena de mensajes y acabará por comer más de lo que realmente necesita.

Comer despacio significa controlar mejor qué es lo que estás comiendo y ayuda a reducir gases. Además, comer rápido equivale normalmente a no masticar bien, lo cual produce una distensión acelerada en todo el aparato digestivo que puede provocar dolores. Es el fenómeno conocido como «dispepsia».

Masticar bien es más importante de lo que puede parecer a simple vista. Masticar permite dividir los alimentos en fragmentos suficientemente pequeños como para que puedan ser fácilmente tratados por los jugos digestivos. Ten en cuenta que en la boca comienza la transformación de los alimentos, sobre todo de los azúcares, mediante la acción de enzimas específicos que se encuentran en la saliva. Además, algunas sustancias se absorben directamente a través de la lengua y pasan directamente a la sangre.

Comer despacio y con tranquilidad no sólo es importante desde el punto de vista fisiológico, también desde la perspectiva psicológica: si tu hijo emplea poco tiempo en comer y lo hace de manera apresurada, no asumirá del todo que ha comido, y poco tiempo después volverá la sensación de hambre «porque lo anterior sólo fue un tentempié».

Algunos trucos para intentar que tu hijo se tome las comidas **con calma**

- Intenta que, entre mordisco y mordisco, deje la cuchara o el tenedor en el plato mientras mastica. Le resultará raro al principio, pero puede dar excelentes resultados.
- Si coméis en familia, eso ayudará a que todos empleéis el mismo tiempo. Hablar mientras se come ayuda a no pensar sólo en la comida.
- Si tu hijo es un auténtico relámpago a la hora de comer, puedes pedirle (primero de manera esporádica, casi como un juego en el que tú misma le puedes acompañar) que cambie la mano que suele utilizar para comer. Si es diestro, que coma con la izquierda, y viceversa. Así controlará mejor la velocidad a la que come.
- Comer delante de la televisión suele significar comer menos relajado, así que procura que la tele no domine la hora de la comida o la cena.

¡Dulces sueños! La importancia de dormir bien

Las personas que duermen poco, además de no proporcionar a su cuerpo el descanso necesario, suelen ser más propensas a sentir el deseo de comer más (entre otras razones, para aportar la energía que el organismo necesita, ya que no han descansado bien) y, por lo tanto, tienen más riesgo de ser obesas.

Un estudio de la Universidad de Columbia (Estados Unidos) llevado a cabo en 18.000 norteamericanos demostró que las personas que duermen menos de cuatro horas diarias tienen un 73 % más de posibilidades de padecer obesidad que aquellas que duermen la cantidad recomendada, entre siete y nueve horas diarias. Y las que duermen una media de cinco horas tienen más del 50 % de riesgo.

La falta de sueño rebaja el nivel de leptina, la proteína sanguínea que ayuda a controlar la sensación de apetito. Dormir poco aumenta también los niveles de grelina, una sustancia que multiplica la sensación de hambre.

Las manifestaciones de fatiga y hambre son muy parecidas, así que no dormir bien puede llevar aparejado un consumo de calorías mayor del necesario. Algunos estudios indican que las personas que no duermen bien tienen apetencias de comidas dulces y ricas en grasas.

Aunque estar despierto implica gastar más calorías, también supone ingerir más. Algunas personas (quizá tu hijo) suelen combatir el insomnio acudiendo a la nevera o la despensa, en busca de algún alimento que calme su ansiedad.

Las necesidades de sueño de cada persona varían en función de múltiples factores, pero prácticamente todos los niños necesitan dormir las horas establecidas. A cada edad le corresponde un baremo, según los pediatras.

Horas de sueño diarias necesarias **según la edad**

Edad	Horas de sueño	Edad	Horas de sueño
Recién nacidos	16-18	De 3 a 6 años	11-13
De 3 a 6 meses	15	De 7 a 9 años	9-11
De 6 a 12 meses	14-15	De 10 a 11 años	8-11
De 1 a 2 años	14	De 11 a 18 años	Un mínimo de 9

Una falta de sueño prolongada puede alterar el metabolismo y afectar los niveles hormonales del organismo.

No descansar bien impedirá a tu hijo estar en disposición de hacer ejercicio, algo básico para controlar el peso, como veremos en el capítulo siguiente.

Dormir poco o mal suele ser sinónimo de desayunar poco y mal. Si tu hijo no ha dormido bien, lo más normal es que se levante cansado, sin ánimo para tomar un buen desayuno, y con prisas (habrá apurado al máximo su tiempo de estar en la cama, al no haber descansado bien), con lo cual no tendrá tiempo de sentarse a desayunar y saldrá corriendo hacia el colegio

Para que tu hijo duerma bien

- Intenta establecer una rutina que incluya un período de tranquilidad o reposo antes de ir a dormir.

- Evita o reduce al mínimo el acceso a la televisión o los videojuegos antes de dormir.
- Fija un horario determinado para irse a la cama cada día. Eso ayudará a tu hijo a acostumbrarse a una rutina.
- Si tu hijo es pequeño e insiste en irse a la cama con algún juguete o muñeco, permíteselo.
- Si hace ejercicio, mucho mejor, porque se meterá cansado en la cama, y eso le permitirá dormir bien. Eso sí, no es conveniente realizar una actividad física por la noche, antes de irse a dormir (ya hemos visto que conviene dejar un tiempo de reposo entre la cena y la hora de acostarse).
- Prueba a retrasar su hora de meterse en la cama, sobre todo si es un niño pequeño. En caso de que esté muy cansado, puede ponerse caprichoso o especialmente inquieto. Si se van a la cama antes de que aparezcan estos síntomas, acabarás con el problema.
- Algunos alimentos ayudan a conciliar el sueño: cenar una ensalada con lechuga, por ejemplo, ya que se trata de una hortaliza con ciertos efectos sedantes. Algunos estudios sostienen que la ingesta de triptófano (un aminoácido) favorece la relajación. Lo podrás encontrar en alimentos como los huevos, la leche, el pescado y los cereales integrales. Beber un vaso de leche caliente también estimula el sueño. Los alimentos con alto contenido en vitamina C son una buena ayuda, así como algunas infusiones (manzanilla o tila). La miel actúa también como ligero sedante. Los dátiles ayudan a conciliar el sueño, relajan los ánimos y permiten dormir más y mejor.
- No dejes que tome cafeína o sustancias similares antes de irse a la cama. Tampoco son demasiado apropiados los tentempiés demasiado azucarados.
- Un baño o ducha caliente antes de dormir relaja y facilita la llegada del sueño.
- El colchón debe tener la firmeza suficiente para adaptarse a la presión del cuerpo de tu hijo. Las mantas, edredones y sábanas, si son de materiales naturales, mejor, porque favorecen la transpiración. Es preferible que el pijama sea ligero, sin botones ni gomas que aprieten. También es importante que la temperatura de la habitación sea agradable.

- Si tu hijo te pide dejar una luz encendida (muchas lámparas tienen ya graduación del nivel de luz), permíteselo. Para evitar que se tenga que levantar a beber si tiene sed, déjale un vaso de agua en la mesilla de noche.
- Muchos niños, especialmente los más pequeños, piden dormir con sus padres. Lo mejor para que aprendan a dormir bien es que lo hagan solos.
- Si tu hijo está acostumbrado a dormir unas horas de siesta, procura eliminarla. En los primeros días, tu hijo se sentirá cansado y se dormirá más fácilmente.

Cómo gestionar los caprichos y las manías

Algunos padres se preocupan porque sus hijos comen demasiado. Otros, porque simplemente, sus hijos no comen casi nada. Y muchos, porque su hijo sólo come lo que le gusta. Se harta a golosinas y rehuye la verdura, es un enamorado de la comida basura pero nunca quiere pescado, etc. En fin, los caprichos de los niños relacionados con la comida, algo que seguro te ha supuesto una preocupación en algún momento.

Evidentemente, todos estos consejos dependerán enormemente de la edad de tu hijo. No es lo mismo enseñar a comer a un niño de dos años que a uno de trece. Pero es probable que tanto uno como otro tengan muchas manías alimenticias. Evitan a toda costa el pescado, la verdura o las legumbres, no comen fruta, toman menos leche de la que deberían, abusan de las patatas fritas o los helados, (sólo por citar las más comunes) y un largo etcétera.

¿Qué hacer si tu hijo se niega en redondo a consumir alguno de los alimentos más beneficiosos y recomendados? ¿Cómo empezar a llevar una dieta equilibrada si se niega a comer ciertos alimentos?

Las manías y los caprichos relacionados con la comida se crean mucho antes de lo que imaginas. Casi desde bebés, los niños saben que la hora de la comida es especial, y que sus padres están muy atentos a ellos en ese momento. Cuando descubren que pueden influir en lo que hacen sus padres a través de su propio comportamiento en las comidas, rápidamente aprenden a utilizarlo para hacer lo que más les interesa. Muchos niños creen que la hora de la comida es el momento perfecto para expresar sus emociones, porque toda la familia está reunida. Interpretan que es una ocasión única para llamar la atención, encerrarse en una postura e intentar a toda costa lograr que sus padres cedan en lo que pretende. En resumen, desde muy pequeñitos, los niños rechazan algunas comidas para atraer la atención y, poco a poco, van utilizando la comida como estrategia.

Ante todo, recuerda que quedarse en la amenaza o el castigo en caso de que no coman tal o cual alimento es tan contraproducente como forzarles a comer. Hay que ir un poco más allá. Tienes que intentar modificar su conducta concreta, a través de estímulos y motivaciones, con paciencia, intentando reforzar sus hábitos positivos y eliminando poco a poco los negativos. Tienes que valorar cuándo tu hijo merece toda la atención, y cuándo es conveniente que pases por alto sus berrinches o reivindicaciones en forma de capricho alimenticio.

En cualquier caso, piensa siempre en positivo. Procura no mostrar ningún síntoma de preocupación o de angustia con respecto a la comida, de lo contrario, tu hijo aprenderá a ponerte nerviosa rechazando según qué alimento.

Si tu hijo es reacio a algún alimento en concreto, no te alarmes y, por supuesto, no le fuerces a que se lo coma, porque en tal caso, lograrás que tu hijo asocie la comida a un momento de sufrimiento y de tensión. Forzarle a consumir un alimento determinado no aumentará su apetito (más bien al contrario). No caigas en obsesiones de ese tipo y procura ser más diplomática, preparando ese alimento de varias maneras, introduciéndolo poco a poco en otros platos como guarnición, animándole a que pruebe un poco de tu plato, etc. Si fuerzas a tu hijo a comer un día sí y otro también, sólo conseguirás que adopte una peligrosa aversión a la comida.

El método contrario es, digamos, ligeramente más aconsejable. Nos referimos al de los premios, es decir, recompensar las actitudes positivas de tu hijo con la comida. Hemos visto que lo más adecuado es reforzar las conductas positivas, pero debe hacerse con cuidado. Hacerlo con asiduidad puede convertir la relación con tu hijo a la hora de la comida en un chantaje continuo, porque al fin y al cabo estarías premiando a tu hijo por cumplir un instinto vital.

Si tu hijo recibe un premio cada vez que se come un plato, acabará por interpretar que el plato es algo así como una carrera de obstáculos que tiene que superar para llegar a la meta, es decir, algo malo en sí mismo. Y existe también el riesgo de que tu hijo se convierta en un especialista en este tipo de chantajes. Que vea en cada comida un camino hacia el premio, que empiece a medir cada grano de arroz en términos puramente materiales, que crea que por cada pieza de fruta que se tome, tendrá más dinero de paga o más golosinas.

La motivación tiene que salir de los padres hacia el hijo, y no al revés. Si ocurre al contrario, los padres pierden autoridad y el niño vuelve a pensar que la comida es simplemente un buen método para influir en el comportamiento de sus padres y lograr lo que se propone. Los premios o los incentivos para reforzar la conducta positiva sobre un alimento en concreto tienen que salir de los padres, no de los hijos. Y es algo que se debe emplear sólo de manera ocasional.

El mejor premio es el que no se compra con dinero. El premio más efectivo es el afectivo. Un acaricia, un beso o un abrazo pueden ser tan efectivos o más que un juguete. Sirven para aproximar al hijo con sus padres y refuerzan valores positivos como la capacidad de divertirse con poca cosa, de abrazarse, etc. No es conveniente que el premio sea otra comida. Muchos padres cometen el error de incentivar a sus hijos prometiéndoles una pizza o una visita al *burguer* de la esquina si se comen tal o cual plato, o si (simplemente) se portan bien o están diez minutos callados. El efecto de esta manera de actuar es totalmente contraproducente, porque se está jugando con la comida, es decir, utilizándola como arma.

Asimismo, en los últimos años se ha impuesto la moda de festejar cualquier acontecimiento importante en la vida del niño o cualquier éxito con grandes raciones de comida basura. Poco a poco, el niño va relacionando ese tipo de comida con momentos de felicidad y éxito, una tendencia que sería muy adecuado corregir con paciencia, diálogo y comprensión.

A veces puede darse el caso de que la comida «sustituya al amor». Así, una inocente pizza puede convertirse en una especie de «come y calla», tanto si va unida como si no al auténtico «chupete» para niñatos que son los juegos de consola del tipo *Playstation*. En casos así, convendrá revisar la situación familiar.

Aunque parezca mentira, la principal motivación del niño para portarse bien es agradar a sus padres. Ten muy presente que estos elogios, piropos, abrazos, besos o caricias, deben ser espontáneos. Sólo así cumplirán su objetivo: premiar a tu hijo, reforzar su buena conducta, decirle inconscientemente que avanza por el camino correcto. Tu hijo no es tonto y sabe detectar cuándo los halagos son fingidos y acartonados, nacidos con la única intención de obtener tal efecto.

Al halagar excesivamente a tu hijo, puedes caer en el riesgo de convertirle, de manera inconsciente, en alguien con un poder sobre ti. Es algo así como hacerle la pelota al jefe: sabes que está por encima de ti y quieres agradarle. Recuerda que a los niños no les corresponde esta acumulación de poder sobre ti, y que tú eres la que debes marcar las directrices de la alimentación. Debes ser tan recta como flexible, un equilibrio que a veces puede parecer imposible.

No se debe permitir al niño que utilice la comida como un método de comunicación y control de otras personas, en este caso, sus padres. Para ello, lo más adecuado en muchas ocasiones es pasar por alto el capricho en cuestión. Si tu hijo ve que no consigue lo que se propone, pronto abandonará la batalla. Y acabará por comer, eso seguro, porque ningún niño es tan tonto como para matarse de hambre. En este sentido, eso sí, puede ser conveniente que no le ofrezcas demasiadas alternativas para que él mismo supere su aversión. Es un buen método para comprobar si su negativa era producto de un simple berrinche o realmente, de una aversión real. En este último caso, quizá haya poca cosa que hacer. Al fin y al cabo, todos tenemos algún alimento que no nos apasiona especialmente.

Si la manía parece convertirse en una obsesión y los métodos anteriores no funcionan, opta por ignorar por completo la conducta de tu hijo en ese caso concreto. Si comprueba que su berrinche no tiene resultados, que tú te dejas influir por sus gestos o gritos, pronto abandonará la pelea. Sí, es probable que encuentre otro ámbito para reivindicar sus gustos o peticiones, pero al menos empezará a dejar de utilizar la comida como un arma arrojadiza.

Procura no rendirte. Si cedes, es muy probable que tu hijo interprete que ha ganado el pulso y no tardará en volver a hacer lo mismo.

Negociar con el niño en mitad del berrinche no es una buena solución. Es cierto que son momentos tensos, pero él no atenderá a razones y tu enfado crecerá con el paso de los minutos, así que lo mejor es intentar ignorarlo y abordar la cuestión unas horas más tarde.

En cualquiera de los casos, la paciencia es fundamental. Si tu hijo odia las espinacas, por ejemplo, prueba a ofrecérselas de varios modos, pero insiste. Si las deja en el plato, no cedas y asegura que no hay otra alternativa para ese día. Repite el proceso una semana después. Si finalmente sigue rechazando las espinacas, deja pasar un par de meses y vuelve a la carga.

Una buena manera de conseguir que tu hijo empiece a comer algunos alimentos es dándoselos poco a poco. Pongamos el ejemplo de cualquier verdura. Empieza por ofrecer a tu hijo una pequeña cantidad y mezclada con otras cosas que verdaderamente le gusten. Pero este método exige una paciencia a prueba de bombas, así que recuerda que puede ser cuestión de varias semanas o incluso meses.

Ante todo, intenta que la hora de la comida sea un momento feliz y agradable. No montes escándalos ni grites a tu hijo si se niega sistemáticamente a comer tal o cual fruta, verdura o pescado. Llegará un momento en que su instinto de hambre podrá más que su manía o capricho.

Si en la hora de la comida hay amenazas y presiones, el niño interpretará que se trata de un momento especialmente tenso y estresante del día. Pero si ocurre al revés, el niño desarrollará una actitud mucho más positiva hacia la comida y empezará a disfrutar de ella.

No caigas en su trampa: si sólo le sirves los alimentos que le gustan (a veces son también los más perjudiciales), adquirirá hábitos poco sanos que se prolongarán durante toda la vida.

Recuerda también que en cuestión de gustos no hay nada escrito y, por lo tanto, tampoco hay nada genético. Así que si tú eres una apasionada de un alimento en concreto pero a tu hijo no le gusta, y lo has intentado cientos de veces, simplemente existe una alta probabilidad de que no le guste. Así de sencillo. Muchos padres caen en el error de creer que sus hijos deben tener sus mismos gustos, pero no es así.

En este camino contra la dictadura de las manías, debes hacer especial hincapié en un punto que parece obvio, pero que en la práctica puede suponer verdaderos quebraderos de cabeza: toda la familia debe involucrarse, incluidos abuelos, tíos o canguros. No servirá de nada seguir un plan, intentar cada día mejorar los hábitos alimenticios de tu hijo si alguna de las personas que le cuida le permite de vez en cuando todos los caprichos o le consiente. Algunos abuelos y abuelas, por ejemplo, se enorgullecen enormemente de su nieto rellenito, interpretando erróneamente que un niño gordito es un niño sano, y que un niño delgado tiene que ser forzosamente un niño débil y enfermizo, quizá porque en su infancia los hábitos alimenticios eran bien distintos.

Así que hay que hablar con ellos: insistirles en que el plan de acción afecta a todos. Es probable que alguno de ellos ponga algún problema al principio, pero todos deben comprometerse a seguir tus instrucciones. Deben olvidarse, al menos por el momento, de premiar al niño con golosinas (muchas veces, a escondidas de sus padres). Pídeles apoyo e intenta que se pongan de tu parte.

Normalmente, a medida que el niño crece, las manías van desapareciendo. De hecho, y por regla general, los adultos apenas conservamos un par de caprichos alimenticios en forma de alimentos que no soportamos. En el proceso de madurez de la persona, estas manías van desapareciendo, así que tampoco debes obsesionarte con ello si tu hijo rechaza un par de alimentos pero come sin problemas todo lo demás.

Algunos caprichos o manías pueden consentirse. Tarde o temprano, el niño se cansará de comer todos los días lo mismo. La alimentación debe ser variada, pero si los alimentos que prefiere el niño aportan todos los nutrientes esenciales, tampoco hay que llevarlo al extremo. Para comprobarlo, basta con ver si el niño está alegre y activo y su crecimiento se mantiene.

De 0 a 18 años. A cada edad, su alimentación

Es evidente que un niño de tres años no puede comer lo mismo que uno de trece. También existen ciertas diferencias según el sexo, ya que normalmente los chicos necesitan más calorías que las chicas. A cada edad le corresponde, por lo tanto, un tipo de alimentación.

El primer año de vida. La alimentación del bebé será fundamental para prevenir enfermedades y sobrepeso. De hecho, prevenir la obesidad no es una tarea que empiece en la infancia o adolescencia, sino mucho antes.

Durante el primer año de vida, un bebé triplica su peso y su estatura aumenta en un 50 %. La lactancia materna, según las necesidades del niño, sigue siendo la mejor manera para alimentar a un bebé sano. La leche de la madre satisface todas las necesidades nutricionales para el crecimiento del bebé. Los cinco primeros meses de vida son un periodo de crecimiento muy rápido, especialmente para el cerebro, y como la leche materna contiene aminoácidos y ácido graso resulta ideal para satisfacer dichas necesidades.

La leche materna contiene también agentes antibacterianos y antiinfecciosos, entre ellos las inmunoglobulinas, que tienen una gran importancia en el fortalecimiento del sistema inmunológico.

Así que si aún estás a tiempo, debes saber que alimentar a tu bebé con tu propia leche no sólo es beneficioso, sino que es la mejor manera de luchar contra los problemas de sobrepeso. Así lo indican numerosos estudios al respecto. Por ejemplo, el que realizó Matthew Gillman en la Harvard Medical School de Boston (Estados Unidos) con 8.186 niñas y 7.155 niños de 9 a 14 años. Entre ellos, los que presentaban problemas de sobrepeso eran los que antes habían dejado de alimentarse con la leche materna. Una de las conclusiones fue que dar leche materna al bebé reduce en aproximadamente un 37 % el riesgo de que sufra problemas de sobrepeso u obesidad en su infancia o adolescencia.

Los niños que maman de su madre son menos propensos a sufrir obesidad o sobrepeso porque ellos mismos controlan la cantidad de leche que toman y así no se exceden de sus necesidades. Además, la leche materna tiene un bajo contenido en azúcar, lo que ayuda a evitar una futura adicción a lo dulce.

Más ventajas de la **lactancia materna**

- Impide el estreñimiento, porque la leche materna se digiere muy fácilmente y facilita el tránsito intestinal.
- Sus componentes se encuentran en una proporción tal que ninguno de ellos interfiere con la absorción de otro
- La forma química en que se encuentran el hierro y el zinc es la mejor para su aprovechamiento total.
- La leche materna aporta un tipo especial de carbohidrato que es necesario para la formación de una flora intestinal protectora que inhibe el desarrollo de gérmenes y parásitos dañinos.

> - Aunque parezca una idea frívola, la lactancia materna tiene ventajas económicas, ya que amamantar es mucho más barato que alimentar al niño con sustitutos de la leche materna. El costo del alimento extra que necesita la madre para producir leche es insignificante en comparación con el costo de las fórmulas lácteas y la energía consumida para calentar agua, esterilizar biberones, etc.
> - La lactancia materna facilita una mejor estructura bucal del bebé por el tipo de succión que realiza para extraer la leche. También previene la aparición de la caries.

Si, pese a todo, no puedes amamantar a tu hijo por las razones que sean (personales, profesionales, socioculturales, médicas, etc.) no sufras. La lactancia artificial es un método perfectamente seguro en el que encontrarás una amplia gama de productos a tu disposición. Procura, eso sí, darle a tu hijo leche maternizada, y no leche de vaca sin adaptar (normalmente, se presenta en polvo). Una de las ventajas de la lactancia artificial es que permite al padre participar más activamente en la alimentación del bebé. Además, podrás medir con una exactitud total la cantidad de leche que toma tu hijo.

Deberás poner especial cuidado en la higiene del biberón y procurar no caer en el error de sobrealimentar a tu hijo (muchos padres insisten en que su hijo se acabe el biberón).

¿Y CUÁNDO EMPEZAR CON LOS ALIMENTOS SÓLIDOS?

Es una pregunta que muchos padres se hacen. Los expertos recomiendan empezar a introducir arroz, cereales y otros alimentos ricos en hierro a partir de los seis meses de edad, siempre en un proceso gradual. Hasta hace poco se creía que lo mejor era retardar todo lo posible la introducción de alimentos sólidos, pero los estudios demostraron que los niños que tardaban demasiado en ingerir alimentos sólidos presentaban con frecuencia carencias en algunos nutrientes básicos, sobre todo el hierro.

El momento exacto para empezar con las *papillas* dependerá en todo caso de la madre y del bebé. Pero incorporar alimentos complementarios en torno a los seis meses es importante para que el niño desarrolle la capacidad de masticar y hablar.

Se debe ir aumentando de forma gradual la cantidad y variedad de alimentos sólidos, a un ritmo que normalmente impone el propio niño. Normalmente, los primeros en aparecer son los cereales (mezclados con leche materna o con preparados), y después se introducen los purés de verduras y frutas y la carne. Los alimentos que son más propicios a causar reacciones alérgicas en niños sensibles, como la clara del huevo y el pescado, se incorporan generalmente después de los doce meses.

La alimentación en el **primer año de vida**

	Cereales	Lácteos	Verduras, hortalizas y legumbres	Frutas	Carne, pescado y huevos
1, 2 y 3 meses	–	Leche materna	–	–	–
4º mes	Sin gluten	Leche materna	–	Zumo de naranja	–
5º mes	Sin gluten	Leche materna	–	Zumo de manzana, pera, plátano	–
6º mes	Sin gluten	Leche materna	Patata, judía tierna, zanahoria	Zumo de naranja, pera, plátano	–
7 y 8 mes	Con o sin gluten	Leche materna o de continuación	Cebolla, puerro, calabacín, acelgas	Se puede añadir ya ciruela, uva, melocotón, etc.	Pollo y pavo
9º mes	Pan, galletas, harina	Leche materna o de continuación	Igual que en meses anteriores	Igual que en meses anteriores	Merluza, lenguado
10º mes	Igual que en meses anteriores	Se puede añadir yogur	Igual que en meses anteriores	Se puede añadir ya sandía o melón	Se puede añadir buey, cerdo y rape
11º mes	Igual que en meses anteriores	Se puede añadir queso fresco	Se pueden añadir guisantes	Se puede añadir kiwi	Igual que en meses anteriores
12º mes	Igual que en meses anteriores	Igual que en meses anteriores	Se pueden añadir espinacas	Igual que en meses anteriores	Se pueden añadir huevos y cordero

Es importante que desde la lactancia sepas medir bien la cantidad de comida que toma tu hijo. Algunos padres se obsesionan con la idea de que su hijo debe comer mucho para estar sano, en la creencia de que comer más cantidad garantiza más salud, y lo que normalmente consiguen es sobrealimentar a sus hijos. Ten en cuenta que los niños sobrealimentados se cargan de células grasas que los acompañarán de por vida, células que no se pueden destruir una vez aparecidas en el organismo (una de las razones por las que cuesta tanto perder peso y, sin embargo, es fácil recuperarlo al poco tiempo). Por eso es especialmente importante controlar el riesgo de obesidad ya desde esta etapa de la vida de tu hijo.

De 1 a 4 años. Durante estos años, el niño comienza a formar su propia personalidad y a demostrar su independencia. También a moverse libremente y a escoger los alimentos que quiere comer. Aunque todavía está creciendo, la velocidad con la que crece es menor que en los doce primeros meses de vida. Al final del tercer año de edad, tanto las niñas como los niños alcanzan el 50 % de su estatura adulta. En este periodo el peso medio pasa de 9,5 a 14 kilos y la talla media, de 74 a 96 centímetros.

El niño debe empezar ya a adoptar buenos hábitos alimenticios. Es recomendable que empiece a comer de todo (carnes, pescado, hortalizas, frutas, legumbres, etc.), porque *todo* será necesario en su crecimiento.

A partir de los dos o tres años, la leche ya puede ser desnatada. Será una buena forma de ir reduciendo la grasa de su dieta diaria. Pero eso no quiere decir que tenga que ir consumiendo cada vez menos lácteos. Tres tazas de leche diarias o sus equivalencias (dos tazas y un postre lácteo; una taza y dos yogures; una taza, un yogur y un poco de queso fresco) puede ser una buena medida.

Algunos padres sobreestiman la necesidad de proteínas. En estas edades, el niño crece, pero no tanto como en su primer año de vida, por lo que la cantidad de proteínas necesarias no es tan alta como normalmente se piensa.

El requerimiento de proteína en esta edad es aproximadamente de 1,2 gramos por kilo de peso al día. El porcentaje de energía aportado por las proteínas a estas edades oscila entre el 10 y el 15 %, lo cual obliga a considerar en su justa cantidad el suministro de alimentos proteicos al niño (carne, pescado, huevos y lácteos), siendo habitual encontrar raciones de alimentos proteicos que superan el 15 % del valor energético total. Para hacernos idea: si un niño toma dos vasos de leche, 50 gramos de carne, un yogur y una loncha de jamón cocido a lo largo de un día, el aporte de proteína es aproximadamente 40 gramos superior a sus necesidades.

Su consumo de alimentos estará cada vez más influenciado por los hábitos alimenticios de su familia. En esta etapa, el niño aprende a comer, así que todas las experiencias alimenticias pueden tener importantes efectos en los alimentos que le gustarán o no y en los hábitos alimenticios de su vida posterior. Es en este tramo de edad cuando muchos niños se vuelven especialmente maniáticos con las comidas o con algún alimento en particular.

La edad escolar (4-10 años). A partir de los cuatro años de edad, el ritmo de crecimiento hasta el inicio de la adolescencia es de unos 2,5 a 3,5 kg por año. En cuanto a la talla, ésta aumenta a razón de unos 5-8 cm por año hasta el inicio de la pubertad.

Disminuyen aquí las necesidades energéticas del niño por kilogramo de peso, pero la cantidad de energía que necesita aumenta según su crecimiento. Esta etapa es de un crecimiento lento y continuo.

Es importante procurar que la dieta del niño aporte todos los nutrientes necesarios, porque la carencia de vitaminas, hierro o calcio comienza en estas edades y puede dar lugar a anemias u otro tipo de complicaciones.

Muchos niños en esta edad son reacios a la verdura y el pescado. Para lograr que consuman también estos alimentos se pueden preparar mejor los platos, con alguna guarnición que los haga más atractivos (espinacas con jamón o bechamel, merluza con patatas cocidas, por ejemplo).

A esta edad, el niño ya puede empezar a entender perfectamente por qué unos alimentos son más recomendables que otros. Se le pueden explicar ya los fundamentos de una dieta sana y equilibrada, e incluso el niño puede empezar a participar en la compra y en la elaboración de las comidas.

Se debe controlar ya el consumo de las llamadas calorías vacías (chocolatinas, golosinas, snacks etc.), porque es en este tramo de edad cuando los niños empiezan a consumirlas.

Aparecen los tentempiés. Recuerda que son necesarios para un crecimiento normal. Se debe intentar que estén formados por productos frescos y naturales (frutas, lácteos, etc.), y siempre en función del aporte calórico del resto de comidas a lo largo del día.

Los niños necesitan beber muchos líquidos, sobre todo en épocas de calor o de gran actividad física. El agua es el más recomendable, como ya hemos visto. También es importante introducir la leche, las bebidas lácteas y los zumos de frutas. Se deben controlar (¡no prohibir!) los refrescos y bebidas azucaradas.

LA ANEMIA

En el tránsito hacia la adolescencia es frecuente que aparezcan episodios de anemia (falta de algunos nutrientes como vitaminas o minerales). La más conocida es la anemia ferropénica, es decir, la falta de hierro, lo que provoca también una reducción del número de hematíes o glóbulos rojos, los que transportan el oxígeno a través de la sangre y hacia todos los tejidos del cuerpo. Los niños y adolescentes son especialmente susceptibles a sufrir una anemia por carencia de hierro, ya que su volumen sanguíneo y su masa muscular aumentan durante el crecimiento y el desarrollo y eso incrementa la necesidad de hierro para fabricar hemoglobina.

En España, un 10 % de los niños entre 9 y 15 años sufre carencia de hierro.

Algunos de sus síntomas son la fatiga excesiva, palidez, irritabilidad, dificultad para respirar, cambios de conducta, dificultad en el aprendizaje, dolor de cabeza, disminución del apetito, uñas quebradizas, etc. Recientemente se ha demostrado que los escolares anémicos tienen un menor rendimiento, y en los niños más pequeños, se produce un retraso en su maduración. En las chicas, la aparición de la menstruación supone una mayor pérdida de hierro a través de la sangre.

Afortunadamente, son muchos y variados los alimentos que contienen altas dosis de hierro, como hemos visto en la pág. 49. Además de carnes y pescados, las legumbres (lentejas, garbanzos), vegetales de hoja verde, hígado, cereales, frutas (la vitamina C ayuda a aprovechar mejor el hierro de la dieta), almejas, mejillones, anchoas, perejil, espinacas, acelgas, la yema de huevo, tienen un alto contenido en hierro. También los productos lácteos que no lleven demasiada grasa son aconsejables para combatir la anemia.

Hay que tener en cuenta que el hierro de los alimentos de origen vegetal se absorbe en menor proporción que los de origen animal.

Otra opción es acudir al pediatra y consultarle la posibilidad de consumir algún suplemento de hierro. En tal caso, el tratamiento debe mantenerse durante varios meses para reponer las reservas corporales.

La adolescencia (11-18 años). La adolescencia comienza alrededor de los doce años en las chicas y los 14 años en los chicos, y se caracteriza por el crecimiento acelerado en longitud y masa corporal. El aumento de talla es muy diferente en ambos sexos: en ellas es más precoz y se inicia casi al mismo tiempo que la aparición de los caracteres sexuales secundarios (pecho, pelo en el pubis), entre los 10 y los 13 años. En ellos el inicio es más tardío, entre los 12 y los 15 años. El estirón de la pubertad produce un incremento de la estatura de unos 8 ó 9 centímetros anuales durante dos años. Se incrementa también la cantidad de grasa debajo de la piel (subcutánea) y la masa muscular.

En la adolescencia se deben consolidar los buenos hábitos alimenticios. A esa edad, es conveniente que el chico ya haya comido de todo. Es una edad crucial porque de lo que tu hijo consuma ahora dependerá en buena medida su dieta adulta. De hecho, podemos afirmar que la adolescencia –entendida como etapa de formación– no termina hasta los 25 años, ya que hasta esa edad el esqueleto continúa creciendo.

Es una etapa de la vida marcada por importantes cambios emocionales, sociales y fisiológicos. Sobre estos últimos, la alimentación tiene una especial importancia debido a que los requerimientos nutritivos son muy elevados y es necesario asegurar un adecuado aporte de energía y nutrientes.

Se debe hacer frente a la alimentación del adolescente sabiendo elegir los alimentos que garantizan una dieta suficiente y equilibrada; y organizando y estructurando las comidas a lo largo del día. Es importante conocer aquellas situaciones que pueden afectar a los adolescentes y en las que se debe llevar a cabo alguna modificación de la dieta (actividad física extra, conductas alimentarias inadecuadas, enfermedades agudas o crónicas, etc.).

La adolescencia supone la transición entre dejar de ser niño y empezar a ser adulto. La nutrición adecuada en este periodo entraña también dificultades por la personalidad más independiente del adolescente y por sus patrones de alimentación sociales. Además, los adolescentes están especialmente preocupados por su imagen, lo que les puede llevar a caer en dietas muy restrictivas, que a la larga son perjudiciales y, en algunos casos, a padecer episodios de anorexia o bulimia debido a la influencia de las modas y la publicidad, importantes para todos los adolescentes. Algunas chicas empiezan a insistir en la necesidad de ponerse a dieta y caen en el error de seguir un régimen disociado (el que prescinde de alguno de los grupos de alimentos, hidratos, grasas o proteínas) con el consiguiente perjuicio para su cuerpo. Es básico hacerles comprender que las dietas milagrosas para perder peso en una semana no existen y que seguirlas es sólo una manera de perjudicar su organismo.

Por ello, es muy importante que la familia sepa transmitir a los hijos el respeto y amor por su cuerpo, al mismo tiempo que unos adecuados hábitos alimentarios y de vida.

Se debe insistir en la necesidad de mantener una dieta sana y equilibrada. Con respecto a la pirámide alimentaria, las recomendaciones para los adolescentes son similares a las de los adultos.

No se deben descuidar los productos lácteos, porque son la mejor aportación de calcio (en la adolescencia, el aumento de peso óseo es más rápido que en etapas anteriores). Es crucial conseguir un nivel máximo de masa ósea durante la adolescencia para reducir el riesgo de padecer osteoporosis más adelante. Se logrará a través de la ingesta recomendada de leche, yogur, queso, etc.

Al igual que en etapas anteriores, se debe limitar el consumo de comida rápida, especialmente frecuente en la primera adolescencia, cuando los niños comienzan a disponer de dinero propio y ven en la compra de ese tipo de comida una manera de independencia con respecto a sus padres y de integración en el grupo de amigos o de compañeros de colegio.

Algunos adolescentes son muy activos y no le dan demasiada importancia al hecho de sentarse a comer (muchas veces lo sustituyen por un *picoteo* informal o por un simple tentempié) porque prefieren emplear ese tiempo en hacer otras cosas. Es importante hacerles ver que han de comer despacio, masticando bien y, a ser posible, sin otras distracciones, como la televisión.

En esta etapa, las relaciones del adolescente con los padres pueden atravesar grandes altibajos (es la llamada *edad del pavo*). Normalmente, los adolescentes quieren demostrar en cada momento que ya son personas adultas y, en muchas ocasiones, ese intento pasa por independizarse todo lo posible: también a la hora de la comida. Así, muchos se saltan el desayuno (algo frecuente, desgraciadamente), la comida o la cena y, en su lugar, comen un bocadillo, una hamburguesa o (peor aún) algún snack o chocolatina como sustituto. Se debe orientar al joven y educarle en la necesidad de seguir un plan regular de comidas como vía hacia una alimentación equilibrada y como manera de prevenir los problemas de obesidad.

EL ACNÉ

Es en la adolescencia cuando suele aparecer el problema del acné, muy relacionado al de la obesidad, porque en ambos casos se trata de un exceso de grasa en el cuerpo.

Antes de nada, tienes que tener claro que si tu hijo tiene acné, no debe renunciar a ningún alimento ni seguir ninguna dieta especial. Pero como uno de los elementos que favorecen el acné es una piel demasiado grasa (sebácea), algunos nutrientes influyen decisivamente en este pequeño problema (que a tu hijo le puede parecer enorme si lo sufre en demasía).

El zinc ayuda a prevenir la aparición del acné. Este mineral aparece en los mariscos, la carne magra y las aves. También es importante ingerir alimentos ricos en beta-caroteno y vitamina C (frutas). La riboflavina puede reducir el exceso de secreción de grasa y es una buena ayuda en la eliminación de la tendencia a la formación de granos.

En cambio, los alimentos grasos no son aconsejables, como tampoco lo es el chocolate. Los dulces, los azúcares y los fritos no ayudan a luchar contra el acné porque contienen demasiada grasa y aumentan la secreción sebácea de la piel.

En caso de acné se puede moderar el consumo de aceites, mayonesas, salsas, patatas fritas, algunos productos lácteos demasiado grasos, etc.

¡Comer sano no significa ponerse a régimen!

Es importante que tengas en cuenta un detalle: para que tu hijo empiece a llevar una alimentación sana y equilibrada no es necesario que se ponga a dieta. Es más, seguir un régimen estricto, como los que suelen circular en algunos folletos publicitarios, en anuncios de televisión o en alguna que otra leyenda urbana puede ser perjudicial para la salud de tu hijo, porque la mayoría de estos métodos que prometen perder peso en pocos días conllevan renunciar a algún tipo de alimentos y nutrientes, algo que tu hijo, por el hecho de estar creciendo, no se debería permitir, a riesgo de sufrir alguna carencia.

A poco que te informes, encontrarás multitud de dietas que prometen ser milagrosas. Al tiempo que la obesidad infantil se convierte en una epidemia mundial, crece también, y de manera paradójica, la cultura de la extrema delgadez, un objetivo perseguido por muchos (sobre todo, chicas) que a veces desemboca en enfermedades cono la anorexia o la bulimia después de haber seguido un régimen demasiado estricto.

Pero poner a un niño a régimen (salvo casos de extrema obesidad o de alguna enfermedad) es hacerle sentirse diferente, sobre todo si ve que el resto de la familia no sigue las pautas que a él le han impuesto. Recuerda, una vez más, que cambiar los hábitos alimenticios de tu hijo pasa porque toda la familia se involucre en el cambio.

Para un niño a dieta, la comida puede convertirse en una preocupación o en una pesadilla. Si cada vez que se sienta a comer empieza a pensar en calorías, minerales, kilos y grasa, acabará por sufrir trastornos en su alimentación y problemas de autoestima.

La mayoría de las personas que se someten por motivos estéticos a una dieta o régimen acaban por recuperar los kilos que habían perdido al principio de la dieta, y en algunos casos, al final, ganan peso. Muchos caen en una rueda peligrosa de extrema variación, pasando de no comer casi nada a meterse auténticos atracones de comida, una dinámica totalmente desaconsejable.

Algunas dietas sólo serían realmente efectivas si se mantuvieran de manera indefinida, algo prácticamente inviable.

Ponerse a dieta significa tener alimentos prohibidos, y eso es un grave error cuando hablamos de un niño. No caigas en ese error, porque si le prohíbes algún alimento a tu hijo, lo más probable es que se convierta en su obsesión y se lo coma a escondidas, aumentando luego su sensación de culpabilidad.

Hazle ver que no hay comidas malas, simplemente existen algunos alimentos que no debe consumir en exceso para no ganar peso ni tener problemas de salud. Si tu hijo empieza a seguir una alimentación sana y muy variada, basada en los alimentos frescos, con muchas frutas y verduras, no pasa absolutamente nada porque un día se vaya con sus amigos al burger de la esquina.

Recuerda que no se trata de cambiar de arriba a abajo la forma de comer de tu hijo, sino de ir introduciendo poco a poco hábitos más saludables.

Sería totalmente contraproducente que pasases de permitir a tu hijo comer todo lo que quiera (comida basura incluida) a que le prohibieses una serie de alimentos y le atosigues con la idea de que debe perder peso cuanto antes.

Para que compruebes lo perjudicial que puede ser aplicar algunas dietas a los niños, aquí tienes algunos ejemplos.

Según un estudio de la Asociación de Dietistas y Nutricionistas Diplomados de Navarra (ADDENA), la mayoría de «dietas milagro», las que se anuncian (sobre todo cuando está a punto de llegar el verano) en revistas y otras publicaciones como recetas infalibles para perder peso, son deficitarias en mayor o menor medida porque carecen de algún nutriente esencial y pueden provocar graves problemas de salud. Además, la mayoría de ellas resultan verdaderamente monótonas y aburridas. No es raro que las personas que empiezan de manera entusiasta a llevar estas dietas, las abandonen a los pocos días. Así no sólo no pierden peso, sino que ganan unos kilos más de los que tenían cuando empezaron con la dieta.

La famosa dieta de Atkins, por ejemplo, nacida en los años sesenta, permite comer cuantas grasas se quieran, pero por el contrario veta totalmente los hidratos de carbono (los glóbulos rojos y las células del tejido nervioso se alimentan de glucosa, un carbohidrato). Según el doctor Atkins, es la glucosa la única causante de la obesidad, y por eso su dieta prohíbe legumbres, patatas, cereales, pan, frutas y leche. Pero este método obliga al hígado a trabajar mucho más, para adaptar el exceso de grasa consumido, lo que normalmente provoca mal aliento. La dieta de Atkins contradice totalmente la pirámide alimentaria, cuya base (los alimentos que debemos consumir con más frecuencia) está formada por los hidratos de carbono.

Así las cosas, no es de extrañar que un empresario norteamericano, Jody Gorran, de 53 años, llevase a juicio a la compañía que promocionaba la dieta, después de comprobar que el «método Atkins» multiplicó su colesterol (de 146 mg/dl a 230). Al final, tuvo que ser operado para desbloquear sus arterias.

La dieta de Montignac es una ligera variación de la anterior: prohíbe el pan, los frutos secos, los plátanos, las uvas y las patatas. Fue creada por el doctor Michel Montignac en 1992 y tuvo cierto predicamento en la década de los noventa al ser acompañada de una sonada campaña publicitaria.

La dieta de Stillman suprime de forma drástica los hidratos de carbono y las grasas. Tan sólo se puede comer carne magra (pollo, ternera, conejo), pescado blanco (merluza, gallo, pescadilla), marisco, huevos, queso fresco y yogures totalmente desnatados. Se demostró que esta dieta generaba ansiedad, debido a la falta total de hidratos de carbono (¡recuerda, la base de la pirámide de la alimentación!)

Existen métodos aún más pintorescos, como la dieta de la sopa (tomar una sopa de verduras al día con un cubito de caldo), la del pomelo (durante tres días a la semana sólo se puede comer pomelo o beber zumo de esta fruta, porque se supone que es desengrasante, aunque al final se demostró que sólo era una artimaña de los productores de pomelo, que no sabían qué hacer con los excedentes del producto), la del limón (que asegura que el zumo de limón reduce la grasa), la cronodieta (permite comer de todo, pero con un horario establecido, por ejemplo, pasadas las cinco de la tarde se prohíben las frutas y los hidratos de carbono), la de la leche y el plátano (postula que la combinación de estos dos alimentos aumentaba el metabolismo, lo que daría lugar al adelgazamiento).

Como ves, todos son métodos bastante absurdos y desequilibrados, que prohíben alimentos y restringen muy notablemente los nutrientes que tu hijo debe ingerir cada día para seguir una alimentación sana.

Algunos consejos más

Ya has visto que en este capítulo hemos intentado hacer un repaso concienzudo de tus hábitos alimenticios y ofrecerte algunos consejos para mejorarlos en busca de una dieta más sana y equilibrada. Sin embargo, para despejar algunas posibles dudas, lee con atención esta serie de consejos añadidos:

- Procura tener siempre a mano frutas y verduras para que tu hijo tenga un acceso fácil y rápido a ellas. Si tiene hambre entre horas y se acostumbra a consumir fruta, sus hábitos alimenticios habrán mejorado notablemente. Intenta también tener una amplia variedad, quizá tu hijo descubra que le gustas las frutas exóticas mucho más que las convencionales.

- En caso de que tu hijo sea reacio a tomarse algún alimento, estudia bien las alternativas. Si le das a elegir entre una pieza de fruta y una chocolatina, lo más probable es que elija la chocolatina.

- Recorta las grasas más visibles de las carnes. Conseguirás una reducción del aporte calórico y una mejor presentación del plato.

- Aumenta el consumo de fibra (frutas, verduras, pan y pastas integrales) y procura que tu hijo haga lo propio. Se saciará mucho antes y consumirá menos calorías de lo habitual.

- Intenta no dejar demasiado alimentos a la vista. Ya sabes que muchos niños empiezan a comer por los ojos, y es probable que empiece a comer aunque no tenga hambre, simplemente por haber visto en la cocina una chocolatina o un trozo de pastel de chocolate.

- Introduce comidas sanas y nuevas junto a sus platos favoritos y, poco a poco, disminuye de su dieta los platos menos recomendables.

- Ten muy presente que los cambios deben ser graduales. Un adulto está más preparado para afrontar un cambio drástico (en cualquier ámbito de la vida) que un niño. Tu hijo debe descubrir alimentos nuevos poco a poco, de manera progresiva.

- Si la comida de tu hijo ha sido rica en proteínas (carne o pescado), la cena puede ser más ligera. Un poco de pasta o arroz y una pieza de fruta puede ser más que suficiente.

- La merienda-cena puede ser una buena solución, siempre y cuando eso no suponga renunciar a algún nutriente o alterar el horario normal de comidas.

¡A moverse! La importancia del ejercicio físico

En el primer capítulo del libro, cuando hablábamos de las causas de la obesidad infantil, reseñábamos la falta de ejercicio físico como uno de los factores determinantes. Hasta ahora nos hemos centrado en repasar la alimentación. Hidratos de carbono, proteínas y grasas, vitaminas y minerales, etc.

Y sin embargo, tan importante como llevar una alimentación sana es que tu hijo se mueva. Puede parecer fácil decirlo y complicado hacerlo, porque la televisión, el ordenador, la videoconsola y la falta de espacios abiertos en tu ciudad pueden más, pero no des la batalla por perdida antes de empezar.

Los beneficios del ejercicio físico

¿Y por qué insistir tanto en este aspecto? Realmente, ¿tan importante es llevar a cabo una actividad física regular y más o menos constante?

La respuesta es sí. El cuerpo humano está hecho para moverse y, por lo tanto, necesita ejercicio físico para mantenerse a tono. El ejercicio es decisivo para reducir el peso corporal o mantenerlo controlado. Ayuda a controlar el estrés, nos ayuda a liberar nuestras emociones y a reducir la ansiedad. Normalmente, después de hacer ejercicio, uno está cansado, pero relajado. Tu hijo también lo estará.

Antes de continuar explicando por qué el ejercicio físico repercutirá positivamente en el cuerpo de tu hijo, aclararemos que existen, a grandes rasgos, dos tipos de actividad física. Por un lado, el ejercicio *aeróbico*, que mueve los grupos de músculos más grandes y provoca que la persona respire más profundamente y que su corazón trabaje más rápido para bombear la sangre. Por ejemplo, caminar, correr al trote, correr rápido, montar en bicicleta, remar, nadar o esquiar.

Y por otro, el *anaeróbico*, que es más explosivo, por decirlo de alguna manera. En este caso, el oxígeno no participa en la formación de energía. En su lugar, el cuerpo recurre a la glucosa, lo que provoca la formación de ácido láctico. Son esfuerzos de corta duración y alta intensidad, como por ejemplo una carrera de cien metros.

Veamos cuáles son los grandes beneficios del ejercicio físico:

- Con la actividad física aumenta el gasto energético, decisivo para controlar el peso. Si tu hijo consume mucha energía (básicamente, en forma de hidratos de carbono o grasas) y no la gasta, irá ganando peso progresivamente.

- El ejercicio también ayuda a aumentar la tasa de metabolismo en reposo, es decir, la velocidad a la que nuestro cuerpo quema las calorías que ingerimos a través de los alimentos.

- El ejercicio dilata los vasos sanguíneos, así que el corazón tiene que trabajar menos para hacer que la corriente de la sangre fluya por todo el cuerpo. Al movernos, la sangre transporta mayor cantidad de oxígeno a los músculos, aumentando así su capacidad de trabajo. Así, la tensión disminuye. Con la actividad física se refuerza el sistema cardiovascular.

- El ejercicio aeróbico es bueno para el cerebro: favorece el aumento de los neurotransmisores, encargados de transmitir los mensajes entre las células cerebrales (lo cual incrementa la agilidad mental). También el ejercicio aeróbico aumenta el aporte de oxígeno al cerebro a través de la sangre, como ocurre con los músculos, lo que sirve para mejorar la concentración y la capacidad intelectual.

- El aparato respiratorio es otro de los directamente beneficiados cuando ponemos en marcha nuestro cuerpo. El ejercicio mejora la capacidad del organismo para absorber y expulsar aire, y ayuda a aumentar la capacidad pulmonar. Todo ello se traduce en una subida de la energía de la persona.

- A más ejercicio, menos calorías. Cuando una persona se acostumbra a hacer ejercicio, su cuerpo le pide las calorías que necesita, no más.

- Hacer ejercicio ayuda a dormir bien. Facilita un sueño profundo y reparador. Para dormir bien, los niños necesitan sentirse cansados al final del día. Y muchas veces ocurre que nuestros hijos están sobreexcitados o nerviosos por la televisión o los ordenadores y no sólo no están físicamente cansados, sino que no duermen bien.

- La actividad física ayuda a mantener controlado el LDL (recuerda, el colesterol malo) y aumenta el HDL (el bueno).

- Mejora también la regulación de la glucemia y reduce notablemente el riesgo de padecer diabetes. Asimismo, mejora la digestión y la regularidad del ritmo intestinal.

- Disminuye el riesgo de padecer ciertos tipos de cáncer, como el de colon, uno de los más frecuentes.

- Ayuda a mantener y mejorar la fuerza y la resistencia muscular, aumentando la capacidad funcional para realizar otras actividades físicas de la vida diaria de tu hijo. De hecho, el ejercicio contribuye a mantener la estructura y función de las articulaciones y, además, un buen método para prevenir la artrosis.

Gasto energético de diversas actividades

Actividad	Kcal/hora	Actividad	Kcal/hora
Dormir	65	Subir escaleras	530
Andar a 3 Km/h	216	Esquiar	690
Nadar 20 min	348	Tenis	696
Bailar	300-450	Baloncesto	870
Montañismo	450-500	Correr a 13 Km/h	930
Aerobic	520	Correr a 13 Km/h	1080

- La infancia y la adolescencia son las etapas del desarrollo. Crecen los tejidos y los huesos. Con el ejercicio, los niños y los jóvenes ayudan a que su cuerpo se desarrolle sin problemas y en condiciones normales.

- Uno de los grandes beneficiados cuando movemos nuestro cuerpo es el corazón. Moverse con cierta regularidad disminuye el riesgo de padecer enfermedades cardiovasculares en general.

- Pero también la actividad física nos aporta beneficios que no pertenecen estrictamente al mundo fisiológico. Está demostrado que hacer deporte reduce el estrés, también en el caso de los niños y adolescentes. Ya hemos visto que son muchos los niños que están expuestos al estrés (incluso a la depresión), causado por lo apretado de los horarios, el cansancio de sus actividades, el sentimiento de soledad o exclusión, problemas familiares, etc.

- El deporte reduce la adrenalina que nuestro cuerpo genera en situaciones estresantes. Además, el ejercicio produce endorfinas (también conocidas como hormonas del bienestar) que mejoran el estado de ánimo y la motivación e inducen al optimismo. Este último detalle es más importante de lo que parece: no olvides que para muchos niños obesos, su imagen es un verdadero problema que se puede ver agravado si en la escuela son objcto de burla: eso puede dar pie a un bajón en la autoestima que producirá apatía, dejadez y sedentarismo.

Pero el deporte ayuda a tener una mejor imagen de uno mismo. Además, como suele ser una actividad grupal (deportes de equipo, montar en bicicleta con los amigos, etc), fomenta las relaciones sociales y ayuda a integrar al niño en un grupo.

- Libera la ansiedad, ayuda a sentar las bases de una vida saludable y aumenta el entusiasmo. Favorece el sentimiento de control sobre nuestro entorno. Todo ello contribuye de manera decisiva a que los niños se sientan mejor con ellos mismos y con todo aquello que les rodea.

En definitiva, está muy claro que el ejercicio físico es tan importante como la alimentación a la hora de prevenir la obesidad o de intentar acabar con ella, porque si un niño permanece completamente inactivo, es casi seguro que tendrá problemas de peso en un futuro, por muy poco que coma.

¿De qué hablamos cuando hablamos de ejercicio físico?

Las opciones son múltiples y muy variadas. Cuando hablamos de ejercicio, no debes imaginarte a tu hijo sudando y sufriendo en un gimnasio una hora al día, o corriendo por las calles de tu ciudad. No, las posibilidades van más allá y no son tan exigentes.

Para empezar, cualquier tipo de actividad física es válida. Desde caminar o pasear con frecuencia hasta el kárate o el balonmano. Poco a poco, será tu propio hijo quien vaya decidiendo (quizá después de muchas pruebas, del bádminton a la bicicleta pasando por el fútbol). Pero, ¿quién dice que deba practicar algún deporte reglado o convencional? Nadie. Tu hijo puede preferir jugar al escondite con sus amigos, subir montañas, saltar, correr, etc.

Algunas artes marciales tienen especial predicamento entre los niños (quizá por algunas películas o por su peculiar estética del quimono blanco). Si se siente atraído por el judo, el kárate o el taekwondo, anímale a conocerlo. Son deportes de tradición milenaria y que ayudan a mejorar la flexibilidad de los músculos.

La natación es uno de los deportes más completos que existen. Los médicos la recomiendan como la actividad preferible para controlar el colesterol, el estrés, la hipertensión (la postura horizontal del cuerpo y la temperatura del agua cálida de la piscina producen un descenso de la presión arterial) y, por supuesto, la obesidad. También para los niños asmáticos es muy beneficiosa.

Quizá tu hijo sea reacio a apuntarse a un gimnasio, pero no lo descartes como opción. En algunos puntos de las grandes ciudades, los gimnasios aparecen como la única opción cercana para hacer deporte. Es muy probable que no quiera acudir solo, pero si algún amigo se anima a acompañarle, probablemente se lo tome con más ganas. Eso sí, infórmate de qué tipo de ejercicios va a realizar con algún encargado del centro, que le debería diseñar un plan de trabajo. Recuerda que no es necesario que tu hijo se ponga a hacer pesas desaforadamente de la noche a la mañana, sino simplemente que se mueva de manera regular, por lo que unos minutos en una cinta de carrera o en una bicicleta estática pueden ser suficientes. Una de las ventajas de acudir al gimnasio es el mimetismo: muchas veces, los niños actúan en función de lo que ven a su alrededor, así que si ven a varias personas haciendo deporte al mismo tiempo, se animarán a hacerlo casi con total seguridad.

Otro detalle: el yoga se empezó a extender hace algunos años en el mundo occidental como una filosofía de vida procedente de Oriente. En un principio, estaba enfocado casi exclusivamente a los adultos, pero hoy en día existen clases de yoga para niños y adolescentes. Puedes comentarlo con tu hijo, explicarle de qué se trata y probar con él. En este caso, los profesores de yoga suelen acercar este método de manera natural y sencilla, planteándoselo al niño como un juego.

Los deportes de equipo aportan un plus de compañerismo y solidaridad. Si tu hijo practica un deporte de equipo, mejorará la coordinación de su cuerpo (vista, oído, tacto, etc) y su facilidad para conocer a otras personas e integrarse en nuevos grupos. Aprenderá a trabajar en equipo, a adquirir un compromiso con sus tareas y a asumir con normalidad los triunfos y las derrotas, algo que le puede venir muy bien en un futuro.

La naturaleza es otro recurso. Si ves que tu hijo es un apasionado del medio ambiente o que disfruta especialmente en parajes naturales, alejado de la ciudad, puedes profundizar en ello. ¿Qué tal el senderismo, las excursiones a la montaña, el mountain-bike, el alpinismo, el rafting, etc? Eso sí, ten presente que son actividades difíciles de practicar de manera diaria (si vive en una gran ciudad, tu hijo tendrá que conformarse con practicarlo los fines de semana) y que algunas requieren una preparación especial.

La educación física, ¿un problema o una solución?

Muchos niños esperan la llegada de la clase de educación física con tremenda ilusión. Les permite olvidarse de los libros durante un rato y moverse con libertad, normalmente al aire libre. Pero para otros, esa clase es un auténtico tormento. Algunos niños se consideran torpes o lentos, y rechazan impulsivamente cualquier tipo de ejercicio físico, y más aún si hay que hacerlo delante del resto de compañeros de clase, que no dudarán en mofarse en caso de error. Normalmente, los niños obesos pertenecen a este último grupo.

Potenciar la educación física de los alumnos es un buen método para prevenir la obesidad infantil. Pero debe hacerse con sumo cuidado, fomentando las cualidades de los niños más aventajados o más ágiles y, fundamentalmente, animando a los que tienen más problemas a integrarse, a perder el miedo a moverse y a mantener una actividad regular, ayudándoles a que encuentren su deporte preferido. Como en muchos otros ámbitos, ni la obligación ni la prohibición parecen métodos demasiado recomendables en este sentido.

Muchos días de invierno invitan especialmente a quedarse en casa, sobre todo en algunas zonas especialmente frías y húmedas. Pero eso tampoco te puede servir de excusa: puedes animar a tu hijo a probar con el patinaje sobre hielo (encontrarás alguna pista en tu ciudad), por ejemplo.

¿Y bailar? El baile es un excelente ejercicio físico. Aumenta la masa muscular y mejora la flexibilidad. Es una actividad divertida, que sirve para liberar tensiones. Y además, en el baile no suele haber competición, así que no importa si tu hijo baila mejor o peor, porque no competirá con sus compañeros.

En los juegos tradicionales (la rayuela, el escondite, la pídola, saltar a la comba, el corro de la patata, la gallinita ciega, etc) tu hijo tendrá otra opción. Son actividades desenvueltas y espontáneas, sin horarios concretos, que tu hijo puede disfrutar porque las llevará a cabo con sus amigos, con otros niños elegidos por él. Además, no olvides que este tipo de ejercicio físico tiene a su favor el peso de la historia y la tradición: quizá tú misma hayas crecido jugando a este tipo de juegos. Ése era el ejercicio físico que hacían los niños de antes, cuando no tenían a su alcance bicicletas, ni piscinas ni salones de baile.

Se trata, en resumen, de jugar. Desde que el hombre es hombre, los niños han crecido jugando, descubriendo el mundo a través del juego, moviéndose, en definitiva. Para que tu hijo haga ejercicio, es básico que se divierta haciéndolo. En caso contrario, pronto se aburrirá y no tardará en dejarlo, así que intenta descubrir qué juego le va mejor y qué actividad le divierte más.

Y existe algo al alcance de todos. Caminar. Si ves que tu hijo no se anima a practicar ningún deporte y que no muestra una pasión especial por ninguna actividad física, anímale simplemente a caminar más. Es algo perfectamente válido para controlar el peso, y muy recomendado por los especialistas. Más adelante veremos cómo lo puedes hacer.

Recuerda siempre que la actividad física no tiene por qué ser extenuante para resultar beneficiosa. Muchas personas que deciden bajar de peso se lanzan durante los primeros días a una actividad desaforada (después de una larga temporada de sedentarismo total) que abandonan a los pocos días. No cometas ese error con tu hijo. Es más: si tu hijo es obeso, procura que empiece a hacer ejercicio muy poco a poco, primero con actividades moderadas, poco tiempo al día, para ir incrementando el ritmo con el paso de las semanas.

La actividad física no tiene por qué ser organizada o cumplir unos horarios. Normalmente, si tu hijo se apunta a un equipo de fútbol, baloncesto, balonmano o cualquier otro deporte de equipo, deberá cumplir unos horarios de entrenamiento y otros de competición, pero en otros casos, el ejercicio es libre y sin agenda. Procura, eso sí, que sea regular (unas tres o cuatro veces por semana como mínimo) y constante.

Será tu propio hijo quien mejor te pueda indicar qué tipo de actividad física le gusta. No hagas como esos padres que se obsesionan con la idea de que su hijo tiene que ser campeón mundial de tal o cual deporte y no paran hasta lograr que su hijo se aburra y lo deje para quedarse en casa viendo la televisión. Habla con él, intenta que te explique cuáles son sus deportes preferidos; pregúntale si estaría dispuesto a practicarlo de forma regular; si quiere competir o simplemente pasar un rato agradable; infórmate de dónde puede hacerlo, de las actividades que ofrecen los centros deportivos o de ocio de tu barrio; invítale a que pruebe alguna actividad en concreto, etc.

Una de las dudas más habituales radica en saber cuánto tiempo de ejercicio físico es necesario. Aquí es difícil encontrar una tabla de medida o una referencia, porque siempre dependerá de las cualidades de tu hijo y, por supuesto, del tiempo de que disponga. Los expertos recomiendan aproximadamente entre media hora y una hora diaria de ejercicio, al menos durante cinco días a la semana. Pero ten en cuenta que con 20 minutos de actividad (tres o cuatro días por semana) también puede ser una medida muy positiva, con beneficios directos sobre la salud de tu hijo.

Y si aún tienes dudas, consulta con el pediatra. Estudiará el caso de tu hijo y te podrá orientar sobre cuáles son las actividades que más le convienen, a tenor de sus características.

Consejos para ponerse en marcha

Bien, parece que el ejercicio es una parte indispensable si queremos llevar un estilo de vida equilibrado y sano. Todo eso está muy bien, pensarás, pero ¿de dónde sacará el tiempo mi hijo para hacer deporte? ¿Debo acompañarle? ¿Debe renunciar a otro tipo de actividades? ¿Su rendimiento académico empeorará?

No te alarmes. Todas estas preguntas tienen respuesta, y todo es mucho más sencillo de lo que imaginas.

Los niños juegan mucho menos que en generaciones anteriores. Tienen menos tiempo, menos espacio y más alternativas para emplear su ocio como la televisión, los ordenadores y las videoconsolas. De hecho, el último estudio del Ministerio de Sanidad revela que el 38 % de los jóvenes españoles se declara absolutamente sedentario en sus prácticas de ocio, pero no por ello hay que culparles y exigirles inmediatamente que se levanten del sofá o de su silla y se pongan a correr alrededor de la manzana.

Si ves que tu hijo no siente la necesidad de desarrollar ninguna actividad física por voluntad propia (sí, se junta con sus amigos, pero normalmente para ver la tele o jugar a la consola), quizá ha llegado el momento de que tú misma cambies tus hábitos. Al igual que en los hábitos alimenticios, también en los hábitos físicos tú puedes ser el mejor ejemplo (y ahí radica uno de las causas del sedentarismo de los niños actuales: muchos no hacen ejercicio porque ven que sus padres tampoco lo hacen).

Es probable que el primer problema que te encuentres sea la falta de tiempo. Vivimos en una sociedad más competitiva que nunca, y muchos días, el tiempo que el trabajo nos deja libre lo tenemos que emplear en las labores domésticas o, simplemente, en descansar para el día siguiente. Si tu caso es así, procura que tu hijo no caiga en esa misma dinámica. Concédele cierta libertad, anímale a que juegue por su cuenta con sus amigos o a que se apunte a alguna actividad extraescolar relacionada con el deporte.

En muchos casos, los padres que están absorbidos por su trabajo o que emplean mucho tiempo en ir y volver a casa después de la jornada laboral contratan a alguna persona (o bien recurren a algún familiar) que pueda estar con sus hijos. Al menos, para pasar un rato en el parque (corretear al aire libre durante unos minutos al día) o llevarlos a la piscina, el gimnasio, el campo de fútbol o el polideportivo.

Ya hemos visto que caminar es un ejercicio físico tan saludable como el que más. Si tu hijo está demasiado ocupado haciendo los deberes o en alguna clase de apoyo, intenta encontrar tiempo para dar un paseo con él o con toda la familia antes o después de cenar, o bien a primera hora del día, si los horarios te lo permiten.

No le cortes las alas. A veces, los niños necesitan desahogarse, y su método para hacerlo es jugar, correr y moverse. Deja que lo hagan aunque hayas previsto para esas horas otro tipo de actividades. Recuerda que es muy importante que tu hijo se divierta mientras hace ejercicio y que hay que evitar forzarle a practicar un deporte que no le gusta o que no se da especialmente bien.

Enseña a tu hijo a practicar ejercicio físico desde la cuna. Suena un poco incongruente, pero luego comprobarás que tu hijo tiene menos posibilidades de convertirse en una persona sedentaria. No tengas a tu hijo mucho tiempo en el mismo sitio, coloca sus juguetes fuera de su alcance para que camine, baila con él, juega con globos o pelotas o cualquier objeto que implique cierto movimiento, etc. Si tu hijo asume el deporte como algo perfectamente normal e integrado en su vida diaria, es difícil que se convierta en un adolescente sedentario.

Una de las claves para que tu hijo se levante del sofá o apague durante un rato el ordenador y se decida a moverse es que *tú te involucres*. Ya sabes: los niños suelen comer lo que comen sus padres, y por una cuestión de puro aprendizaje, acostumbran a llevar el tipo de vida que ven en sus padres. Es complicado que si llevas una vida activa y más o menos deportiva con tu pareja, tu hijo sea una persona sedentaria. Asume la actividad física como algo natural y estimulante y, por supuesto, procura mostrarte receptiva si es tu hijo quien propone algún tipo de ejercicio.

Así que ése es el primer consejo: si crees que será difícil animar a tu hijo a que haga ejercicio, no esperes sentada ni discutas con él ni le ofrezcas un discurso. ¡Comienza tú a hacerlo!

No es tan fácil, pensarás. Puede que te resulte complicado al principio, pero simplemente porque no estás acostumbrada. Recuerda que la actividad física regular no significa matarse a correr cada día. ¿Qué tal un breve paseo después de la cena, dos o tres veces a la semana? ¿O una excursión cada fin de semana? También tienes la posibilidad de montar en bicicleta por alguna zona indicada para ello en tu ciudad.

Es básico que tu hijo se divierta. Así que procura presentarle la actividad física en cuestión como una fuente de diversión, algo que puede ser tan entretenido o más que la televisión o la videoconsola. Antes de explicarle que el ejercicio físico ayuda a regular el colesterol o a controlar la hipertensión (él ni siquiera sabrá de qué estás hablando) demuéstrale que se puede divertir enormemente jugando al escondite con sus amigos, tirando unas canastas, montando en bicicleta o esquiando.

La diversión, a veces, está en los detalles que menos te imaginas. Échale imaginación y organiza, por ejemplo, un pequeño concurso entre los miembros de la familia para ver quién camina más, o cronometra a tu hijo para ver cuánto tarda en dar la vuelta a la manzana o en subir las escaleras. Introducir una ligera sensación de competición puede ser muy estimulante para él, siempre y cuando no se convierta en una presión añadida o en una exigencia. Cuando vea que obtiene un premio a su esfuerzo, se sentirá reconfortado y más animado a seguir en la brecha.

Plantéale un reto en cualquier ámbito cotidiano que se te ocurra, por ejemplo, que baje al supermercado dando un rodeo (y que lo demuestre luego recitando el nombre de las calles) o incluso que te ayude en alguna actividad doméstica. Y recuerda que si lo hace en compañía de algún amigo, mucho mejor.

Si dispones en tu casa de un espacio amplio o de un jardín, puedes inventar una carrera de obstáculos o una *gimkana* recurriendo a todo lo que se te ocurra: sillas, globos, raquetas, una bicicleta…

También puedes retocar a tu antojo los deportes tradicionales, para restarles trascendencia y multiplicar la diversión. ¿Qué tal un partido de tenis a la pata coja, por ejemplo? O incluso inventar tus propios juegos. No hay más límites que los que te imponga tu propia imaginación.

El calentamiento y el descanso

Tan importante como moverse es saber descansar. El descanso es una parte fundamental del ejercicio físico, pero no siempre quiere decir detener bruscamente la actividad, sino reducir la intensidad o moderar el ritmo durante unos minutos. Dependerá siempre del tipo de actividad que realice tu hijo.

También es fundamental calentar y estirar los músculos antes de empezar a hacer deporte, sobre todo para prevenir lesiones musculares o dolores. Enséñale algunos conceptos básicos a tu hijo, explícale que el calentamiento es muy importante para prevenir lesiones y procura que estire bien los músculos que más vaya a ejercitar en su actividad.

Si tus fines de semana consisten en reunirte con otras familias que también tienen hijos, aprovecha la oportunidad. Anímales a que tus hijos practiquen alguna actividad con los hijos de tus amigos; seguro que sólo les cuesta un poco al principio, hasta que encuentren qué es lo que más les divierte. Y si no, échale un cable formando equipos, por ejemplo, padres contra hijos o algo por el estilo...

Si la idea de patinar en invierno no le hace demasiada gracia y las condiciones climáticas no son las más adecuadas para salir a la calle, intenta aprovechar en la medida de lo posible tu casa. Si tienes una vivienda amplia, puedes organizar juegos que impliquen movimiento y flexibilidad, o incluso un escondite.

¿Recuerdas que hace unos cuantos años la bicicleta era uno de los objetos más codiciados de la infancia? Significaba el primer símbolo de cierta libertad, la posibilidad de desplazarse más rápido, el primer vehículo. En fin, las cosas no han cambiado tanto, porque la bici sigue siendo una de las actividades preferidas por lo niños. Anima a tu hijo a que lo haga con algunos amigos, por el parque más cercano o incluso en pequeñas excursiones a otro pueblo si ya está preparado para ello.

Las vacaciones te pueden servir de ayuda, porque la época estival es mucho más propicia para la gran mayoría de deportes: montar en bicicleta, escalar, nadar, etc. Muchos niños disfrutan en verano de este tipo de actividades, así que explora esa posibilidad si hasta ahora tus vacaciones han sido sedentarias. En este sentido, muchos campamentos o colonias incluyen entre sus actividades algún deporte al alcance de todo el mundo; anima a tu hijo a que se apunte a alguno. Conocerá a gente, aprenderá a relacionarse y es muy probable que descubra actividades que hasta entonces ni imaginaba, como pescar o ir de excursión por el bosque.

En el apartado anterior reseñábamos que el baile es una actividad física muy apropiada. Y, además, muy divertida. Así que si a tu hijo le gusta la música, puedes probar a organizar una sesión de baile en el salón. Eso sí, que sea tu hijo quien elija la música, porque en caso contrario corres el riesgo de que se canse a los dos minutos. Quizá te sientas un poco ridícula al principio, pero la diversión no tardará en llegar, garantizado.

En cuanto tu hijo comience a practicar algún ejercicio (sea un deporte reglado o una simple actividad esporádica y espontánea), anímale a que siga en ello y procura que no se canse a los tres días. Muchos niños son proclives precisamente a eso, quizá por la manera en que han sido educados: comienzan una cosa, la asumen con un entusiasmo desmedido y al poco tiempo se cansan y la abandonan sin más. Puedes animarle a que siga haciendo ejercicio elogiando sus progresos, diciéndole que le ves mejor, más animado, más ágil incluso.

Por supuesto, no le desanimes. Ni se te ocurra decir que no sirve para tal o cual deporte, aunque al principio no acierte a encestar el balón en la canasta o se haya caído un par de veces de la bicicleta. No cometas el error de romper su entusiasmo (si lo tiene, ya tienes parte del camino avanzado) a las primeras de cambio. Cuando vea que tú le animas y le motivas, se sentirá más confiado y con más ganas de seguir practicando ejercicio físico.

No te olvides de que caminar es un ejercicio físico tan simple como beneficioso. Si lo piensas, bien, es muy probable que tu hijo no camine prácticamente nada en todo el día: de casa al coche, del coche al colegio, y de vuelta a casa. ¡Caminar está al alcance de todo el mundo!

Pero muchos niños lo ven como algo aburrido, soso, sin ninguna motivación ni premio especial. Puedes lograr que camine un poco más aparcando más lejos cuando tienes que ir al centro comercial o cuando vuelves del colegio para completar el resto de trayecto caminando. Si no le convences, recuérdale que caminar por el zoológico o incluso por los pasillos de un museo siempre es más recomendable que quedarse en casa viendo la televisión.

La importancia de la **hidratación**

Si finalmente has logrado que tu hijo se convierta en un deportista nato, debes advertirle de la importancia de la hidratación. En el capítulo dedicado a los alimentos vimos que el agua es un elemento básico para la vida, pero su importancia se multiplica en el caso de que el cuerpo entre en movimiento.

El cuerpo está continuamente perdiendo agua, pero en el caso del deportista, más aún, a través de la sudoración y la respiración (las dos grandes vías de pérdida de agua

> del organismo). Y si se trata de deporte al aire libre, la pérdida será mayor, porque el aire provoca una evaporación más rápida del sudor.
>
> Es importante prevenir la sensación de sed. Durante la actividad física, la sed aparece cuando ya se ha iniciado el proceso de deshidratación.
>
> Así que es importante beber antes de empezar a moverse, y hacerlo de vez en cuando, en intervalos de diez o quince minutos y en pequeñas cantidades. A ser posible, que no esté demasiado fría: lo más recomendable es que oscile entre los 10 ºC y los 15 ºC.
>
> Si el ejercicio físico es muy intenso, el cuerpo puede tardar hasta un día en recuperar todo el líquido que ha perdido; por ello es importante beber agua también después de la actividad.

Te puede parecer algo nimio y sin demasiada importancia, pero anima a tu hijo a que sea él quien saque al perro a pasear cada día. Ya sabes, los perros necesitan dar al menos un paseo al aire libre cada día, y eso obligará a tu hijo a salir, caminar e incluso corretear un rato... ¡Y si no tienes perro, quizá algún vecino necesite un ayudante para sacar el suyo!

Otra idea: si tu hijo es un aficionado a los deportes, lo tendrás más fácil. Sí, es cierto que hay muchos niños que ven deporte por la televisión y que son totalmente sedentarios (sólo practican el «sillon ball»), pero si consigues que tu hijo intente imitar a sus ídolos deportivos (un futbolista, un jugador de baloncesto, un piloto de coches o de motos) al menos en la filosofía del deporte como actividad saludable y enriquecedora, puede que tu hijo se anime. Háblale también del estilo de vida que lleva su ídolo, qué come, cómo se alimenta y cómo se entrena.

Si todas estas ideas no te han servido de nada, quizá tu hijo sea un perezoso compulsivo. Pero no te rindas:

- **Habla con él**. Intenta descubrir por qué es tan poco propenso al ejercicio. Quizá descubras que ha tenido una mala experiencia en el colegio o con algunos amigos, y una vez encontrada la raíz del problema, será mucho más fácil solucionarlo, hacerle ver que probablemente la razón de su «no» al deporte fue un episodio sin la mayor importancia.

- **Busca nuevas vías de motivación.** Ése es otro de los puntos fundamentales: los niños se mueven muchas veces por impulsos de motivación. Si logras que descubra algo que realmente le apasione, apuesta fuerte por ello. Pero procura no caer en el error de «disfrazarte» de maestro o de médico animándole a que haga deporte insistiendo una y otra vez en que el deporte es beneficioso para el organismo. Es cierto que conviene que sepa lo bueno que es hacer ejercicio para su propio organismo, pero si tu hijo tiene la sensación de que le estás recitando una lección, pronto se aburrirá, así que ya sabes: menos teoría y más práctica.

- **Haz un nuevo esfuerzo.** Comienza tú misma a hacer ejercicio. Si puedes, apúntate a alguna actividad, aunque tengas que ir sola durante los primeros días y tus hijos te miren sorprendidos desde el sofá mientras sales de casa preparada para hacer deporte. Al principio les resultará simpático, pero ya verás cómo la curiosidad puede más que la pereza. No tardarán en preguntarte en qué consiste tu nuevo pasatiempo, y si logras presentárselo de una manera atractiva, quizá ellos también se apunten.
Evidentemente, lo más complicado es empezar. Cuando llegas cansada del trabajo, después de una completa jornada laboral, creerás que hacer deporte en ese momento es algo sencillamente impensable. Pero fuérzate a ello, y comprobarás que no es lo mismo pasarse las horas de ocio enfrente del televisor que nadando o simplemente dando un paseo. Lo notará tu cuerpo y también tu mente, y contigo, la salud de tus hijos si consigues que se apunten.
A la hora de arrancar, te puede venir bien marcarte objetivos. Y si lo hacéis en familia, mejor. Anima a tu hijo a que sea él mismo quien fije un objetivo (un número de kilómetros a la semana, tres o cuatro paseos en bicicleta, un par de largos en la piscina, etc). Tener una meta muy concreta ayuda a superarse, a pelear por ella. Y si la supera, seguro que pronto se marcará otra, y otra. Si no llega, hazle ver que no pasa nada, que tiene a su disposición todos los intentos que necesite.

Una aclaración: ten cuidado a la hora de marcar como objetivo el simple hecho de perder peso. Esa puede ser la gran finalidad, la gran meta, pero debes disfrazarla. O al menos no insistir demasiado en ello. Si martirizas a tu hijo y le recuerdas una y otra vez que debe ponerse en marcha para bajar de peso o para eliminar unos kilos de más, es muy posible que se aburra y no encuentre motivación alguna. Lo mejor es ir poco a poco, para que tu hijo vaya cumpliendo metas y ganando en autoestima, con objetivos modestos al principio y, si quieres, más ambiciosos a medida que transcurre el tiempo.

- **Insiste en el método de las recompensas.** Eso sí, no presentes una tarta de chocolate o un producto de bollería industrial como premio, sería algo bastante incongruente. Puedes inventar un sistema de puntos, e ir valorando cada vez que tu hijo se ponga en marcha. Cuando alcance cierto número de puntos, puedes subirle un poco la paga, o comprarle esa camiseta que quería, la entrada para el cine, un DVD... En fin, lo que se te ocurra.

- **Trasládale la información** puedas recoger en tu ciudad sobre actividades deportivas. Si te tomas la molestia, comprobarás que cerca de tu casa se llevan a cabo a diario multitud de cursos, entrenamientos, competiciones de todo tipo de deportes. Mucho más de lo que imaginas. Recopila todo lo que puedas y preséntaselo a tu hijo con la mejor de tus sonrisas.

- **Pon en marcha una agenda de actividades**. Diseñar un gran panel en la cocina de tu casa para ir apuntando todo lo que tenéis previsto en los próximos días resulta una buena idea. Puedes anotarlo todo (el tiempo reservado para la escuela o el trabajo, para los deberes, para comer, para descansar, para hacer ejercicio, etc) o simplemente apuntar una actividad de ocio cada día. Por ejemplo, pasear los lunes, montar en bicicleta los martes, quedarse en casa los miércoles, nadar los jueves, ir al cine los viernes, etc.
No cargues demasiado la agenda (sobre todo al principio). Recuerda que tus hijos también deben tener un espacio para ellos, unas horas de descanso o de libertad. Reserva algún día para que puedan ver la televisión o jugar con el ordenador si realmente son unos apasionados de la informática o de la

tele, pero a cambio puedes *negociar* un par de escapadas al monte o una visita a la piscina una vez a la semana.

Por supuesto, debes contar con la opinión de tus hijos. Que sean ellos los que aporten las ideas, que se involucren directamente en la gran agenda, procura que asuman esta idea con entusiasmo.

- **Algunos niños obesos o con sobrepeso** se sienten cohibidos en las clases de educación física o cuando alguien les obliga a hacer deporte porque no se sienten cómodos en una indumentaria que desconocen y que muchas veces resalta las partes de su cuerpo que ellos quieren ocultar. Si crees que a tu hijo puede pasarle algo así, cómprale ropa más apropiada, más ancha y que sea de su agrado. A veces, comprarle la camiseta de su jugador de fútbol preferido puede ser el primer paso. Como en los consejos anteriores, la comunicación aquí es básica. Habla con tu hijo, intenta demostrarle que él puede ser tan válido como el resto y ayúdale a superar sus temores. Explícale que sentirse un poco torpe es absolutamente normal al principio, y que incluso a ti misma te ocurría en tus primeros días en el trabajo.

El factor **psicológico**

La obesidad trasciende lo puramente físico. Es básicamente un trastorno del cuerpo, pero que puede afectar directamente a las relaciones sociales de tu hijo, a su capacidad de concentración, a su autoestima y, por supuesto, a su relación con la comida. Ya lo hemos visto en el primer capítulo del libro. Un niño obeso tiene muchas más posibilidades de sentirse diferente o rechazado, de ser ridiculizado por sus compañeros, de sentirse solo o de canalizar su ansiedad o sus frustraciones a través de la comida.

Los niños obesos suelen presentar con frecuencia síntomas de ansiedad que les pueden aislar del entorno y afectar directamente su capacidad de aprendizaje y concentración.

En algunos casos, los niños obesos caen en la depresión, tras comprobar que su problema de sobrepeso es una enorme fuente de problemas añadidos y perder la esperanza de encontrar una solución. Duermen mal, pierden el interés por las actividades que antes adoraban y tienen episodios de irritabilidad y bajo estado de ánimo.

Otros, al sentirse atacados por sus compañeros o por la sociedad en general, desarrollan una conducta de autodefensa agresiva. Se muestran desafiantes, rebeldes y hostiles ante cualquier persona que represente cierta autoridad (padres, tutores, profesores).

La comida no es sólo comida. Para el ser humano, los alimentos tienen un cariz distinto al resto de los animales. Cada uno de nosotros (por supuesto, también tu hijo) asocia la comida en general y los alimentos en particular a un estado de ánimo o emocional. Hay quien come más cuando se siente solo o triste, y al revés, cuando está eufórico. Hay quien come para huir del aburrimiento o del estrés, o para protegerse de sus propios temores. Hay quien se atraca a comer para celebrar u olvidar algo, y luego no come nada en dos días. Cada persona sería un ejemplo distinto.

Los problemas psicológicos son una de las consecuencias de la obesidad, pero también una de sus causas. Por eso es tan importante que sepas cuál es la relación de tu hijo con la comida.

Está claro que es un asunto especialmente delicado. La vertiente psicológica (por utilizar un término que englobe a todo lo que no es puramente fisiológico) de la obesidad requiere una especial atención, mucho tacto y, como ya hemos visto, la colaboración de toda la familia y grandes dosis de paciencia.

Una buena manera de empezar consiste en intentar descubrir el origen del problema. Si tu hijo come más de lo normal o se mete grandes atracones de comida, ¿es porque atraviesa una etapa especialmente difícil en el colegio? ¿Ha tenido problemas con sus amigos? ¿Ha perdido a algún ser querido? ¿Se siente menospreciado o incapaz de hacer alguna tarea? ¿Está estresado, quiere hacer demasiadas cosas en poco tiempo? ¿Se siente solo o desmotivado?

La comida no debe ser un premio ni un consuelo

Cuando hablábamos del apartado de los berrinches y caprichos, reseñábamos la peligrosa idea de presentar la comida como un premio. Prometer a un niño una golosina, o acudir a la hamburguesería o a la pizzería para que allí se pueda pegar un atracón a cambio de cualquier conducta que consideres positiva es un error, porque así, la comida adquiere un fuerte valor emocional. De esta manera, tu hijo asimilará que la hamburguesería o la pizzería, por poner dos ejemplos recurrentes, son una especie de refugio, una especie de paraíso no sólo culinario, sino afectivo. «Si me prometen llevarme allí, es que aquello es muy bueno», piensa de manera inconsciente el niño. Es muy probable que en ese paraíso busque acomodo cuando tenga algún problema. Comerá para sentirse mejor, no porque tenga hambre. Puestos a premiar los comportamientos positivos de tu hijo, intenta hacerlo a través de un juguete sencillo, una entrada para el cine o un concierto, un poco más de tiempo con sus amigos o mejor aún, de un paseo entretenido, una excursión o un deporte que le resulte nuevo y entretenido.

El premio puede ser una herramienta muy útil para empezar a cambiar los hábitos alimenticios erróneos. Se trata de modificar la conducta de tu hijo, intentar que sepa controlarse, que no acuda a la comida en cuanto tenga un problema. Para ello, puedes establecer pactos con tu hijo. Si los cumple, le será entregado un premio (o unos puntos que desembocarían en un gran premio final).

A medida que tu hijo va asimilando las nuevas conductas, es recomendable ir reduciendo la exigencia de los pactos y los premios hasta hacerlos desaparecer. Si desaparecen, es síntoma de que tu hijo ha adquirido unos hábitos alimenticios más que correctos. Este método también puede ser empleado para motivarle a hacer ejercicio (de hecho, se trata de una idea global, de cambiar lo hábitos alimenticios, pero también su manera de emplear el ocio).

Sin embargo, tampoco es demasiado recomendable obsesionarse con la dieta y la alimentación de tu hijo. Si le prohíbes de manera radical los productos que consideras nocivos (pero recuerda que no hay alimentos malos ni buenos de por sí, sino hábitos alimenticios más o menos equilibrados), tu hijo desarrollará una relación con la comida de amor-odio. Al final, acabará por sentirse atraído por lo prohibido, y será frecuente que se dé grandes atracones de las sustancias prohibidas.

Presionar a tu hijo para que pierda peso es contraproducente porque si no lo logra en poco tiempo, desarrollará una amarga sensación de fracaso.

Si tu hijo es mayor, él mismo puede descubrir por qué busca consuelo en la comida. Ayúdale: puedes recomendarle que escriba en un cuaderno todas sus sensaciones relacionadas con la comida (cuándo tiene hambre, por qué, cuáles son los alimentos que más se le antojan, etc).

Algunos niños no comen porque están desconsolados, tristes o solos, sino simplemente porque se aburren. Si es el caso de tu hijo (intenta hablar con él), estás ante la ocasión perfecta para empezar a practicar algún deporte nuevo. Recuerda: ten paciencia, es posible que tenga que probar tres o cuatro deportes antes de quedarse con el que realmente le gusta. Intenta que realice varias actividades, propónle un paseo en bicicleta o asígnale alguna tarea del hogar para que esté en movimiento y no se aburra tanto.

Sin ningún ánimo de ser reiterativos: el mejor ejemplo eres tú. Si llegas a casa cansada o estresada y rápidamente buscas relajación o consuelo en un helado o en una pizza, tu hijo se sentirá confuso. Verá que existe una enorme contradicción entre lo que predicas y lo que haces.

Comer a escondidas. Muchos niños comen a escondidas porque tienen miedo a comer en familia, o vergüenza de ser vistos por otros niños. También porque sus padres les han prohibido algún alimento. Cuando los padres someten a sus hijos a dietas rígidas y muy estrictas (a veces, con amenazas incluidas) existe el riesgo de que el niño utilice una válvula de escape para comer a escondidas los alimentos que se le han prohibido.

Ten presente que los medios de comunicación bombardean a diario a tu hijo: colores, cromos, nuevos sabores, promociones, en fin, la comida basura se les presenta como la panacea. Si se la prohíbes con rotundidad, es probable que consigas el efecto contrario, porque para un niño es difícil sustraerse al influjo de la publicidad (aún no tiene el criterio ni la capacidad de decodificar mensajes que tienen los adultos). Además, cuando esté con otros niños, y si ya dispone de dinero propio, caerá en la tentación. Por tanto, es mejor que le aconsejes, que le hagas ver que ese tipo de comida no es demasiado buena.

Pese a ello, debes intentar que en tu casa no aparezcan los alimentos precocinados ni la comida basura. Si tu hijo realmente siente sensación de hambre (o lo que él interpreta como hambre y que realmente es una necesidad de buscar consuelo o refugio) y quiere comer cuando en teoría no le corresponde, procura que lo que encuentre no sean productos de bollería industrial, tartas o chocolate, sino tentempiés más sanos, como batidos desnatados, fruta o cereales.

Si descubres que tu hijo come a escondidas lo que le has desaconsejado, no te sulfures ni le eches una bronca inmediata y desenfrenada. Intenta hablar con él, que razone su comportamiento, que explique sus causas. Pregúntale por qué lo hace, y no pierdas la paciencia. Entiende sus argumentos, pero intenta hacerle ver que consumir según qué alimentos puede ser contraproducente, y por supuesto, que no debe esconderse para hacerlo, porque eso sería una especie de traición a la comunicación padres-hijo.

Eso sí, no hagas que se avergüence. Simplemente hazle saber que adoptar unos buenos hábitos alimenticios como medida antiobesidad significa tener una relación sana con la comida y, por lo tanto, no verse en la necesidad de esconderse para comer. Debes intentar que las causas que han llevado a tu hijo a esconderse para comer (una prohibición demasiado rígida, problemas de ansiedad, falta de comunicación, etc) desaparezcan cuanto antes.

La autoestima

En los niños, la autoestima es un concepto muy frágil. En cuestión de meses, e incluso semanas, fluctúa enormemente porque los niños no tienen la estabilidad emocional de los adultos.

Si tu hijo es obeso existen muchas posibilidades de que no esté contento con su cuerpo. Quizá piense que la imagen que tiene de sí mismo no es realmente la que le gustaría tener. Los estudios elaborados al respecto han confirmado que la mayoría de niños obesos desarrollan sensaciones de tristeza, soledad, marginación y baja autoestima. Sus relaciones sociales empeoran y se ven a sí mismos distintos al resto de sus compañeros, faltos de las cualidades que ellos creen que deben tener para formar parte del grupo.

La mayoría de estas sensaciones se deben a que en los niños obesos, la autoestima sufre un importante descenso o desaparece por completo. Así que tan importante es cambiar los hábitos alimenticios de tu hijo y animarle a que haga ejercicio como enseñarle a confiar en sí mismo. Si confía en sí mismo y en su familia, no deberá buscar consuelo o refugio en la comida. Sabrá interpretar correctamente sus problemas y entenderá que atracarse a comer no es la solución.

Para empezar, afronta el problema de sobrepeso como algo natural. No te obsesiones ni lo comentes una y otra vez, insistiendo en la necesidad de que tu hijo pierda unos kilos, porque conseguirás todo lo contrario a lo que te propones. El problema, lejos de desaparecer, crecerá. Tu hijo comenzará a preocuparse en exceso por todo lo relacionado con la comida, se obsesionará con los alimentos prohibidos y empezará a comer a escondidas.

Es importante que destierres de tu vocabulario expresiones como «gordito», «rollizo» o «rellenito». Etiquetar a tu hijo de esa manera sólo servirá para que asuma una identidad de gordo, es decir, que crea que la gordura le acompañará siempre, como el color de sus ojos, cuando ya hemos visto que ocurre exactamente lo contrario: con unos hábitos alimenticios adecuados y un poco más de ejercicio, perderá los kilos que le sobran.

Potencia sus mejores cualidades y sus puntos fuertes, tanto físicos como emocionales o de aptitud. Anímale a que siga haciendo todo aquello que se le da bien, insiste en que lo hace bien y demuéstrale tu cariño. En este sentido, debes procurar que tu hijo no viva situaciones embarazosas o que le puedan hacer sentir ridículo. Un ejemplo de esta idea es la ropa: procura que se vista siempre con prendas que le sienten bien, para que se sienta orgulloso de su aspecto. No le vistas con ropas que resalten su sobrepeso. Tener una buena apariencia es uno de los pilares para que se sientan seguros de sí mismos. Otro ejemplo: si has logrado que haga deporte, procura que sea un deporte adecuado para él, porque quizá si empieza a entrenarse en un equipo de niños delgados y él es el único con problemas de sobrepeso, se sienta (con razón) distinto y marginado desde el primer día.

Intenta descubrir cuál es la verdadera raíz de su baja autoestima. ¿Son los kilos de más o existe algún otro factor que influya decisivamente? Localizadas las causas es mucho más sencillo empezar a solucionar el problema.

Ofrecer a tu hijo una dieta concreta mientras el resto de la familia se atiborra a comida basura o precocinados es una manera de decirle que es diferente, que debe seguir otro camino para integrarse con plenas garantías. Sería un grave error. Debes servirle de ejemplo. Si come lo que el resto de la familia, interpretará ese gesto como lo que realmente es: «Soy una persona normal y como lo que come todo el mundo».

Cuando hables con tu hijo (sobre todo de cuestiones relativas a la dieta, la alimentación, la salud o el peso), hazlo siempre en positivo. Es mejor insistir en una vida sana, en los beneficios de tal o cual alimento y del ejercicio que en los perjuicios de cierta comida o en la necesidad de bajar de peso rápidamente. Si te obsesionas con la idea de que baje peso rápidamente, corres el riesgo de caer en episodios de enfado o de angustia, y tu hijo acabará por creer que ese enfado es fruto de su incompetencia o que ha fallado en algo. Cualquier comentario negativo o despectivo minará su autoestima y la confianza en sí mismo. En este sentido, tú también debes hacer un esfuerzo por controlar tus emociones.

Anímale siempre a mejorar. Con frecuencia, los niños obesos tienen sentimientos de derrota relacionados con su sobrepeso. Están abrumados por la idea de que no hay nada que hacer contra su sobrepeso, que nunca serán como el resto. Puedes recurrir a una gran cantidad de ejemplos (personajes famosos o conocidos de tu entorno) de personas que han logrado lo que se proponían con cierto esfuerzo o que han superado sus miedos e incluso sus enfermedades con fuerza de voluntad, tesón y mucho optimismo.

Intenta que sepan interpretar los mensajes que reciben a través de la televisión y otros medios de comunicación. La publicidad está llena de *cuerpos perfectos*, pero tienes que destacarle que *nadie es perfecto*. Ayúdale a que se acepte tal y como es y, por supuesto, no le pongas como meta parecerse a un actor o una modelo. Tiene que aprender a interpretar, procesar y relativizar los mensajes que salen de la publicidad.

Los elogios son importantes. Aunque te parezcan banales, procura alabar los progresos de tu hijo. O, simplemente, lánzale de vez en cuando un piropo sin motivo aparente: «Te queda muy bien esa camiseta», por ejemplo. Parece una tontería, pero tu hijo se sentirá mejor, más a gusto consigo mismo y su autoestima se verá reforzada. Como habíamos visto anteriormente, debes hacer un esfuerzo para que tu hijo perciba estos elogios como algo natural, no como un método o una estrategia. No exageres ni caigas en falsedades, porque estarás distorsionando su realidad.

Tan importante como el elogio puede ser el contacto físico. Desde que nace, el contacto físico con el niño es una de las formas básicas de comunicación entre padres e hijos.

Un niño al que nadie toca se sentirá distinto, ignorado, incapaz de atraer la atención de sus padres. Es cierto que a cierta edad (en el umbral de la adolescencia), el contacto físico con los hijos se reduce drásticamente, porque a muchos niños (sobre todo en el caso de los chicos) les da vergüenza ser tocados o acariciados por sus padres, especialmente delante de algún amigo. Pero el contacto físico no debe terminar cuando el bebé pasa a convertirse en un niño. A veces, un abrazo, una palmada en la espalda o una caricia en el pelo comunican mucho más afecto y confianza que cualquier palabra.

A la hora de marcarse objetivos en cualquier ámbito de la vida, procura que sean objetivos alcanzables, es decir, realistas. Si tu hijo tiene sobrepeso y le obligas a convertirse en un deportista de elite en pocas semanas, no aprenderá a aceptar su propio cuerpo.

No des demasiada importancia al rendimiento, los logros, la disciplina, etc. Debes valorar más sus progresos, sus esfuerzos, y no quedarte solamente en los resultados obtenidos. También debes procurar que tu hijo tenga un margen de error, que actúe sabiendo que nadie le reprochará no alcanzar un resultado concreto.

Habla con tu hijo y pasa más tiempo con él

Una vez más, te pedimos una rápida reflexión. ¿Cuánto tiempo pasan tus hijos con sus padres? Es probable que el trabajo, el colegio, las actividades extraescolares y domésticas te dejen realmente muy poco tiempo para estar con él. En definitiva, muy poco tiempo para comunicarte con tu hijo, saber cuáles son sus inquietudes y temores, descubrir qué le preocupa o qué le motiva, etc. Hablar con tu hijo es bueno para ti, porque te permitirá saber cuál es su relación con la comida, cuáles son los factores emocionales que han influido en su obesidad o sobrepeso.

Pero también para él. Necesita expresar sus emociones y, si no lo hace, pueden comenzar los problemas con la comida, buscando consuelo en algún que otro alimento (normalmente, la bollería o la comida basura).

Así que si realmente concluyes que pasas muy poco tiempo con tus hijos, intenta cambiar esa dinámica, renunciando a alguna actividad o aprovechando mejor los fines de semana, por ejemplo.

Intenta que coma o cene en calma, junto al resto de la familia. Puedes aprovechar ese momento para preguntarle alguna cuestión, pero recuerda que también aquí debes apostar por la variedad. Si le hablas cada día de las mismas cosas, acabará por aborrecer la conversación y contestará cualquier cosa para salir del paso, poder levantarse de la mesa y sentarse ante la televisión o el ordenador. Intenta hablar de temas que le interesen, pronto se entregará a explicar todo lo que sabe. Si es necesario, descubre qué equipo de fútbol le gusta o qué tipo de música, e intenta averiguar algo curioso sobre ello.

Prueba a *disparar* primero: si ves que tu hijo no es demasiado comunicativo o que es reacio a explicar sus cosas, cuéntale cómo ha ido tu día, qué tal te llevas con tu jefe o cómo son tus compañeros de trabajo. Tu hijo es mucho más listo de lo que parece, y seguro que tiene una opinión formada sobre las noticias, los asuntos de tu ciudad o las labores del hogar.

Muéstrate siempre comprensiva con sus inquietudes y problemas y no le presiones para que hable. Si encuentra un clima cálido, poco a poco se irá soltando.

Puedes intentar acercarte a tu hijo *como si fuera* un amigo. Evidentemente que no lo es como tal, pero si él ve que le expones tus ideas, crecerá su confianza, se verá a sí mismo como depositario de las inquietudes de un adulto, en este caso, tú.

Si la comunicación es fluida, es difícil que tu hijo haga cosas a escondidas, como por ejemplo, comer. Tampoco deberá utilizar la comida como un sustituto afectivo, porque encontrará todo lo que necesita en ese sentido en la familia.

Aprende a escucharle. Si tu hijo ve que sus inquietudes tienen un buen receptor, confiará en ti.

¿Se siente acosado?

Si has sido capaz de establecer con tu hijo una comunicación fluida es muy posible que logres enterarte de si se siente acosado por su obesidad o no. Muchos niños padecen ese problema añadido: son objeto de burlas, censuras y rechazo de sus compañeros por su sobrepeso. Sobrenombres despectivos o exclusiones de las actividades (sobre todo las que tienen mayor exigencia física) están a la orden del día. Los niños dan mucha importancia a la relación con sus compañeros (tanta o más que a la relación con sus padres). Entre los niños, adquirir cierto status entre sus compañeros es casi tan importante o más que rendir bien en el colegio, así que si esa relación no funciona o es torpedeada constantemente por las bromas o los insultos, puede convertirse en un problema serio.

Normalmente, los niños no quieren sentirse diferentes a sus compañeros, sino integrados en el grupo. Quieren practicar los mismos deportes, frecuentar los mismos sitios de recreo y comer lo mismo. Y este último detalle también puede provocar problemas si tu hijo tiene problemas de sobrepeso.

Verse acosado por tener cierto sobrepeso puede tener otro efecto nocivo: el niño puede obsesionarse con esa idea e intentar contrarrestar esos ataques cayendo en el error de seguir alguna dieta milagrosa que, como ya hemos visto, es simplemente un engaño. Y en su caso, puede suponer un problema grave de salud, porque la mayoría de estas dietas que prometen perder peso en quince días eliminan algún nutriente esencial para el desarrollo y crecimiento de los niños. Debes intentar que tu hijo siga el camino correcto: si se ve acosado, que aprenda a reivindicarse como persona, a defenderse o a obviar las críticas; pero que no se apunte desesperadamente a un régimen de adelgazamiento. Sería algo así como darles la razón a sus acosadores.

Intenta informarte y descubrir hasta qué punto el acoso existe o es ligeramente inventado. Esto no quiere decir que desconfíes de tu hijo, pero algunos niños son proclives a distorsionar la realidad (multiplicar o exagerar la amenaza) e incluso restarle importancia.

Por el contrario, otros niños se encierran en sí mismos y se niegan a admitir que son objeto de burlas. Con la intención de mantenerse firmes, quieren evitar transmitir una imagen de debilidad y prefieren ocultar el problema. Si sospechas que tu hijo se siente acosado en menor o mayor medida, fíjate en su comportamiento (más retraído de lo habitual, pone cualquier excusa para no salir de casa o no ir al colegio), en su manera de actuar y vestir, etc.

No le presiones para que exprese todos sus miedos, pero hazle ver de manera sutil que tú eres su mejor apoyo y que estás ahí para lo que necesite.

La autoestima vuelve a ser muy importante: tu hijo tiene que respetarse y creer en sí mismo. Debe aprender a tener el coraje y la fuerza necesarios para defenderse, reivindicarse como persona y no caer en la depresión ni encerrarse en sí mismo ante el más mínimo ataque. A fuerza de soportar una y otra burla, muchos niños se han colocado a sí mismos en el papel de víctimas o de bufones, porque no se sienten capaces de revertir esa situación. Se sienten culpables por ser el centro de las mofas y creen que el problema lo tienen ellos por ser como son. Si ocurre algo así, tienes que trabajar para que se dé cuenta de que no ha hecho nada malo y de que es una persona tan válida (o más) que los niños que le acosan.

Cuando hables con tu hijo sobre este asunto, insístele en sus mejores capacidades. Promueve su independencia, deja que tome alguna responsabilidad en la casa, enséñale a madurar, a valorarse a sí mismo y, sobre todo, a relativizar siempre lo que los demás puedan opinar sobre él. Y adopta siempre una actitud positiva, para que vea que le apoyas. Si tu hijo se abre a ti para explicarte que en el colegio le acosan y tú respondes con un gesto de fastidio, se sentirá aún más culpable y pronto se arrepentirá de haber confiado en ti.

Es conveniente que refuerce las relaciones beneficiosas, las que no le suponen perjuicios, problemas ni prejuicios. Puedes decirle que a veces es preferible tener pocos amigos pero muy sólidos que muchos pero poco estables. No es cuestión de pasar al contraataque, pero hazle ver que los niños que se burlan de él también tienen sus defectos, como todo el mundo.

Refuerza también los vínculos afectivos con tu hijo. Recuerda el apartado dedicado a la autoestima. Aumenta las caricias o los piropos y elogia sus progresos.

Subraya la importancia de la verdadera amistad y procura que pase más tiempo con los amigos que le respetan y le tratan con cariño, y menos con aquellos que le desprecian.

En caso de necesidad, acude al colegio o al centro donde tu hijo se sienta acosado y habla con el director y con otros padres de alumnos. Pregúntales qué medidas tienen preparadas para casos como éste, o si disponen de un psicólogo infantil. Trata de exponer la situación con cordialidad, pero con firmeza, destacando lo injusto del hecho de que unos niños acosen a otro por unos kilos de más.

Si las cosas no mejoran y tu hijo se siente cada vez más asustado o temeroso, puedes plantearte acudir a un psicólogo o especialista.

El estrés y la depresión

El estrés. También los niños sufren estrés. No se trata de una exclusiva del mundo de los adultos. Las elevadas exigencias de los adultos, el tiempo que tardan en desplazarse de casa al colegio, la presión del rendimiento escolar o la necesidad de tener relaciones satisfactorias con sus compañeros pueden agotar al niño. En un mundo competitivo y muy rápido, la comida puede aparecer como un refugio agradable y tranquilo.

Normalmente, el estrés aparece por una combinación de causas. Pero se distinguen dos tipos de factores:

- **Factores internos:** intolerancia al ruido o a las multitudes, cambios bruscos de temperatura, alergias e intolerancias alimentarias, colesterol elevado, desequilibrios en el nivel de azúcar de la sangre, carencias nutritivas, etc.
- **Factores externos:** contaminación, separación de la familia, pérdida de objetos o seres queridos (una mascota, por ejemplo), exceso de carga de trabajo en el colegio, exposición continua a las discusiones y conflictos de los adultos, amenazas o agresiones por parte de compañeros, ansiedad a la hora de cumplir las expectativas, etc.

En época de exámenes es más probable que tu hijo se sienta más angustiado. Si tiene poco tiempo para jugar o relajarse, si la familia ha atravesado por momentos difíciles (el fallecimiento de algún familiar, un divorcio, etc.) o duerme mal, también tiene mayor riesgo de padecer estrés.

Existe un vínculo entre el estrés y el impulso a comer: los alimentos (normalmente los que presentan un alto contenido en grasas y azúcares) se presentan como algo gratificante porque calman las respuestas del organismo a las situaciones de estrés. Las hormonas producidas por el cuerpo en tales situaciones favorecen la formación de células grasas.

Para saber si tu hijo tiene estrés, fíjate en algunos síntomas: si sufre un aumento de la respiración y el ritmo cardíaco, tiene más náuseas de lo habitual, está más irascible, duerme mal o tiene insomnio, sufre mareos con cierta frecuencia, le cuesta relajarse y disfrutar, tiene dolores de cabeza o está excesivamente fatigado, probablemente sufra estrés.

Otros síntomas menos evidentes pero que también reflejan la existencia de estrés son rechinar los dientes, apretar los puños o las mandíbulas y evitar cualquier actividad física o que suponga competición.

Es importante no confundir el estrés con la hiperactividad: muchos niños son perfectamente capaces de encadenar las clases con alguna actividad extraescolar, jugar un rato con los amigos y hacer incluso alguna tarea en casa.

Los consejos para aliviar o terminar definitivamente con la sensación de estrés son similares a lo que hemos visto en este capítulo. Libera a tu hijo de las presiones que le preocupen, enséñale a disfrutar de la vida (no por ello debe eludir sus responsabilidades), a relativizar los problemas y a organizar mejor el tiempo.

Si quiere acaparar demasiadas actividades, aconséjale que deje la que menos le guste. Puede llevar una agenda o un horario para organizarse mejor. Intenta que se relacione más con sus amigos, que lleve a cabo junto a ellos alguna actividad distraída y relajante.

La depresión. La depresión está relacionada con el estrés, pero presenta varias diferencias. También se relaciona frecuentemente con los adultos, pero en los últimos años se ha demostrado que los índices de depresión han crecido entre la población infantil. La depresión (del latín *depressio*, «hundimiento») es un sentimiento prolongado de infelicidad y desamparo que puede ir acompañado por sensaciones de culpa, pesimismo, inutilidad, etc.

La depresión en los niños sólo se comenzó a estudiar hace veinte años, porque hasta entonces se consideraba que el niño no tiene la madurez emocional de un adulto.

En muchas ocasiones, la depresión es una consecuencia del estrés. Pero también puede darse debido a desequilibrios hormonales o una dieta mal estructurada.

La depresión se presenta en síntomas tales como la pérdida de interés por cualquier tipo de actividad, la falta de confianza y la excesiva autocrítica, el pesimismo y la falta de esperanza en el futuro y en las personas que le rodean, la falta de concentración, los problemas para conciliar el sueño, la falta de energía, la sensación de fatiga (física y psicológica) e incluso, en los casos más extremos, elucubrar o jugar con la idea del suicidio. Está demostrado que depresión es un buen caldo de cultivo para la aparición de otro tipo de enfermedades.

Cuando una persona (tanto un adulto como un niño) está deprimida, es frecuente que busque parte de su consuelo en la comida. Refugiarse en los alimentos, comiendo más de la cuenta suele significar un aumento de peso que no hace sino agravar el problema: si el niño está descontento, aún lo estará más cuando se vea a sí mismo como una persona obesa; es un pez que se muerde la cola.

Los niños más pequeños pueden simular estar enfermos, rehusar ir a la escuela, no querer separarse de los padres o tener miedo a que uno de los padres se muera.

Una forma definida de depresión, denominada depresión anaclítica tiene lugar en la segunda mitad del primer año de vida en niños que han estado separados de su madre.

El niño de más edad suele estar de mal humor, comportarse como un niño rebelde o travieso, tener problemas en el colegio o sentirse incomprendido. Los comportamientos normales varían de una etapa de la niñez a la otra, así que es difícil establecer si un niño está simplemente pasando por una fase de su desarrollo o si verdaderamente sufre depresión. A veces el niño tiene un cambio muy marcado de comportamiento que preocupa a los padres, o quizá es el maestro quien apunta que «el niño no parece ser el mismo».

En diferentes combinaciones y grados de severidad, este tipo de depresión combina aprensión, tristeza, llanto frecuente, rechazo del entorno, retraimiento, aletargamiento, insomnio y expresiones de desdicha.

Luchar contra la depresión requiere paciencia y determinación. En este caso, cada persona necesitaría un diagnóstico muy particular, porque se trata de una enfermedad (la «enfermedad de todo el cuerpo») muy condicionada por los factores sociales de la persona.

Los beneficios del **triptófano**

Nuestro estado mental está afectado por los niveles de neurotransmisores en el cerebro. El triptófano (un aminoácido esencial que sólo se obtiene a través de la alimentación) existente en ciertos alimentos puede ser muy beneficioso para luchar contra el estrés y la depresión porque aumenta la serotonina, un neurotransmisor que produce relajación, tranquilidad y sueño.

El triptófano ayuda a que la serotonina controle el apetito, evitando así la ansiedad por la comida que afecta a muchos niños obesos.

Al actuar sobre el estrés, el triptófano ayuda también a controlar los niveles de insulina.

Son alimentos ricos en triptófano las carnes rojas, los pescados, la leche y sus derivados, los huevos, las nueces y almendras, el plátano, la lechuga, el pavo y los dátiles.

Las almendras, el germen de trigo, la levadura de cerveza y las semillas de girasol tienen propiedades relajantes.

También los ácidos grasos poliinsaturados que se encuentran en el pescado pueden reducir la depresión.

Asimismo, las vitaminas B y C son recomendadas por los expertos en nutrición a personas que sufren ansiedad o depresión. En concreto, la vitamina B_6 (presente en los cereales integrales y en mariscos como las gambas, la langosta o los mejillones) interviene en la síntesis de la serotonina.

Algunos estados depresivos se asocian a la baja presencia de dopamina, una sustancia del cerebro que produce sensaciones de satisfacción y placer. La dopamina no es exactamente un neurotransmisor, pero actúa de un modo similar. Esta sustancia se sintetiza a través de la tirosina, un aminoácido que se encuentra en los alimentos ricos en proteínas. Los productos ricos en tirosina son las almendras, los aguacates, el queso fresco, las judías, las pipas de calabaza y los cacahuetes.

También se ha confirmado que las personas que sufren depresión presentan unos índices de vitamina B muy bajos y, de hecho, muchas de esas personas han experimentado una notable mejoría al aumentar el consumo de productos ricos en esta vitamina.

Por ello, es difícil aconsejar cómo combatir la depresión. Antes de alarmarte, eso sí, debes comprobar si tu hijo realmente sufre un episodio de depresión.

Es importante descubrir la raíz del problema y hacer lo posible para evitarlo en lo sucesivo.

Pero si durante una temporada duerme mal o está irritado, no significa necesariamente que tenga depresión. Puede estar atravesando una época de exámenes o, simplemente, sus niveles de azúcar en la sangre fluctúan demasiado.

En cualquier caso, una de las prioridades a la hora de combatir la depresión es la recuperación de la autoestima y de las ganas de vivir. Los consejos en este sentido serían similares a los que hemos visto en el apartado dedicado a la autoestima.

El ejercicio físico vuelve a ser en este caso una terapia extraordinaria. Algunos estudios han demostrado que la actividad física es tan efectiva como los medicamentos antidepresivos.

La actividad eleva los productos químicos del cerebro (como las endorfinas, la adrenalina, la dopamina y la citada serotonina) que producen la llamada elevación del atleta, una sensación de relajación y bienestar.

Si tienes sospechas fundadas de que tu hijo padece ansiedad, estrés o depresión y todos los métodos que has probado no surten el efecto deseado, no dudes en acudir a un especialista.

Una dieta semanal. Breve guía para que tu hijo empiece a comer bien

Diseñar una dieta para reducir el sobrepeso de tu hijo es complicado, porque todo dependerá de su edad, de su actividad física e incluso de su estado mental. Como hemos visto, un niño de dos años no necesita la misma cantidad de energía que uno de doce. Existen épocas de mayor gasto físico y mental (exámenes, alguna competición deportiva, etc.) que requieren un mayor aporte de vitaminas y minerales. La alimentación también cambia en función de los meses del año, porque en verano el cuerpo pide alimentos más frescos, mientras que en invierno son más recomendables los guisos calientes.

Partiendo de esta base genérica, y teniendo en cuenta que la pirámide alimentaria es siempre la mejor guía, aquí te proponemos una serie de menús semanales que te pueden dar buenas ideas. Recuerda que no se trata de un patrón que tengas que seguir al pie de la letra, sino más bien de una inspiración, sobre todo para aquellos momentos en los que ya no sepas cómo hacer un plato rápido, sano y nutritivo.

Normalmente, tenemos la creencia de que comer sano lleva mucho más tiempo que consumir comida rápida y que es mucho más aburrido. Pero no es así. La falta de tiempo es uno de los grandes problemas de los padres de hoy en día, por eso es importante saber que existen platos sabrosos, muy nutritivos, fáciles de preparar y muy rápidos. Hemos procurado incluirlos en la siguiente lista, formada por dos semanas de alimentación sana.

Muchas veces, una cena o comida sana es también sencilla: sopa, sándwich, ensalada, huevos revueltos, tortilla... Son platos cuya preparación no va más allá de los veinte minutos, a lo sumo.

Otra idea: si durante el fin de semana o la noche tienes más tiempo, puedes hacer más cantidad de comida y congelar una parte para aprovecharlo días después a modo de guarnición o incluso de plato principal.

Intenta involucrar a tus hijos en la preparación de los platos. A veces caemos en el error de pensar que a nuestros hijos no les interesa en absoluto cómo se elaboran los platos que se comen, pero si es así, es porque no conocen los trucos y las tradiciones. Te sorprendería saber la cantidad de niños y adolescentes que le han cogido gusto a eso de cocinar cuando han aprendido a hacer un par de platos.

Y no te preocupes si algún día caes en la tentación de pedir una pizza por teléfono porque tus hijos insisten o simplemente porque estás demasiado cansada para cocinar. Todo el mundo tiene caprichos y es normal (e incluso positivo) satisfacerlos de vez en cuando. De lo que se trata es de mantener una alimentación regular, de seguir una línea marcada.

Antes de pasar a echar un vistazo a los platos que puedes preparar, recuerda: ¡Comer bien no significa ponerse a dieta ni seguir un régimen!

Ten en cuenta que la lista de platos que te presentamos a continuación es sólo una referencia. Por norma general incluimos un primer plato, segundo y postre, pero eso no quiere decir que ese esquema sea obligatorio. Al contrario, puede ocurrir a menudo que tu hijo sólo quiera cenar un plato si ha comido bien o ha merendado tarde. Es normal: si el aporte de nutrientes ha sido importante durante la comida, se puede disminuir la cantidad de la cena.

Aunque sólo hemos apuntado las tres comidas principales del día (desayuno, comida y cena) y la merienda, recuerda la importancia de los tentempiés. Es probable que tu hijo quiera tomarse algo a media mañana, o incluso después de la cena. Para esos casos, lo mejor es que le prepares pequeños bocadillos de pavo o jamón york, piezas de fruta, macedonias, zumos, yogures, batidos naturales con leche y frutas, cereales, queso, etc.

Se ha intentado también incluir platos de gusto apetecible para los niños, y también algún que otro capricho o antojo en previsión de que tu hijo quiera tomarse un helado o un trozo de tarta, algo perfectamente normal que no tiene por qué romper ninguna dieta.

La cantidad de los platos o de las raciones (recuerda que en caso de duda siempre es mejor poner raciones pequeñas) dependerá de la edad de tu hijo, de los miembros de la familia, de la época del año, etc.

A la hora de elegir la bebida, ten presente que la mejor para reducir el peso es el agua. Es normal que tu hijo te pida de vez en cuando zumos de frutas, pero intenta evitar las bebidas gaseosas azucaradas. Las infusiones también son recomendables, tanto en la merienda como en el desayuno; incluso como tentempié, aunque es preferible que no lleven demasiado azúcar.

En los desayunos, las galletas (mejor si son integrales) pueden sustituir de forma esporádica a los cereales.

SEMANA 1

Lunes
- *Desayuno:* Zumo de frutas. Un tazón de leche con cereales. Una tostada con aceite de oliva y tomate.
- *Comida:* Cogollos con anchoas y queso. Lomo a la plancha. Pan integral.
- *Merienda:* Bocadillo de jamón york o pavo.
- *Cena:* Caldo con jamón y perejil. Calamares a la plancha. Una pieza de fruta.

Martes
- *Desayuno:* Un tazón de leche con cereales y galletas. Tostada con queso fresco.
- *Comida:* Ensalada verde. Lasaña de atún o berenjena (moussaka). Natillas o cuajada.
- *Merienda:* Pieza de fruta y yogur.
- *Cena:* Pescado (merluza, besugo) al horno con patatas cocidas. Una rodaja de sandía.

Miércoles
- *Desayuno:* Tazón de leche con cereales. Un melocotón. Tostada con jamón york.
- *Comida:* Ensalada de legumbres. Salmón con puré de patatas. Fruta. Pan integral.
- *Merienda:* Vaso de zumo. Frutos secos (almendras y avellanas, básicamente).
- *Cena:* Pechuga de pollo o bistec de ternera a la plancha con judías verdes. Yogur natural. Pan integral.

Jueves
- *Desayuno:* Zumo de frutas. Un tazón de cereales. Una rebanada de pan integral con aceite y tomate.
- *Comida:* Ensalada de lechuga, tomate, maíz, cebolla y atún (aliñada con sal, aceite de oliva y vinagre o limón). Arroz con almejas o calamares u otro tipo de pescado. Compota de manzana. Pan integral.
- *Merienda:* Una pieza de fruta. Un yogur.
- *Cena:* Revuelto de espárragos con jamón. Un sándwich pequeño de queso fresco o de salmón. Una pieza de fruta.

Viernes
- *Desayuno:* Tazón de leche con galletas. Un zumo de frutas. Un kiwi.
- *Comida:* Melón con jamón. Canelones de atún. Yogur o cuajada.
- *Merienda:* Bocadillo de queso fresco o tostada de jamón york.
- *Cena:* Croquetas de jamón con guarnición (zanahorias, guisantes, champiñones, etc..) Sandía.

Sábado
- *Desayuno:* Tazón de cereales con leche. Zumo de naranja. Yogur desnatado de frutas.
- *Comida:* Macarrones con salsa de tomate natural. Lubina (o merluza o mero) a la plancha con patatas asadas o al papillón. Macedonia de frutas. Pan integral.
- *Merienda:* Queso fresco. Frutos secos.
- *Cena:* Espinacas con jamón. Mejillones al vapor. Yogur desnatado. Pan integral.

Domingo
- *Desayuno:* Zumo de frutas. Un kiwi o una manzana. Una rebanada de pan integral con jamón york o pavo.
- *Comida:* Alcachofas al horno o berenjenas rellenas (de carne, atún, etc.). Salmón a la plancha. Yogur desnatado o piña al natural. Pan integral.
- *Merienda:* Té con leche desnatada. Un melocotón o una manzana.
- *Cena:* Puré de verduras. Filete de pollo a la plancha (la guarnición pueden ser zanahorias, pimientos, etc). Una manzana asada. Pan integral.

SEMANA 2

Lunes
- *Desayuno:* Zumo de naranja. Una pieza de fruta. Tostada con tomate y aceite. Un vaso de leche.
- *Comida:* Setas o champiñones salteadas con jamón. Cordero a la plancha o al horno. Pieza de fruta.
- *Merienda:* Tazón de cereales o piña al natural.
- *Cena:* Tomates y pimientos asados con atún y queso. Yogur natural.

Martes
- *Desayuno:* Pan integral con queso fresco. Zumo de frutas. Vaso de leche.
- *Comida:* Ensalada verde. Pizza de verduras o cuatro estaciones. Melón, sandía o cerezas.
- *Merienda:* Dos «quesitos». Fruta.
- *Cena:* Hígado a la plancha con verduras. Una pieza de fruta. Pan integral.

Miércoles
- *Desayuno:* Un tazón de leche con cereales. Pan con queso fresco, jamón o pavo. Zumo de frutas.
- *Comida:* Judía tierna con tomate y huevo cocido. Conejo. Macedonia. Pan integral.
- *Merienda:* Una barrita de muesli. Fruta
- *Cena:* Sopa de pasta. Tortilla francesa. Yogur o cuajada.

Jueves
- *Desayuno:* Un kiwi. Leche con galletas integrales. Zumo de naranja y tostada pequeña de pan integral con tomate y aceite o queso fresco.
- *Comida:* Ensalada de lechuga, tomate, huevo cocido y piña. Libritos de lomo con queso. Fruta.
- *Merienda:* Bocadillo de jamón serrano.
- *Cena:* Revuelto de verduras, espárragos, setas, etc. Pescado a la plancha o al horno. Yogur de frutas.

Viernes
- *Desayuno:* Un tazón de leche con cereales. Un kiwi o una manzana.
- *Comida:* Arroz a la cubana. Merluza a la plancha. Yogur natural.
- *Merienda:* Batido de leche y frutas. Tostada de aceite con tomate.
- *Cena:* Hamburguesa a la plancha con patatas asadas y guarnición de verduras. Macedonia. Pan integral.

Sábado
- *Desayuno:* Leche con cereales. Tostada con queso. Una manzana.
- *Comida:* Ensalada de pasta. Calamares con patatas asadas. Macedonia.
- *Merienda:* Bocadillo de queso con membrillo. Zumo de frutas.
- *Cena:* Tortilla de bacalao. Macedonia. Yogur natural.

Domingo
- *Desayuno:* Un tazón de leche. Un trozo de bizcocho casero. Zumo de frutas.
- *Comida:* Ensalada de arroz integral. Albóndigas con guisantes y zanahorias. Fruta. Pan integral.
- *Merienda:* Zumo de naranja. Un helado.
- *Cena:* Tortilla de espinacas. Un trozo de pescado hervido o a la plancha con salsa de tomate natural. Cuajada. Pan integral.

Anexo I
La dieta mediterránea

Habrás oído hablar muchas veces de las bondades de la dieta mediterránea. Ciertamente, es la manera de comer que más se ajusta a lo que entendemos por una alimentación sana, variada y equilibrada. Veamos por qué.

Cuando hablamos de dieta mediterránea nos referimos al conjunto de tradiciones de los países europeos que tienen acceso al Mar Mediterráneo, pero no se trata de una cuestión exclusivamente geográfica (Portugal o las islas Canarias no están bañados por el Mediterráneo, pero su alimentación tradicional responde a este modelo) porque cada país tiene sus costumbres propias y sus alimentos. Además, las cuestiones religiosas también tienen mucho que ver.

Históricamente, se consideraba que la alimentación típica mediterránea se basaba en el aceite de oliva, el trigo y el vino. Hoy en día, como veremos, la dieta mediterránea va mucho más lejos.

Se basa principalmente en el consumo de productos frescos: cereales y sus derivados (pan, pasta y arroz), legumbres, frutas, verduras y hortalizas, aceite de oliva, bastante pescado (frente a un consumo más moderado de carne), frutos secos y pequeñas cantidades de productos lácteos y vino.

En este tipo de alimentación aparecen con frecuencia las especias o los aromatizantes: canela, comino, perejil, laurel, orégano, albahaca, etc.

Nutricionalmente, se trata de un modo de alimentación muy rico en vitaminas y minerales, debido a la presencia frecuente de verduras y frutas. También tiene un alto contenido en fibra (hortalizas, legumbres y frutas) y en hidratos de carbono (legumbres, patatas, arroz). Por el contrario, tiene un bajo contenido en grasas animales, y un alto índice de grasas vegetales (frutos secos y aceite de oliva). Se puede afirmar que la dieta mediterránea aporta la cantidad necesaria de grasas buenas y que es una excelente manera de reducir el colesterol. El aporte proteico también es adecuado gracias a la presencia de huevos, carnes, pescados, legumbres y frutos secos.

De hecho, los habitantes del Mediterráneo presentan unos índices de colesterol notablemente más bajos que los de Estados Unidos o Europa central y del norte, por ejemplo, donde se suelen consumir más calorías, con una dieta basada en grasas y proteínas de origen animal, productos lácteos y dulces preparados con mantequilla o derivados. La prevalencia de infartos y de trastornos cardíacos en los países de dieta mediterránea también es menor.

De hecho, los últimos estudios han demostrado incluso que este tipo de alimentación previene de un segundo ataque coronario a todas aquellas personas que ya habían sufrido algún trastorno cardíaco. Concretamente, el «Lyon Diet Heart Study», llevado a cabo en Francia, asegura que las personas que llevan una alimentación mediterránea tienen entre un 50 % y un 70 % menos riesgo de sufrir un nuevo ataque al corazón que los que siguen una dieta típicamente occidental. Los científicos eligieron a 400 hombres y mujeres que habían sufrido un trastorno coronario: de ellos, 219 personas siguieron la dieta mediterránea, mientras el resto continuó con sus hábitos de siempre.

A todos se les controló de manera periódica el IMC, la presión sanguínea, los niveles de colesterol y cualquier parámetro que indicase su estado de salud cardiovascular. Al final, las personas que habían seguido la dieta mediterránea consumieron un 30 % de grasas en su ingesta calórica total, de las que tan sólo el 8 % eran saturadas. Las cifras del colesterol fueron quizá las más esclarecedoras. El grupo que siguió con sus hábitos de siempre presentó 312 mg/dl, de media, mientras que los de la dieta mediterránea se situaron en torno al 212 mg/dl. Los investigadores también concluyeron que la alimentación mediterránea aportó hasta 3 g más de fibra al día.

El gran beneficio de la dieta mediterránea hay que buscarlo en la gran capacidad antioxidante de sus alimentos (básicamente, frutas y verduras) y en el tipo de grasa consumida, más que en la cantidad: la dieta occidental es rica en grasas saturadas, mientras que las dietas mediterráneas son ricas en monoinsaturados.

El aceite de oliva, producto estrella

El olivo es un árbol que se cultiva principalmente en los países de la cuenca mediterránea. Su fruto es la oliva o aceituna. España, Grecia, Italia y Túnez son los mayores productores del extracto natural de la aceituna: el aceite de oliva; sin duda, el producto emblema de la dieta mediterránea.

Para conseguir el aceite es necesario romper las células vegetales mediante trituración, y posteriormente aislarlo de los otros componentes de los frutos. El triturado se lleva a cabo mediante rodillos o muelas hasta obtener una pasta homogénea, que se somete a un prensado mediante dispositivos mecánicos que aplican presión a la pasta para exprimir el aceite. El prensado puede realizarse en caliente o en frío (en caliente se obtiene más aceite pero precisa un mayor proceso de refinado que el de presión en frío). Para ello se aplican disolventes autorizados que arrastran el aceite residual, sometiéndolo después a un calentamiento que elimina mediante evaporación dichos disolventes por completo del producto final. Su color dorado verdoso se debe a los residuos de clorofila y pigmentos carotenoides.

En el refinado se eliminan las impurezas que se forman durante la extracción y le confieren al aceite un sabor desagradable. Incluye diversos procesos que reducen el grado de acidez y suavizan el sabor del aceite. La acidez de un aceite (que viene indicada en la etiqueta del producto) viene determinada por la cantidad de ácidos grasos libres: cuanto más ácidos grasos libres contenga, mayor es la acidez del aceite. El aceite de oliva virgen extra, de sabor y aroma afrutado y suave, la acidez es inferior a 1º (1% de ácidos grasos libres), en el fino llega a 2º y en el corriente, hasta 3º. A menor acidez, mejor calidad.

El aceite de oliva que por su olor y sabor resulte defectuoso o tenga una acidez superior a 3,5° se conoce cono aceite lampante. Este nombre hace referencia al empleo que se hacía de él hasta hace pocos años (se usaba para la iluminación con lámparas). Una vez refinado sin provocar modificaciones de la estructura inicial, se conoce como aceite de oliva refinado.

El aceite de oliva se clasifica principalmente en tres grupos, según el proceso al que se somete: aceite de oliva virgen; aceite de oliva refinado (procesado a partir de aceites de oliva vírgenes de menor calidad mediante técnicas de refinado como la neutralización, la decoloración y la desodorización); y aceite de orujo de oliva (obtenido de los orujos, es decir, de los residuos de la oliva producidos después de la elaboración de los aceites anteriormente citados). El aceite de oliva es el único aceite vegetal que puede consumirse directamente virgen y crudo.

Sus beneficios, como hemos visto a lo largo del libro, son innumerables. Cocinar con aceite de oliva es una buena manera de reducir el colesterol, porque tiene un 80 % de ácido oleico (monoinsaturado) y sólo un 14 % de ácidos grasos saturados (los ácidos monoinsaturados aumentan la diferencia entre el HDL y el LDL). Es resistente a la oxidación, soporta bien las altas temperaturas (al contrario que otros aceites). Tiene un alto contenido de caroteno y vitamina E.

Como producto vivo, para conservarlo en perfecto estado hay que mantenerlo alejado del calor excesivo, del aire, de la humedad y de la luz. Su temperatura óptima de conservación es 20 °C. A bajas temperaturas, puede espesarse temporalmente, aunque este fenómeno no supone ningún problema. Para guardar el aceite en casa hay que evitar los recipientes de hierro, los que tengan latón oxidado o soldaduras de plomo o estaño. Los mejores son los de vidrio, latón impermeabilizado o acero inoxidable.

La dieta mediterránea presenta otras características, además de tener el aceite de oliva como fuente principal de lípidos. Por lo general, se asocia con un consumo moderado de alimentos y con una preparación sencilla (pero sabrosa) de los mismos, ya que son frecuentes los hervidos y los asados.

Los primeros platos son tan importantes o más que los segundos. En ellos abundan las ensaladas, las legumbres, el arroz, las verduras y las hortalizas, y también las especias o las hierbas aromáticas (o bien el limón como acompañante o aderezo).

Los segundos platos suelen llevar una porción moderada de pescado o carne y una importante guarnición formada por verduras y hortalizas, más que de fritos, como suele ocurrir en la dieta occidental.

La fruta es la reina del postre mediterráneo. También los frutos secos y la miel aparecen con frecuencia en los postres.

¿Y el vino? Está claro que un consumo excesivo es desaconsejable y peligroso, pero son numerosos los estudios que han demostrado que tomar vino con moderación ayuda a prevenir las enfermedades coronarias. El vino tinto tiene propiedades antioxidantes gracias a los llamados compuestos fenólicos, que también actúan sobre las lipoproteínas LDL (el colesterol malo). Evidentemente, no es aconsejable que tu hijo beba vino (no olvides que la mejor bebida para perder peso es el agua), pero no está de más saber que un consumo moderado no tiene por qué ser perjudicial en el caso de los jóvenes y adultos.

De los griegos a Ancel Keys

La dieta mediterránea existe desde los tiempos antiguos. Se ha ido forjando a lo largo de los siglos y es fruto de la influencia que han dejado en el litoral mediterráneo todos los pueblos que han pasado por él: iberos, celtas, griegos, romanos, bárbaros y árabes. Griegos y romanos sentaron las bases de lo que actualmente conocemos como dieta mediterránea con la «trilogía mediterránea»: pan, aceite y vino.

Sin embargo, no fue hasta la década de los sesenta cuando se sentaron sus bases. Financiado por la Fundación Reina Guillermina de Holanda y dirigida por el profesor Ancel Keys, se llevó a cabo por entonces el llamado «Estudio de los siete países» (Estados Unidos, Japón, Finlandia, Holanda, Grecia, Italia y la antigua Yugoslavia). El estudió se realizó para intentar relacionar la alimentación con la aparición de enfermedades cardiovasculares y tuvo una duración de diez años, por lo que sus resultados se presentaron a principios de los ochenta.

En él se puso de manifiesto la gran diferencia que existía entre el número de muertes a causa de enfermedades cardiovasculares en países como Estados Unidos o Finlandia, y otros como Grecia (la isla de Creta era la que salía más beneficiada). Esta diferencia se achacó a la forma de vida y a la alimentación que llevaban los países de la ribera del Mediterráneo.

La dieta mediterránea puede presumir de tener platos sanos, nutritivos, fáciles de preparar y muy sabrosos: es el caso del pan con tomate (untar un tomate maduro en una rebanada de pan y añadirle un poco de aceite de oliva y sal) y la chanfaina o samfaina, una especie de salsa elaborada con una amplia variedad de verduras.

El pescado se suele cocinar fresco, asado a la brasa y con una ligera condimentación de aceite, limón, ajo o perejil; pero también salado o macerado en aceite o vinagre (boquerones, bacalao, sardinas, anchoas, arenques, etc.).

El arroz y las pastas son frecuentes y se preparan acompañados de mariscos (paella), pero también de carne (conejo, por ejemplo), caracoles o verduras.

Los vegetales, las legumbres y las patatas se cocinan, sobre todo en invierno, en pucheros y calderetas, platos que suponen una gran aportación de los nutrientes básicos.

Pese a todo lo que hemos visto en este anexo, hay un dato aplastante que puede sonar contradictorio: los niños de Italia, Malta, Grecia y España son los más obesos de Europa. Cuatro países mediterráneos en los que se supone que la presencia de este modelo de alimentación está más arraigado que en el resto del continente. Este dato expresa por sí solo el progresivo abandono que parece estar sufriendo este modelo de dieta.

Para prevenir este abandono y preservar los valores tradicionales de la dieta mediterránea se creó el Observatorio de la Dieta Mediterránea, con sede en Barcelona. Se trata de una iniciativa de la Fundación para el Desarrollo de la Dieta Mediterránea (FDDM, creada en 1996) y del Ayuntamiento de Barcelona para realizar seguimiento sistemático y riguroso de la relación dieta-salud y de la producción y consumo de los productos mediterráneos.

La FDDM, en colaboración con la FAO (Food and Agriculture, un organismo dependiente de las Naciones Unidas), firmó en el mismo año de su nacimiento la «Declaración de Barcelona sobre la Dieta Mediterránea», un documento que insta a las instituciones públicas y privadas a velar por el mantenimiento de las ventajas que presenta la dieta mediterránea.

El Senado español aprobó por unanimidad en 2002 el «Informe de la Ponencia sobre la Difusión de la Dieta Mediterránea», que recomienda el seguimiento y la difusión de los conocimientos científicos disponibles y la elaboración de las estrategias necesarias para conservar la dieta mediterránea.

Anexo II
Los productos «light»

Los productos llamados «light» ('ligero', en inglés) se introdujeron en el mercado hace ya bastantes años. Consigo traían una idea muy llamativa y tentadora, algo así como: «Disfrute de los alimentos que le gustan sin renunciar a su sabor mientras adelgaza». Poco a poco, los alimentos «light» se han consolidado en los supermercados y han ido multiplicándose: mayonesa, pan de molde, mermelada, dulces, pan, margarina, queso... Hay una infinidad de productos «light» y de reclamos: «bajo en grasa», «la mitad de calorías», «0 % en materia grasa»... Y pese a todos, los índices de obesidad siguen disparándose, y no sólo entre la población infantil.

Sin embargo, conviene aclarar algunas cuestiones y creencias falsas sobre este tipo de productos. Para empezar: los alimentos «light» no adelgazan; a lo sumo, ayudan a no engordar tanto porque su principal característica es que tienen menos calorías que los productos «normales» de su categoría.

Normalmente, los productos light tienen un 30 % menos de calorías que sus correspondientes «normales». También son muy numerosos los que se autodenominan «light» porque tienen menos azúcar. En las etiquetas de este tipo de productos debe aparecer su aportación calórica y el porcentaje rebajado con respecto al producto normal.

De hecho, la Comisión Interministerial para la Ordenación Alimentaria exige que sólo pueden llevar la etiqueta «light» aquellos alimentos que han visto reducido en un 30 % su valor energético). Pero esta norma se incumple con frecuencia. Según la Unión de Consumidores de España, apenas el 10 % de los productos estudiados en un informe cumplían la ley en este sentido. Así que si te decides a comprar algún producto ligero, infórmate antes de hacerlo leyendo con atención su etiqueta.

Mucha gente cae en el error de aumentar su consumo de productos «light» en la creencia de que sirven para adelgazar o controlar el peso, hasta convertirse en verdaderos adictos a este tipo de alimentos. En algunos casos, la consecuencia es precisamente la contraria a la deseada, pues el aumento de peso es mayor que si se hubiesen elegido productos normales consumidos en cantidades moderadas.

Es verdad que los «light» pueden tener algún efecto positivo a la hora de controlar el peso, *pero sólo si los consumimos en la misma cantidad que sus equivalentes*, no más, porque entonces estaríamos en las mismas.

En algunos productos (mayonesa o margarina) lo «light» se consigue aumentando el porcentaje de agua del alimentos. Las bebidas gaseosas sí reducen notablemente su aporte calórico, hasta dejarlo, el muchos casos, en una cifra muy cercana a cero.

En los dulces se sustituye el azúcar por algún edulcorante, como el sorbitol (frecuente en los chicles sin azúcar), la sacarina o el aspartamo.

Precisamente en esa sustitución es donde reside uno de los problemas de los alimentos «light», porque la grasa o el azúcar de los productos hay que sustituirlos por otras cosas, en este caso, normalmente aditivos.

Algunos expertos «salvan» tres excepciones: la mayonesa, las gaseosas y la leche. Por ejemplo, 15 g de mayonesa normal tiene 108 kcal, y sólo 48 kcal en el caso de la mayonesa ligera. 35 cl de gaseosa tiene 150 kcal, mientras que su equivalente «light» presenta tan sólo 2 kcal. Y mientras un vaso de leche entera tiene 116 kcal; un vaso de leche desnatada, tiene 66 kcal.

Pero en líneas generales y en condiciones normales, los productos ligeros no son recomendables para los niños y adolescentes. No olvides que tu hijo está en pleno proceso de crecimiento, su cuerpo está formándose a través de los tejidos.

Y para los tejidos, como ya hemos visto, todos los nutrientes son importantes. Si le reduces una parte importante de los nutrientes, su crecimiento puede ser ligeramente defectuoso. Además, los niños y adolescentes necesitan más calorías que los adultos.

En su lugar, procura que tu hijo consuma alimentos frescos y ricos en fibra. Puede comer una cantidad razonablemente alta sin demasiadas calorías, porque pronto tendrá la sensación de saciedad.

Algunos consejos para aligerar los platos sin que pierdan sabor

- **Suaviza los dulces.** Por regla general, los postres caseros son más saludables que los que se pueden encontrar en las tiendas o en los supermercados. Si te animas a elaborar un postre, puedes reducir a la mitad la cantidad de azúcar que indica la receta y lo mismo puedes hacer con las dosis de mantequilla, margarina o aceite. En cuanto a los postres fríos y cremosos, se pueden elaborar helados de yogur bajos en grasas y calorías.
- **Si tienes antojo de tomar algo dulce, apúntate a la fruta.** Como hemos visto, aporta nutrientes y fibra (que mejora la actividad intestinal y aumenta la sensación de saciedad).
- **Siguiendo con lo dulce:** no está de más utilizar edulcorantes naturales, como canela, menta, vainilla o esencia de almendras si quieres hacer algún pastel casero. También así reducirás el azúcar.
- **Aligera las salsas.** Muchas de las salsas que normalmente utilizas para condimentar tus platos pueden rebajar su aporte calórico si las diluyes con yogur o zumo de limón. Puedes también sustituir la nata por yogur desnatado y la leche entera por desnatada o de soja. También es conveniente desengrasar los caldos que se van a utilizar en la salsa enfriándolos en la nevera y retirando la capa de grasa que se forma en su superficie.
- **Adereza con moderación.** Un consejo para no pasarse con el aceite a la hora de aderezar una ensalada: utiliza dos cucharadas de aceite o de mayonesa por cada persona que se siente en la mesa.

Anexo III
Algunas creencias falsas sobre la alimentación

Seguro que en alguna ocasión habrás oído que el pan engorda, que la leche desnatada alimenta menos que la entera o incluso que los huevos no son buenos para el hígado. Pero ninguna de estas afirmaciones tiene base científica alguna, así que recuerda siempre que no hay alimentos malos. Lo malo es abusar de algunos de ellos o prescindir absolutamente de otros.

A continuación te presentamos algunas de las creencias falsas sobre los alimentos y sus cualidades.

- **Las patatas engordan.** La patata tiene casi un 80 % de agua y es un alimento rico en hidratos de carbono. Desde el punto de vista energético no se puede decir que tenga muchas calorías, pues 100 g de patata sólo aportan 85 kcal. Las patatas cocidas o asadas aportan menos calorías que un filete de ternera o de pescado.
El *problema* de las patatas es que frecuentemente van acompañadas de grasas o de salsas ricas en grasas: patatas fritas con ketchup, mayonesa, crema de queso, etc.

- **La leche desnatada no alimenta**. La leche desnatada aporta la misma cantidad de calcio, proteínas e hidratos que la leche entera. Tiene, eso sí, menos grasa (lo que repercute directamente en la palatabilidad, es decir, el sabor y la textura). Pero es la única diferencia entre ellas. Un vaso de leche desnatada tiene 33 kcal, por 66 kcal de uno de leche entera.

- **El pan blanco engorda.** Es otra creencia falsa, porque aproximadamente el 33 % del pan es simplemente agua, lo cual le convierte en un alimento poco calórico. Normalmente, 100 g de pan blanco tiene 230 kcal. Pero el error es identificar el pan con los alimentos que le acompañan. No es el pan el que engorda, sino los alimentos que consumimos junto a él: embutidos (en bocadillos), grasas, salsas, mantequilla. Tostar el pan tampoco significa que vaya a tener menos calorías, porque sólo se elimina una parte del agua que contiene.
De la misma manera, tampoco se puede afirmar que el pan integral adelgace, porque aporta la misma cantidad de calorías que el pan blanco. Lo que ocurre es que aporta más cantidad de fibra, lo que produce más sensación de saciedad.

- **La margarina es mejor que la mantequilla.** Se trata de una idea muy extendida. Pero ambas tienen prácticamente las mismas calorías, lo único que cambia es la procedencia de la grasa. Las margarinas suelen estar formadas por grasas vegetales: para convertir un aceite vegetal en una grasa para untar, los fabricantes lo someten a un proceso de hidrogenación, lo que da lugar a las grasas transgénicas, tan perjudiciales como hemos visto en capítulos anteriores.

- **Los huevos son malos para el hígado.** Es otra creencia falsa y sin argumentación posible. Los huevos se digieren sin problemas, y es la manera de cocinarlos (fritos, con mayonesa, etc.) lo que puede ocasionalmente convertirlos en indigestos.
Las grasas de la yema del huevo son colecistoquinéticas, es decir, estimulan la secreción de la vesícula biliar y provocan su contracción más fácilmente que otras grasas, algo que no es en absoluto inconveniente salvo si se tiene algún cálculo biliar.

ANEXO III. ALGUNAS CREENCIAS FALSAS SOBRE LA ALIMENTACIÓN

- **El yogur natural es mejor que el de sabor a frutas.** También es falso, ya que deja implícito que el yogur de sabores es malo, y no es cierto. La única diferencia entre ambos está en la presencia de aromas y azúcar.

- **El café mejora el rendimiento.** Aunque la cafeína estimula, también hace disminuir los reflejos. Tomado en exceso puede provocar dolor de cabeza, náuseas y taquicardia. Además, puede dificultar el sueño.

- **La piña adelgaza.** Esta fruta contiene un fermento, la bromelina, que mejora la digestión de las proteínas. Pero también tiene una importante cantidad de azúcar (12 %), así que no se debe abusar de ella.

- **La carne alimenta más que el pescado.** Esta idea parece derivar del hecho de que los pescados se asimilan mejor que las carnes. Esto es debido a su pobreza en tejido conjuntivo (lo cual provoca que tras su ingesta, nos sintamos más ligeros. Eso ha dado lugar a la idea, errónea, de que los pescados alimentan menos que las carnes.

- **Los hidratos y las proteínas no se pueden combinar en la misma comida.** Existen numerosos mitos sobre la supuesta incompatibilidad de los distintos grupos de alimentos, pero ninguno tiene fundamento científico alguno. Prácticamente todos los alimentos son una mezcla de hidratos de carbono, proteínas y grasas, por lo que no resulta lógico separar unos alimentos de otros cuando su propia composición es una mezcla compleja. El aparato digestivo del hombre está preparado para realizar la digestión de la más variada mezcla de alimentos. Sólo en determinadas circunstancias (por ejemplo, en caso de resistencia a la insulina), puede resultar más eficaz disociar el aporte de nutrientes en determinados momentos del día.

- **El aceite de oliva contiene más grasas que el aceite de semillas.** En realidad, todo los aceites contienen la misma cantidad de grasa (99 %) y aportan 9 kcal/g. Por lo tanto, el aceite de oliva no hace engordar más que el aceite de semillas. En todo caso al revés, ya que al ser más sabroso y viscoso, se puede usar en menor cantidad.

- **La fruta al final de la comida engorda.** Los alimentos no engordan porque se tomen en un determinado orden. Lo que sí puede ocurrir en el caso de la fruta es que si se toma antes de la comida produzca sensación de saciedad debido a su elevado contenido en fibra, por lo tanto se consuma menos cantidad en los siguientes platos.

- **La carne roja es más nutritiva que la blanca.** Tampoco existe ningún argumento científico que sustente esta afirmación. El color de las carnes (algo que depende del pigmento de los músculos) no influye en su aporte de proteínas, vitaminas y grasas.

- **Los vegetales crudos son mejores.** Algunas legumbres contienen sustancias tóxicas naturales que pueden producir náuseas y diarrea si no se cocinan convenientemente. Si se hierven durante veinte minutos, sus toxinas se vuelven inofensivas, y así se consigue que este nutritivo alimento sea completamente sano. Otras variedades de judía, como el fríjol blanco de manteca y la judía blanca, pueden resultar peligrosas si se comen crudas, ya que contienen cianuro, pero también son totalmente inocuas si están cocinadas. También las patatas son algo indigestas cuando se ingieren crudas y otras verduras, como el brécol, pierden algo de su acidez natural con un hervor. Cuando se cocinan las zanahorias y los tomates liberan unas sustancias denominadas carotenoides y licopenos que el organismo absorbe mejor que cuando estos alimentos se consumen crudos.

- **El chicle ayuda a controlar el peso.** Otro mito. Lo único que hace el chicle es desgastar el esmalte dental y provocar un efecto rebote de aumento de apetito, al estimular las terminaciones nerviosas que se encuentran en la cavidad bucal.

- **El sobrepeso se debe a un metabolismo lento.** La obesidad se produce por ingerir más calorías de las que se gastan. Normalmente, no se debe a ninguna causa orgánica, sino al hecho de llevar muchos años comiendo demasiado y haciendo poco ejercicio. Pero los factores como la depresión y la ansiedad leve, los errores dietéticos adquiridos en la infancia o el abandono de la práctica regular de ejercicios ayudan a que aparezca. No se engorda por padecer un metabolismo lento: cuando el metabolismo de una persona está disminuido, se debe a alguna dolencia como el hipertiroidismo o la hiperfunción de las glándulas suprarrenales, en los que además de la obesidad se observan otros síntomas.

Anexo IV
Cuando los alimentos nos mejoran la vida

¿Es imposible que tu hijo se siente a comer espinacas? ¿No logras convencerle de lo bien que le puede sentar una naranja? ¿Se pone a gritar cuando le sirves un plato con pepinos o zanahorias?

Tranquila, es normal. Como hemos visto a lo largo de todo el libro, tan sólo se trata de tener un poco de paciencia. Pero quizá a tu hijo le gustará saber que la zanahoria previene contra la tos y mejora la vista, por ejemplo, o que el perejil es un buen alimento para prevenir los dolores de cabeza. Conocer los beneficios de los alimentos puede ser una buena manera para que tu hijo los vea con buenos ojos y se los coma con más alegría. Algunos alimentos ayudan incluso a aliviar los síntomas de alguna enfermedad.

- El **arroz**, además de ser un alimento rico en fibra, previene la diarrea.
- La **berenjena** previene las úlceras y las fracturas, así como las fisuras de los huesos.
- Las semillas de la **calabaza** favorecen la eliminación de parásitos.

- Las **castañas** fortalecen los músculos y previenen contra los dolores lumbares. Además, es un buen alimento para los niños que sangran con frecuencia por la nariz.
- Las **espinacas** son una excelente fuente de hierro y previenen contra el estreñimiento.
- Comer **higos** es una buena manera de prevenir el dolor de garganta y la ronquera. El higo ayuda a limpiar el intestino.
- La **carne de pavo**, baja en grasa, es rica en tirosina, un aminoácido que eleva la concentración de dopamina y noradrenalina, hormonas que trabajan a nivel del cerebro, lo que a su vez aumenta la motivación y aviva los reflejos e incrementa la resistencia del cuerpo al estrés.
- El **tomate** previene la aparición de diversos tipos de cáncer, especialmente el de próstata, pulmón y estómago. Reduce el colesterol y elimina el ácido úrico.
- La **mandarina** previene los vómitos. Su piel seca y cocida se usa para tratar algunos episodios de náuseas.
- La **naranja** es un gran remedio contra el nerviosismo, el mal humor y la depresión. Una carencia de vitamina C (la cual se encuentra en las naranjas) puede provocar cansancio e irritabilidad. Esta fruta incluye diferentes sustancias que contribuyen a mejorar el buen estado del organismo: calcio, fósforo, hierro, magnesio, potasa, sosa y, por supuesto, vitaminas. El calcio facilita el desarrollo de los huesos de los niños, y el fósforo es sumamente necesario en casos de estrés, personas nerviosas y en las intoxicaciones. El hierro ayuda a la hemoglobinización de la sangre y a prevenir la anemia. El magnesio combate el estreñimiento, la potasa actúa como depurativo y disuelve las grasas, y la sosa estimula el jugo pancreático y activa el proceso digestivo gastroduodenal y, junto con el ácido cítrico, disuelve el ácido úrico.
- Las **nueces** constituyen una buena fuente de energía y son recetadas para prevenir la debilidad y el cansancio.
- Algunas de las enfermedades que suelen afectar a los niños (viruela, varicela, escarlatina, sarampión) se combaten con la ayuda de las **uvas**. La pulpa y el zumo de la uva es uno de los mejores elementos antitumorales, por tener

ANEXO IV. CUANDO LOS ALIMENTOS NOS MEJORAN LA VIDA

un alto poder alcalógeno y restar acidez a la sangre. Estimula la secreción de orina y es laxante.

- El **melocotón** es muy apropiado en caso de anemia y también en los estados de convalecencia.
- La **cebolla** es eficaz contra la diabetes, el estreñimiento y la diarrea, y es muy buena para los riñones. Contiene compuestos azufrados que previenen la acumulación de grasa en las arterias. Mejora la circulación de la sangre.
- La **lechuga** combate la acidez de la sangre y beneficia el sistema nervioso. También favorece la digestión, estimula la formación de bilis, es refrescante, rejuvenecedora, favorece la formación de orina e impide las fermentaciones intestinales. Es útil para solucionar los problemas para dormir porque favorece el sueño.
- El **pepino** ayuda a curar las quemaduras (hidrata la piel), y también es un alimento muy conveniente para combatir los forúnculos y los ojos rojos y doloridos.
- El **rábano** ayuda a eliminar la mucosidad nasal y el sangrado de la nariz, y algunos expertos se lo recomiendan a los enfermos de asma.
- El **mango**, es muy rico en vitaminas A y C y en hierro, así que puede ser un buen aliado contra la anemia. Tiene propiedades diuréticas y laxantes, y es (como la mayoría de las frutas) un excelente antioxidante.
- La **zanahoria** mejora la vista y previene la diarrea, la varicela y la tos. Además, es diurética, y debido a su alto contenido en fósforo es excelente como vigorizante para una mente cansada y como restauradora de los nervios. Tomar de vez en cuando una zanahoria cruda es una excelente manera de combatir la anemia. La zanahoria, además, tiene falcarinol, una toxina natural que ayuda en la prevención del cáncer.
- El **plátano** reduce la ansiedad y mejora el sueño. Ayuda a equilibrar los neurotransmisores cerebrales. Sus azúcares son de asimilación rápida.
- El **melón** es un excelente depurativo y rehidratante gracias a su alto contenido en calcio, magnesio, vitamina C y betacaroteno.
- El **hígado de ternera, la col, la coliflor, los huevos y las lentejas** son alimentos ricos en colina, una sustancia que las células del cerebro necesitan para funcionar. Cuando llega al cerebro, la colina se transforma en acetilcolina,

un neurotransmisor responsable de enviar información desde una célula cerebral hacia la siguiente, por eso todos ellos son alimentos muy recomendados para la memoria y la concentración, especialmente indicados en épocas de exámenes.
- No olvides el dicho inglés de que 'una **manzana** al día mantiene alejado al médico' («An apple a day keep the doctor away»). Es rica en vitamina C y en fibra soluble. Es recomendable consumir manzanas cuando el niño es muy propenso a estar resfriado, sobre todo en invierno, porque esta fruta fortalece las defensas contra cualquier infección. Además, aumenta el rendimiento de las células inmunitarias debido a la combinación de las acciones de sus componentes.
- El **kiwi** elimina el exceso de sodio (sal) en el cuerpo y es una extraordinaria fuente de enzimas digestivas, por eso es una fruta muy recomendada en caso de trastornos estomacales como la diarrea.
- El **salmón** es bueno para el correcto funcionamiento hormonal y también para la piel, el sistema inmunológico, los huesos y los dientes.
- La pulpa del **aguacate** contiene gran cantidad de ácidos grasos moninsaturados, muy apropiados para el control de colesterol y aporta vitamina B, que protege el músculo cardíaco y previene contra la anemia.
- Los **garbanzos**, ricos en ácido fólico, son beneficiosos para el buen funcionamiento de los riñones.
- Los **berros** son diuréticos (rompen las piedras de los riñones y de la vesícula biliar. Es uno de los mejores alimentos que existen para depurar la sangre. Además, estimula el tiroides.
- Las **frambuesas** ayudan a expulsar la mucosidad y las toxinas. Son excelentes para la buena salud reproductiva de la mujer (alivian también los calambres menstruales).
- La **papaya** ayuda a digerir otros alimentos. Es antiparásita y anticancerígena. Alivia la inflamación intestinal y el exceso de gases.
- El **rábano** ayuda a curar el dolor de garganta. Es expectorante, es decir, ayuda a disolver el exceso de moco. También ayuda a segregar los jugos gástricos.
- El **boniato** es un alimento muy nutritivo, muy indicado contra las úlceras y la mala circulación. También es desintoxicante.

- Los **arándanos** son ligeramente laxantes, depuran la sangre, mejoran la circulación y son antioxidantes, como la gran mayoría de las frutas.
- El **perejil** refresca el aliento, es depurativo y tónico. Ayuda a eliminar las piedras de los riñones.
- El **pimiento** normaliza la presión sanguínea, mejora el sistema circulatorio y estimula la secreción de saliva y de jugos gástricos.
- Las **cerezas** alivian los dolores de cabeza y su zumo ayuda a combatir la gota.
- Los **champiñones** ayudan a reducir el colesterol y a que el cuerpo mantenga sus reservas inmunológicas.
- Los **guisantes**, ricos en minerales y vitamina B, tonifican el estómago y ayudan a que el hígado funcione bien.
- El **limón** es un potente antiséptico, es decir, impide el desarrollo de microorganismos o microbios. Por eso es un excelente alimento contra los resfriados (es rico en potasio y, sobre todo, en vitamina C), la tos y el dolor de garganta. Ayuda a disolver los cálculos biliares y también tiene propiedades anticancerígenas.

Anexo V
Los gobiernos se ponen manos a la obra

El gobierno británico se plantea la posibilidad de gravar especialmente la comida basura. En Estados Unidos, el gobernador de California, Arnold Schwarzenegger, quiere sustituir todos los «snacks», chocolatinas y refrescos de las máquinas expendedoras por frutas, verduras y leche. La Unión Europea estudia la viabilidad de prohibir los anuncios de comida basura dirigidos a niños.

Son sólo algunos ejemplos. Ya ves que el problema de la obesidad infantil no es algo virtual, ni siquiera una amenaza a medio plazo, sino casi una epidemia mundial, como ya has visto en la introducción de este libro.

En Estados Unidos, uno de los países con mayores índices de obesidad entre niños y adolescentes, la lucha contra esta nueva plaga recuerda a la que se inició hace ya varios años en contra del tabaco. El Congreso ya solicitó la elaboración del informe «Preventing Childhood Obesity: Health in the Balance» (Prevenir la obesidad infantil: la salud está en juego), para poner en marcha un plan nacional de prevención contra la obesidad.

El informe parte de la base de que ningún sector (padres, colegios, industria alimentaria, etc) tiene la culpa del problema, y tampoco ningún sector es capaz de solucionarlo por sí solo.

Se recomienda que los fabricantes cambien sus prácticas de empaquetamiento y publicidad, y a los consumidores, que se informen mejor antes de consumir algunos productos.

El último en sumarse a la batalla contra la obesidad infantil es Arnold Schwarzenegger, exactor y actual gobernador de California, uno de los estados más poblados de la unión. «En California incluiremos una ley que prohibirá la venta de comida basura en las escuelas», ha anunciado ya. Quizá obligado por la alarma creada en algunos niños, Schwarzenegger matizó poco después. Más que prohibir, quiere concienciar a la población de los beneficios de una dieta sana, mejorar los tentempiés, intentar sustituir los productos de bollería industrial por leche y fruta, etc.

Las autoridades escolares de Los Ángeles ya han decidido prohibir las bebidas gaseosas azucaradas en las dispensadoras de comida de los centros docentes como medida para atajar el problema. En otros estados americanos, como por ejemplo Texas, han eliminado directamente las máquinas con chocolatinas, aperitivos de patata y bollería.

El parlamento francés ya ha aprobado una ley que prohíbe en los colegios la instalación de máquinas expendedoras de bebidas gaseosas y golosinas. Todos los envoltorios y mensajes publicitarios de comida basura deberán informar de que el producto puede ser dañino para la salud. Si el fabricante incumple esta norma, se verá obligado a pagar una multa equivalente al 1,5 % de sus gastos publicitarios. Además, las tasas impuestas a los refrescos que se venden mezclados con alcohol se han duplicado. En Francia, el número de niños obesos ha crecido un 17 % en los últimos veinte años.

También el gobierno británico se ha puesto manos a la obra. En el Reino Unido se restringirán los anuncios de comida basura, patatas fritas, bebidas azucaradas, chocolatinas e incluso cereales y sopas demasiado saladas durante el horario televisivo infantil (de seis a nueve de la tarde). Los fabricantes deberán informar del valor nutricional de sus productos a través de un sistema tipo semáforo que indicará hasta qué punto las sustancias del producto pueden favorecer la obesidad.

Un comité de asesores del primer ministro estudia, además, la posibilidad de gravar con un 17 % de IVA los «alimentos basura». Los expertos saben que sería una medida ciertamente impopular, pero la consideran necesaria como toque de atención a la población.

También se promoverán desde las instituciones públicas los beneficios del ejercicio físico, se incitará a los ciudadanos a hacer deporte y se introducirán en las escuelas enseñanzas sobre la mejor manera de llevar una vida sana.

El gobierno británico incluso ha puesto en marcha una investigación oficial sobre la dieta Atkins (recuerda: la que suprime totalmente los hidratos de carbono) para intentar entender los elevados índices de obesidad en el país. En la población total del Reino Unido (niños y adultos), la obesidad ha crecido un ¡400 %! en los últimos 25 años.

Según las autoridades sanitarias del país, si no se pone remedio y se logran cambiar los hábitos de alimentación de los jóvenes, un tercio de los adultos británicos serán obesos en el año 2020.

¿Y en España? El Ministerio de Sanidad ha tomado conciencia del problema y ya prepara una campaña para rebajar los alarmantes índices de niños y adolescentes obesos o con sobrepeso. Junto con ocho grupos de trabajo y más de ochenta organizaciones de diversos ámbitos (asociaciones, patronales, expertos) el ministerio ha elaborado la Estrategia para la Nutrición, Actividad Física y Prevención de la Obesidad (NAOS), coordinado por la Agencia Española de Seguridad Alimentaria y apoyado por la Organización Mundial de la Salud, que seguirá de cerca su aplicación para estudiar su exportación a otros países.

El documento va especialmente dirigido a los niños y adolescentes, con la intención de mejorar sus hábitos alimenticios. Pretende reducir las grasas, los azúcares y la sal de la mayoría de los alimentos.

Entre sus directrices destacan las siguientes:

- Se firmará un real decreto sobre equipamiento e instalaciones de los comedores escolares para garantizar la adecuada conservación de los alimentos. Se favorecerá la supervisión de las asociaciones de padres y del consejo escolar. Ellos serán los encargados de vigilar que las empresas que elaboran las comidas para los colegios cumplan con las normas de reducir el contenido en sal y suministrar las raciones recomendadas de frutas y verduras. Los cole-

gios deberán informar diariamente a los padres sobre los alimentos que consume su hijo.
- En el ámbito académico, la nutrición ganará peso. Algunos temas se incluirán en asignaturas como la educación para la ciudadanía o la ética, y otros, en actividades extraescolares, para enseñar a los chavales a comprar, preparar y cocinar alimentos de todo tipo. En los cursos de formación del profesorado se añadirán materiales didácticos y orientaciones sobre alimentación y nutrición y su incidencia sobre la salud.
- La sal del pan pasará, en cuatro años, del 2,2 % actual al 1,8 %. Se pretende reducir el sodio en los alimentos que más lo aportan hasta un 10 % en los próximos cinco años.
- Las grasas saturadas en alimentos para menores de doce años se sustituirán por insaturadas.
- Las máquinas expendedoras de refrescos y bollería industrial no podrán instalarse en lugares de fácil acceso para los alumnos de enseñanza infantil y primaria. Estas máquinas no llevarán publicidad e incluirán productos que favorezcan una dieta más saludable.
- Las etiquetas de los productos incluirán más información nutricional.
- La publicidad de los alimentos para niños se regulará a través de un «código de autorregulación en publicidad y márketing». Se controlarán las franjas de emisión y el modo de presentación de los productos. Los fabricantes se deberán comprometer a ir eliminando poco a poco la publicidad que incite al consumo de los productos con más grasa.
- También los restaurantes y supermercados deberán poner su granito de arena. Los restaurantes informarán a sus clientes sobre los valores nutricionales de sus menús y deberán fomentar el consumo de frutas y verduras. Por su parte, los supermercados se comprometen a difundir la estrategia para la prevención de la obesidad.
- El Ministerio de Sanidad editará un manual de información, «La alimentación de tus hijos», destinado a los padres que también se podrá leer en Internet; en una página que llevará por título genérico «Embárcate en la NAOS».
- La NAOS también llegará al ámbito sanitario. Se animará a los médicos de atención primaria a que informen a sus pacientes sobre los beneficios de una

dieta equilibrada. Se realizarán, asimismo, campañas periódicas de detección precoz a través del IMC y se promocionará la lactancia materna.
- También se pondrá en marcha un Observatorio de la Obesidad. Analizará la prevalencia de la obesidad en la población española (especialmente en la infantil y juvenil), y medirá los progresos obtenidos en la prevención de la obesidad. El Observatorio estará compuesto por representantes del Ministerio de Sanidad, las comunidades autónomas, ayuntamientos, sociedades científicas, fundaciones y asociaciones, empresas de alimentación y organizaciones de consumidores.
- El programa NAOS también tendrá en cuenta la importancia de la actividad física. Teniendo en cuenta que es algo que no puede imponerse, se crearán campañas para fomentar el ejercicio con deportistas y personajes famosos.
- El Ministerio de Sanidad se compromete a llegar a acuerdos con las empresas de ocio y entretenimiento infantil para que fomenten una imagen positiva de estilos de vida saludables a través de sus personajes principales (presentadores, personajes de dibujos animados, etc).

En este sentido, también se invitará a cocineros famosos a que divulguen a través de sus programas de radio o televisión la calidad gastronómica de sus recetas, su aporte calórico y su valor nutritivo.

Según los expertos del Ministerio de Sanidad encargados de informar sobre la NAOS, la solución para reducir la prevalencia de la obesidad infantil «pasa por efectuar intervenciones en distintos ámbitos para lograr cambios en nuestra alimentación y en nuestra actitud en el tiempo de ocio».

«Los objetivos principales que se van a desarrollar a través de la Estrategia NAOS son fomentar políticas y planes de acción destinados a mejorar los hábitos alimentarios y a aumentar la actividad física entre la población, a la vez que sensibilizar del impacto positivo que estas prácticas tienen para su salud; colaborar con las empresas del sector alimentario para promover la producción y distribución de productos que contribuyan a una alimentación más sana y equilibrada; y sensibilizar a los profesionales del Sistema Nacional de Salud para impulsar la detección sistemática de la obesidad y el sobrepeso, y adoptar una actitud preactiva en su prevención», resume el Ministerio de Sanidad.

Anexo VI
A modo de decálogo

A continuación te presentamos diez puntos básicos que van dirigidos, sobre todo, a tu hijo. Procura que le eche un vistazo, porque quizá le ayude a comprender un poco mejor que comer bien es comer variado, de manera equilibrada y sana.

- **En la variedad está el gusto.** Consumir muchos alimentos variados cada día es la mejor receta para prevenir la obesidad y también para gozar de una buena salud. En general, necesitas alrededor de 40 vitaminas y minerales diferentes para que tu organismo funcione a la perfección, y recuerda que no hay ningún alimento que por sí sólo te los proporcione.

- **Disfruta de la comida.** Comer es un placer, y puedes hacerlo de forma sana y equilibrada sin que por ello se convierta en algo aburrido o insípido. Prueba nuevos sabores: existen frutas tropicales que probablemente no conozcas y que te sorprenderán, verduras con buen sabor, etc. Procura comer con tu familia o amigos, disfrutarás más de la comida.

- **Échale un vistazo a la pirámide alimenticia.** En ella, como habrás visto, la base está formada por los hidratos de carbono. Este tipo de alimentos (pasta, pan, arroz, cereales, algunas frutas y verduras) te aportan energía, vitaminas y minerales. Intenta que en cada comida aparezca alguno de estos elementos, porque la mitad de las calorías que ingieras debería proceder de los carbohidratos.

- **Los tentempiés son saludables.** Habrás oído decir muchas veces que «picar entre horas engorda». Pero picar entre horas engorda sólo si consumes alimentos demasiado ricos en grasas o azucarados. La realidad es que picar entre comidas es necesario par el cuerpo, sobre todo si estás creciendo. Procura escoger tentempiés variados y frescos como frutas, sándwiches, frutos secos, etc., e intenta reducir el consumo de chocolates, tartas o bollería industrial, porque no son alimentos malos en sí mismos (¡no pasa nada si alguna vez caes en la tentación!), pero tampoco son muy recomendables por su alto contenido en grasas hidrogenadas y en azúcar.

- **Bebe agua.** No es que el agua adelgace, pero es la mejor manera de que mantengas tu cuerpo a tono e hidratado (recuerda que el 70 % del organismo humano está formado por agua). Procura beber por lo menos un litro y medio de agua cada día.

- **Recarga las pilas por la mañana con un buen desayuno.** El desayuno es una comida mucho más importante de lo que imaginas. Recuerda que tu cuerpo necesita energía después de dormir y para afrontar un día lleno de actividades. Intenta que tu desayuno sea variado: prueba a tomar fruta, cereales, leche y pan. Verás cómo tu cuerpo no tarda en responder favorablemente. Tendrás más fuerza y energía, y menos sensación de hambre a media mañana. Si no desayunas bien, en cambio, es probable que no rindas en el colegio o en las actividades físicas.

- **Las frutas y las verduras son muy saludables, apúntate a ellas.** Quizá tengas un poco abandonado el consumo de frutas y verduras. Pero debes saber que son alimentos muy saludables: ligeros, energéticos y con pocas calorías. Intenta que tus postres estén formados por algunas piezas de fruta, y recuerda que tienes muchas donde elegir.

- **Grasa, tan sólo la necesaria.** La grasa es un elemento muy necesario en tu dieta, pero conviene que no abuses de los alimentos demasiado grasos, porque aumentará tu nivel de colesterol (la sangre circulará con dificultad por tus venas y arterias, como si hubiese un atasco en la autopista) y tu corazón puede resentirse. Los pasteles, los bollos, las carnes grasas, las salchichas, las patatas fritas, tienen mucha grasa, así que si un día los consumes, procura que ese mismo día, por ejemplo, la cena esté formada por alimentos frescos.

- **Muévete.** Es perfectamente normal que te guste jugar a la videoconsola con tus amigos o navegar por Internet en tus ratos de ocio. Pero el ejercicio físico es importante para tu salud, y también para quemar las calorías que sobran. El deporte es entretenido, y pronto comprobarás que te encuentras más relajado, menos pesado, si te mueves con cierta frecuencia. Piensa en tus deportistas preferidos, busca el deporte que más te guste, acércate hasta el polideportivo de tu barrio o investiga las rutas ciclistas de tu comarca. Comenta tu intención de hacer un poco más de deporte con tus amigos, verás cómo hacer ejercicio en compañía puede ser más gratificante y divertido que hacerlo solo. ¡Y, sobre todo, no te dejes vencer por la pereza!

- **Vigila la comida basura y las golosinas**. Nadie te obligará a que te olvides de ir de vez en cuando a tu hamburguesería preferida o a que pidas una pizza por teléfono. Pero tienes que tener siempre presente que no puedes abusar de este tipo de alimentación, porque estarás consumiendo muchísimas más calorías de las que necesitas. Descubre, con la ayuda de tus padres y amigos otro tipo de alimentos que quizá no conozcas: prueba algún pescado nuevo, alguna variedad de queso, frutos secos, etc. Mejorará notablemente tu salud y aprenderás nuevas cosas sobre alimentación y cultura.

- **... Y las Diez reglas de oro.** (ver pág. 243).

Anexo VII
Peso equilibrado con una alimentación vegetariana

Las virtudes de la alimentación vegetariana en relación con la salud, y muy especialmente en caso de problemas de estreñimiento, sobrepeso y obesidad, son bien conocidas por los especialistas, aunque no tanto para el gran público. Sin embargo, de vez en cuando reaparece la vieja polémica acerca de si este tipo de alimentación proporciona o no los suficientes nutrientes a los niños. Sobre todo en determinadas edades o etapas del crecimiento, por ejemplo durante la adolescencia.

En realidad, la dieta vegetariana suele ir asociada a toda una filosofía de vida conocida con el nombre de «naturismo». Sus practicantes ponen énfasis no sólo en un tipo de alimentación sin carne, sino también en el fortalecimiento de las defensas naturales del organismo y en el tratamiento de enfermedades recurriendo a los medicamentos convencionales lo menos posible. En su lugar se emplean métodos naturales tradicionales, que son de probada eficacia pero poco divulgados porque no resultan rentables económicamente a la industria farmacéutica.

En la alimentación naturista se prefieren los alimentos ecológicos de alta calidad siempre que sea posible, es decir, los que se conocen como «orgánicos» (EE UU) o biológicos (Francia). Algunos países (Centroeuropa sobre todo) han dado un paso más con la agricultura biodinámica. Además, al preferir «slow food» (comida elaborada con el tiempo necesario) en vez de «fast food» («comida rápida», conocida también como «comida basura») el metabolismo en general trabaja mejor. Y poco a poco el paladar reconocerá determinados alimentos (chuches, patatas fritas, grasas nocivas, etc.) como nefastos, en beneficio de los jugosos sabores naturales de las frutas o el pan de alta calidad.

En los últimos años, en Norteamérica especialmente, se han llevado cabo una serie de estudios destinados a esclarecer de forma definitiva las posibilidades reales de una alimentación exenta de carnes de origen animal. Los resultados han sido abrumadoramente favorables en pro de una dieta vegetariana desde todos los puntos de vista: sólo ha aparecido en los vegetarianos estrictos (los que no consumen lácteos ni huevos), déficit en vitamina B12 y vitamina D, que de todas formas se pueden obtener tomando huevos o suplementación de vez en cuando. En el resto de variables, la cuestión ha quedado zanjada (ver más información en la bibliografía, al final de este libro), reconociéndose la viabilidad de una alimentación equilibrada sin necesidad de carne de origen animal.

Así pues, los niños que siguen dietas vegetarianas no sólo crecen saludables y bien alimentados como los que siguen una dieta tradicional (que suele incluir, por cierto, productos refinados y numerosos bollitos y golosinas repletos de colorantes, aromatizantes, conservantes y azúcar), sino que lo hacen de manera más sana, equilibrada y preventiva, pues determinadas enfermedades de la vejez, como la osteoporosis, se empiezan a prevenir ya a una temprana edad.

Uno de los mayores problemas radica en cómo organizar nuestros hábitos y costumbres cotidianas y cómo dar a nuestros hijos su lugar en ellas. En las ciudades de los países desarrollados, debido al actual ritmo de vida, una gran mayoría de niños come en la escuela al mediodía, con lo que se les educa dentro de los esquemas de una alimentación convencional, con una elevada permisividad ante toda una serie de flagrantes errores dietéticos.

Un médico célebre

Antes de su muerte en marzo de 1994, el que fue el pediatra favorito de EEUU, el doctor Benjamin Spock, revisó la séptima edición de su libro *El cuidado del bebé y del niño*, cuyas ventas sólo han sido superadas por la Biblia. Entre sus últimos consejos, escribió: «criad a los niños con una dieta vegetariana sin productos lácteos después de cumplir los dos años». Spock se había recuperado de una bronquitis crónica a los 88 años, después de adoptar una dieta vegetariana. Y se dio cuenta de que si los niños hacían lo mismo serían menos propensos a desarrollar problemas de peso y enfermedades relacionadas con el actual estilo de vida: trastornos cardíacos, diabetes y enfermedades degenerativas.

En nuestra opinión, sin ser tan tajantes con respecto a los lácteos (un buen yogur natural casero, endulzado con miel, puede ser interesante de vez en cuando), sí que vale la pena reducirlos de forma notable. Pueden sustituirse por «leche» vegetal (licuados vegetales de soja, arroz, almendras o avena) que es muy nutritiva, es mucho más fácil de asimilar y reduce los procesos de fermentación. En cuanto a la carne, es fácil encontrar en el mercado toda clase de productos y sabores, desde una carne vegetal obtenida del seitán de trigo, hasta hamburguesas y salchichas vegetales elaboradas a partir del queso de soja («tofu») junto a hortalizas y otras legumbres. Pero sigamos con las enseñanzas finales del Dr. Spock: «La investigación nos enseña claramente que verduras, cereales, legumbres y frutas –escribió– proveen de los nutrientes que los niños necesitan para crecer, evitando el colesterol y la grasa animal, que puede causar numerosos problemas. A mis hermanos y a mí no nos dieron carne roja hasta los doce años, y estamos todos sanos. Deberíamos haber seguido sin comer carne en la adolescencia y la madurez».

A los vegetarianos estas palabras no les sorprenden en absoluto. Al fin y al cabo, desde hace tiempo se conocen los beneficios de llevar un estilo de vida que no incluya el consumo de carne. Numerosos estudios han demostrado que, en general, los vegetarianos viven más tiempo y presentan menos riesgo de padecer enfermedades crónicas y obesidad.

Spock terminó animando a todos a seguir una dieta vegetariana: «Dar una alimentación vgetariana a los niños es el paso más importante que los padres pueden hacer para salvaguardar la salud de sus hijos, durante mucho tiempo».

Un cuidado especial

Las necesidades nutricionales de los niños son muy diferentes a las de los adultos debido a la fase de crecimiento por la que atraviesan. Durante el primer año de vida, los bebés triplican su peso de nacimiento y aumentan un 50 % su estatura. Desde que dan sus primeros pasos hasta los diez años, crecen casi el doble y aumentan entre 2 y 2,7 kg cada año. Después, en la fase final de la adolescencia, crecen entre 10 y 20 cm y añaden entre 15 y 20 kg de peso. La rapidez y la corrección con que crecen depende, entre otros factores, como su sistema hormonal, de la calidad nutricional: la falta de nutrientes puede ralentizar el crecimiento, mientras que una ingesta de alimentos adecuada garantizará un pleno desarrollo.

Esta ingesta empieza, naturalmente, llevando a cabo una lactancia materna durante el mayor tiempo posible. Está demostrado que los niños que se han alimentado con leche materna poseen un sistema inmunitario y un desarrollo físico general claramente superior al resto si esa lactancia se ha prolongado por lo menos hasta doce meses más.

Cuando los investigadores han hecho el seguimiento de una dieta vegetariana infantil estricta (sin carne, aves, pescado, productos lácteos ni huevos) vigilan también el nivel de proteínas, calorías, hierro, calcio y zinc. La explicación es sencilla: la fibra presente en toda dieta vegetariana hace que los niños se sientan **saciados antes**, con lo que se puede correr el riesgo de no cubrir del todo el aporte necesario de nutrientes. Alguien podrá pensar que, por todo ello, la alimentación vegetariana es complicada, pero en realidad, esa aparente «complicación» es el inicio del camino hacia una maravillosa aventura culinaria.

A los niños les encanta ayudar a sus padres a cocinar. Los pequeños disfrutan arrancando hojas de lechuga para la ensalada y los más mayores sacando las rebanadas de pan de la tostadora. Si los padres conocen bien los nutrientes que más necesitan sus hijos y en qué alimentos los van a encontrar, pueden familiarizar a los niños con los platos que los contienen mientras éstos hacen sus travesuras culinarias. Las comidas elaboradas en compañía y en un ambiente agradable y divertido ayuda a que los pequeños disfruten comiendo lo que han preparado (creándoles buenos hábitos alimenticios) y crezcan mejor.

Dos errores importantes al alimentar a nuestros hijos

Los adultos influimos muy especialmente en la alimentación de los niños. Por eso:

- La **prisa** de los mayores se descarga muchas veces sobre los niños y así ellos, cuyo instinto les guía a **masticar** despacio y ensalivar bien los alimentos hasta dejarlos deshacer en la boca, aprenden a tragar rápidamente lo que tienen en la boca. Esto repercute negativamente en su salud, ya que los alimentos así engullidos son más complicados de digerir.
- Tenemos una marcada tendencia a la **sobrealimentación**, y nos esforzamos en atiborrar a los niños con comida aunque su instinto les señale claramente que no van a asimilarlo.

No conviene escandalizarse ante las **transgresiones** que pueden sufrir (por ejemplo, tomar un «frankfurt» en una fiesta). Tarde o temprano, lo normal será que los niños prueben la carne o el pescado, que no tienen por qué convertirse en un tabú. Mantener una vía de comunicación en confianza es más recomendable que las imposiciones a la hora de conseguir que sigan una u otra dieta.

Algunos alimentos a evitar

- Procurad limitar al máximo el consumo de **azúcar blanco**, así como de aquellos productos que se elaboran con él. El deseo de los niños hacia los alimentos dulces se cubre con frutas maduras, frutos secos, hortalizas dulces o miel de buena calidad.
- Las **grasas** (mantequilla, margarina, aceite, nata...) las emplearemos con moderación. Para cocinar utilizaremos aceites vegetales: oliva, girasol, maíz... a ser posible prensados en frío.
- Los **fritos**, tan gratos a los paladares «comodones», los reduciremos poco a poco hasta que su inclusión en el menú se convierta en una especie de pequeña «fiesta» o «regalo». En su lugar podemos recurrir al **horneado**, tanto si se trata de pizzas como de hamburguesas de tofu, por ejemplo.

- La **sal** se empleará también en pequeñas cantidades. En cambio, podemos usar toda la gama posible de hierbas aromáticas, condimentos y especias que sean agradables a su paladar.
- Evitaremos darles productos que contengan **cacao** mezclado con azúcar blanco, como es el caso del chocolate y las bebidas chocolateadas. El cacao contiene teobromina (compuesto de características similares a la cafeína, aunque no tan potente) y puede convertirse fácilmente en una adicción para el niño. Al ser amargo, el cacao se endulza con azúcar: una fatal combinación dietética.

Algunos criterios nutritivos básicos

Calorías

La dieta vegetariana es pobre en grasas y rica en fibra, lo cual previene ciertas enfermedades en los adultos, pero puede ser deficiente en las calorías que los niños necesitan. Sin el aporte necesario quemarán alimentos para generar energía en lugar de utilizarlos para el crecimiento. Añadir calorías en forma de grasas vegetales e hidratos de carbono ayuda a cubrir sus necesidades calóricas.

Es aconsejable que a partir de los dos años los niños consuman un 30 % de calorías grasas, un 50-55 % de hidratos de carbono y un 10-15 % de las proteínas. Para reducir la fibra «saciante» de los hidratos de cabono, alguna vez puedes dar cereales refinados y zumos de fruta u hortalizas en lugar de ensalada o fruta.

Fuentes: aguacates, frutos secos (y sus «mantequillas»), semillas, aceite (de oliva, de soja). También las mermeladas y productos a base de frutas 100 %. La melaza y los endulzantes como la miel y el sirope de arce son fuentes muy ricas de carbohidratos (los niños menores de un año no deben tomar endulzantes, ya que pueden ocasionarles diarrea).

Proteínas

Los alimentos de origen vegetal, en una dieta bien equilibrada, proporcionan todas las proteínas que necesitan los niños para construir y mantener su estructura corporal. Algunos científicos insisten en que las proteínas de origen vegetal son «incompletas» porque carecen de uno o dos aminoácidos esenciales. Los primeros libros sobre alimentación vegetariana aconsejaban combinar cuidadosamente los alimentos de origen vegetal para que los aminoácidos que faltaban en un alimento se encontraran en otro. Desde entonces, se ha demostrado que la combinación estricta de proteínas no es tan necesaria, especialmente si los niños toman a lo largo del día alimentos que contengan proteínas variadas.

Los niños entre dos y diez años pueden cubrir el aporte necesario de proteínas si desayunan un vaso de leche de vaca (o bien «leche» o licuado de soja) y una taza de cereales (sin azúcar siempre que sea posible), toman frutos secos en la comida y cenan arroz integral combinado con alguna legumbre (lentejas, azukis, soja) o espolvorean germen de trigo sobre su puré de verduras.

Fuentes: alimentos a base de soja (tofu, leche de soja), hamburguesas (de soja, de seitán), judías, cereales (algunos, como la quinoa y la espelta, son muy nutritivos) y frutos secos. La leche materna y las leches infantiles comercializadas también proporcionan las proteínas necesarias.

Vitamina D

Aunque los alimentos de origen vegetal no son una fuente natural de vitamina D, este nutriente se puede conseguir con baños regulares de sol. Unos diez o quince minutos diarios de sol (o al menos dos horas a la semana) pueden activar la vitamina D en la piel, cuyo papel es crucial para formar huesos y dientes fuertes, ya que facilita la absorción del calcio en el intestino.

Fuentes: algunos productos no lácteos (leche de soja y las leches infantiles), los huevos y determinados cereales refuerzan el nivel de vitamina D.

Vitamina B_{12}

Dado que se necesita muy poca cantidad de vitamina B_{12} para la formación celular y el funcionamiento del sistema nervioso central, los vegetarianos **adultos** que no la ingirieran en cantidad suficiente tardarían bastantes años en desarrollar un estado carencial. En cambio, los niños lo pueden desarrollar rápidamente, debido a la fase de crecimiento que atraviesan y a las pocas reservas corporales de que disponen. Los huevos y los alimentos de origen vegetal con suplementos de B_{12} son una buena opción para cubrir tales necesidades.

Fuentes: los huevos, la leche de soja infantil (las madres vegetarianas que dan el pecho deberían asegurar que su dieta recibe el aporte necesario) o los cereales para el desayuno son buenas y suficientes fuentes de vitamina B12. En los envases de los alimentos y en las tablas nutricionales también se encuentra con las palabras cobalamina o cianocobalamina. El kombu, el miso, el tamari, las algas marinas y la espirulina son fuentes pobres en vitamina B12, ya que contienen un elemento inactivo que compite con la verdadera por entrar y ser utilizada en el cuerpo.

Hierro

El papel más conocido del hierro es la formación de hemoglobina, el componente de los glóbulos rojos que transporta el oxígeno de los pulmones a todas las células del cuerpo. Los niños que padecen anemia por falta de hierro (anemia «ferropénica») son irritables, nerviosos, poco activos y tienen poca capacidad de concentración.

La mayoría de los alimentos de origen vegetal contienen hierro, pero la capacidad de absorción de los niños se puede ver beneficiada o dificultada por otros factores. Por un lado, **combinar los alimentos ricos en hierro con la vitamina C** aumenta la absorción del hierro de tres a seis veces. Por el otro, algunas sustancias de los vegetales (oxalatos y fitatos) pueden «secuestrar» el hierro y hacer más difícil su absorción por parte del cuerpo. Las espinacas, el ruibarbo, las acelgas y el chocolate contienen oxalatos. Los cereales integrales crudos, las judías, los guisantes, las nueces y las semillas contienen fitatos. Aumentar la levadura de la masa del pan, poner en remojo las judías y los guisantes, dejar germinar las semillas y tostar los frutos secos son métodos que reducen los fitatos y aumentan la cantidad de hierro disponible.

Fuentes: legumbres, perejil, jengibre, levadura de cerveza, algas marinas (alga iziki), semillas (de sésamo, de girasol), espinacas y diente de león.

Hierro y vitamina C. La vitamina C se encuentra en la fruta fresca, frutos silvestres como los arándanos, brécol, coles de Bruselas, pimientos, col berza, coliflores, hortalizas de hoja verde, boniatos, berros y tomates. Es interesante prestar atención a los ingredientes del desayuno de los niños: por ejemplo, cereales cubiertos de fresas, un bocadillo con mantequilla de semillas de girasol y, siempre que sea posible, un zumo fresco de naranja o bien un vaso de licuado de zanahoria y manzana. Para digerir bien las naranjas y su zumo conviene tener en cuenta que combinan mal con los cereales (copos, muesli, pan, galletas...), por eso lo mejor es beber lentamente el zumo en ayunas y dejar pasar cierto tiempo hasta el momento del desayuno.

Calcio

Tanto los niños como los adultos necesitan calcio para un buen funcionamiento muscular y nervioso, pero en este caso la función más importante del calcio es la formación ósea. Tomar suficiente calcio desde el nacimiento hasta los 25 años es crucial, ya que durante este período los huesos crecen hasta alcanzar su masa mineral más alta. Además, con ello retrasaremos el deterioro natural de los huesos que suele iniciarse partir de los treinta años, con lo que aplazaremos la aparición de osteoporosis.

La fase crecimiento hace que los niños absorban hasta un 75 % del calcio de su dieta; los adultos, en cambio, sólo asimilan entre el 20 y el 40 %. Como ocurre con el hierro, los fitatos se adhieren al calcio e impiden su absorción. Los métodos de cocción que eliminan este componente, liberan el calcio y favorecen su absorción.

Fuentes: legumbres (especialmente la soja), leche infantil de sustitución, semillas (de sésamo y girasol, tahini, etc.), avellanas, nueces, la mayoría de las hortalizas de hoja verde (incluido el brécol), la col rizada, la levadura de cerveza y las algas (iziki y wakame).

Zinc

Es el componente vital de más de cien enzimas que intervienen en las funciones de crecimiento, madurez sexual, cicatrización, gusto e inmunidad. Como ocurre con el hierro y el calcio, los fitatos se pueden adherir al zinc. Si alimentamos a los niños con alimentos variados cocidos lograremos que no lo retenga.

Fuentes: legumbres, leche, huevos, escaramujo, mantequilla de semillas (especialmente de semillas de calabaza y girasol, y de anacardos y cacahuete), cereales integrales (avena, trigo, quinoa, maíz), levadura de cerveza, higos secos y el ajo y la cebolla.

Suplementos nutricionales

Los suplementos diarios de vitaminas y minerales son otra garantía de que los niños reciben todos los nutrientes que necesitan. Se puede elegir, por ejemplo, un suplemento que contenga las 24 vitaminas y minerales esenciales para el crecimiento. O bien que sea rico en calcio y vitaminas antioxidantes C y E. Hay fórmulas equilibradas con el 100 % del aporte necesario de todo el grupo B de vitaminas. Mejor evitad los jarabes o suplementos si contienen azúcar, y prescindid de todos aquellos complejos de vitaminas y minerales que contengan conservantes, colorantes o sabores artificiales.

Más allá de teorías y criterios, lo mejor en este caso es comprobar por uno mismo, en la práctica diaria, hasta qué punto la alimentación vegetariana (o «casi» vegetariana) es del todo completa, saludable y adecuada para los niños . Quienes crecen con ella pueden desarrollarse de forma bastante más sana que los niños no vegetarianos. Uno de los trucos para poder seguir una alimentación vegetariana es la **variedad**. Hay que ofrecerles una gran variedad de alimentos nutritivos y hacer divertida la hora de comer utilizando frutas y hortalizas para dar colorido; cortar los alimentos con formas originales y poner nombres divertidos a los platos (pizza voladora, croquetas cascabel, buñuelos con calcetines, sopa Paquita, plátano sonrisas, etc). Incorpora paso a paso algunos productos nuevos en el menú habitual, y no les riñas si no se los comen: limítate a servirlos una y otra vez. Llegará un día que los comerán sin esfuerzo. Todos los niños comen con amigos cosas que en casa ni tocarían. Crear unos buenos hábitos alimentarios es parte de ese proceso único que es el crecimiento de un niño.

Algunas ideas para alegrar las comidas infantiles

Las versiones vegetarianas de las comidas preferidas de los niños (pizza, espaguetis, lasaña, burritos mejicanos, bocadillos y... fritos) son muy sencillas de preparar. A continuación te presentamos algunos menús que proporcionarán a tus hijos todos los nutrientes que necesitan para crecer sanos. Y comprobarás que, aun disponiendo de poco tiempo, puedes prepararles platos apetitosos y nutritivos.

CÍRCULOS MÁGICOS

Estos círculos de almendra son como biscotes sabrosos y crujientes, pero constituyen un primer plato nutritivo que desaparecerá de la mesa como por arte de magia (de ahí su nombre). Están muy buenos servidos con un puré de patatas cremoso y ligero.

25 g de almendras fileteadas
2 cucharaditas de cebolla rallada
2 cucharadas de harina integral
15 g de mantequilla
sal y una pizca de pimienta negra

Precalienta el horno a 200 °C. Mezcla muy bien en un cuenco todos los ingredientes y trocea un poco las almendras con los dedos. Agrega 5 cucharadas de agua fría para obtener una masa que simplemente esté bien ligada. Divídela en dos partes iguales y ponlas sobre una bandeja de hornear un poco engrasada.

Presiona firmemente sobre cada una de las partes formando un círculo, haciéndolo tan fino como puedas. Pueden estar muy juntos porque no aumentan al cocer.

Ponlos en el horno durante 5-8 minutos o hasta que estén crujientes y empiecen a dorarse. Déjalos enfriar y retíralos de la bandeja con una pala.

BATIDO DE ALMENDRAS Y FRESAS

Esta bebida cremosa es muy nutritiva y constituye una comida muy ligera.

4 fresas
200 ml de leche de soja
25 g de almendras molidas
miel al gusto (opcional)

Lava las fresas, ponlas en el congelador hasta que estén bien frías y duras. Enfría en la nevera la leche de soja y las almendras.

Para preparar el refresco pasa las fresas, la leche de soja y las almendras por la batidora hasta lograr una consistencia cremosa.

Endulza al gusto con un poco de miel (opcional), y vierte después el batido en una jarra de servir.

TALLARINES FINOS SALTEADOS CON TOFU Y CREMA DE CACAHUETE

El tofu es rico en proteínas y bajo en grasas. Aunque poco gustoso por sí mismo, combina muy bien con otros sabores.

50 g de tallarines
2 cucharadas de salsa de soja
2 cucharadas de mantequilla de cacahuete fina
1 cucharadita de azúcar moreno
aceite y sal
275 g de tofu cortado en dados de 1 cm y pasados por harina
3 cebolletas cortadas en finas rodajas
75 g de repollo cortado en tiras finas
4 mazorcas de maíz dulce
50 g de soja germinada

Hierve los tallarines y déjalos a un lado. Mezcla la salsa de soja, la mantequilla de cacahuete y el azúcar. En una sartén grande, calienta aceite en una sartén y fríe el tofu enharinado hasta que se dore. Retíralo de la sartén y apártalo.

Calienta un poco de aceite en una cazuela y saltea las cebolletas durante un minuto. Añade el repollo, el maíz, la soja germinada, y sigue cociéndolo todo durante un par de minutos más. Vuelve a poner el tofu en la sartén con los tallarines y la salsa de cacahuete. Remuévelo todo muy bien y déjalo cocer a fuego lento un par de minutos para que se mezclen los sabores.

HUEVOS RELLENOS

4 huevos duros pelados
1 puñadito de perejil fresco picado
1 cebolla pequeña rallada
1 yogur
1-2 cucharaditas de azúcar integral
1/2 cucharadita de canela en polvo
unas hojas de lechuga
aceite de oliva y sal

En un cuenco vierte el yogur y agrega el azúcar. Mézclalo bien, espolvorea la mitad de la canela por encima y reserva esta salsa. Corta los huevos a lo largo en dos mitades, retira las yemas y ponlas en un bol. Machácalas con un tenedor y añade el perejil y la cebolla; a continuación vierte suficiente aceite para obtener una mezcla fina.

Sazona con la canela restante, la sal y una pizca de pimienta (opcional). Rellena las claras con esta mezcla y disponlas sobre hojas de lechuga.

Vierte la salsa de yogur y canela sobre los huevos y sírvelos.

BUÑUELOS VERDES CON QUESO

150 g de queso rallado finamente
250 g de espinacas frescas, cocidas
50 g de harina
2 cucharaditas de perejil picado
1/2 cucharadita de pimentón dulce
2 huevos
aceite de girasol para freír
miel al gusto (opcional)

Mezcla el queso con las espinacas, la harina, el perejil, el pimentón dulce y las yemas de los dos huevos. Aparte, bate las claras a punto de nieve, únelas a la mezcla y sazónalo todo con sal. Prepara bolas pequeñas con esta mezcla.

Calienta un poco de aceite en una sartén, y fríe las bolas de espinacas durante 4-6 minutos. Disponlas en un papel de cocina para escurrir el exceso de aceite y sírvelas como segundo plato.

PICANTITOS DE COLORES

Mezcla judías de diferentes colores y cuécelas en una cazuela de hierro fundido. Adorna las judías con tentadoras semillas de quinoa, y un poco de arroz integral, maíz, bulgur y cuscús. Se puede dar el toque «picante» con un poco de curry suave, o bien con plantas aromáticas: albahaca, orégano...

HAMBURGUESAS VEGETALES

Pon a la parrilla hamburguesas de soja preparadas o hamburguesas caseras de legumbres con verduras. Cubre la hamburguesa con guacamole (aguacate chafado con un poco de limón, o bien con paté vegetal, hortalizas (rodajas de tomate, un poquito de cebolla dulce, lechuga seleccionada) o bien brotes de germinados. Sírvela con un puré de verduras con patatas.

Algunos prejuicios

Prejuicio 1: Los niños necesitan productos animales

No, no los necesitan. La carne es una buena fuente de proteínas para el organismo, pero también contiene muchas sustancias perjudiciales: esteroides, hormonas y antibióticos, además de altos niveles de grasas saturadas y colesterol.

Lo mismo sucede con los productos lácteos. Aunque son una importante fuente de calcio, suelen ir acompañados de altos niveles de colesterol y de grasas saturadas. Además, contienen antibióticos, pesticidas y hormonas en exceso. La leche de larga conservación suele provocar alergias. En general hay demasiados lácteos que alteran, a nivel bioquímico, el sistema inmunológico y el equilibrio hormonal del niño.

La hormona del crecimiento, utilizada en la producción de los lácteos y de la carne, está relacionada con la aparición precoz de la menstruación (hace 150 años, las niñas tenían su primera regla a los 17 años, ahora a los 11), lo que a su vez se ha relacionado con las elevadas tasas de cáncer de pecho. Esta caída en la edad del inicio de la pubertad se da en los países industrializados, pero no en el Tercer Mundo, donde la gente no consume tanta carne y productos lácteos y no administra hormonas a sus animales.

Incluso los lacto-vegetarianos admiten la conveniencia de reducir el consumo de leche y sustituirla por licuado de soja, de avena o de arroz. Como decimos, muchos estudios han relacionado también los productos lácteos con la intolerancia a la lactosa, alergias, asma, problemas digestivos, diabetes, jaquecas e, irónicamente, osteoporosis en la vejez.

Según un estudio aparecido en 1991 en el *American Journal of Clinical Nutrition*, la alimentación vegetariana contiene todos los aminoácidos que requiere el organismo para construir sus proteínas. Y los vegetales de hoja oscura: brécol, col rizada, etc., contienen tanto calcio «absorbible» como la leche, pero con la ventaja de no contener la grasa, el colesterol y los aditivos de ésta.

A medida que pasan los años, la dieta occidental convencional, alta en colesterol y grasas saturadas, está dejando a su paso un rastro de calamidades. La mitad de la población adulta de los países desarrollados padece sobrepeso y las afecciones cardíacas son la primera causa de muerte en los países occidentales, cobrándose millones de vidas al año.

La diabetes afecta a millones de personas, produciendo centenares de miles de muertes anuales (casi 200.000 en EE UU). El cáncer de pecho y de colon (ambos relacionados con la dieta) se llevan más de 40.000 vidas al año cada uno. Y lo peor de estas estadísticas es que, a medida que la siguiente generación madure, podemos esperar más de lo mismo.

Los niños que hoy siguen la dieta occidental típica serán los pacientes de enfermedades cardíacas del año 2020. Es el resultado de llevar una dieta rica en grasas combinada con un estilo de vida sedentario. Las arterias obstruidas están relacionadas con las grasas saturadas, mientras que los que consumen una dieta principalmente vegetariana no tienen en sus arterias estos depósitos de grasa, apreciable ya en niños menores de tres años.

Prejuicio 2: Hacernos vegetarianos es un «jaleo»

Tentar a los niños a seguir una dieta vegetariana no es más difícil que hacer que coman carne. Existen numerosas fuentes que pueden ayudarte, desde algún libro que te facilita en cinco pasos cómo lograr una dieta sin carne, libros y material de riquísimas recetas vegetarianas o hasta páginas web de internet (ver bibliografía y direcciones, al final de este libro).

Otro valioso recurso está en tu tienda habitual. Comienzan a aparecer las secciones de productos biológicos o ecológicos (no sólo dietéticos) en los colmados y supermercados. Se empiezan a encontrar cereales integrales (¡es muy importante que sean de cultivo ecológico!) y, cada vez más, tofu, seitán, leche de soja, patés vegetales, crema o mantequillas de frutos secos y semillas (almendra, avellana, cacahuete, sésamo...).

Por otra parte, no olvidemos que muchos de los platos favoritos de los niños ya son vegetarianos o pueden transformarse muy fácilmente: hamburguesas vegetarianas, espaguetis, lasaña...

Prejuicio 3: A los niños no les gusta ser diferentes de sus amigos
Dado su amor a los animales y su sensibilidad especial con el medio ambiente, los niños son candidatos naturales para el vegetarianismo. Es más, los adolescentes son el segmento de la comunidad vegetariana que crece más rápido.

También suele ser un tópico típico comentar las presuntas consecuencias que ocasionaría en el niño el «privarle» de algo: lamentar la ausencia de refrescos azucarados, helados, salchichas o hamburguesas convencionales, que conforman tantos menús de fiestas infantiles. La realidad es que los niños vegetarianos, si reciben un trato normal, no echan nada en falta porque existen muchas opciones.

Si tu hijo quiere hamburguesas o salchichas, le sorprenderás con unas deliciosas hamburguesas vegetales o salchichas de soja (los niños las prefieren a las otras). En lugar de la típica leche con los cereales, prueba las leches de soja o de frutos secos (de avellana, de almendra...). El plato de tus hijos será tanto o más hermoso y delicioso que el de sus amigos, con la tranquilidad de que es más sano. A veces el «peligro» se da al revés: hemos conocido niños que presumen o alardean ante sus amigos porque prefieren los mejores alimentos que hay en casa. Es mejor prevenir esos casos con paciencia, humildad y discreción.

Si los padres aprenden a preparar las verduras de manera más divertida, sus hijos aprenderán a disfrutarlas. Pero muchas veces los factores sociales (presión de los amigos, los bien intencionados parientes) son los mayores retos a los que han de enfrentarse los jóvenes vegetarianos. Puedes empezar por hablarle a tu hijo acerca de por qué la familia es vegetariana. Incluso los niños pequeños son capaces de entenderlo si se les explica con palabras sencillas. Por otra parte, que tu hijo se relacione con otros niños vegetarianos ayuda a veces a eliminar cualquier sentimiento de ser diferente.

Hay que procurar que tenga la habilidad suficiente como para prepararse sus propias meriendas o como para elegir platos alternativos en fiestas o restaurantes. Además, no tiene que estar dando explicaciones de las razones por las que no come ciertos alimentos. Basta con decir que no le apetece o no le gusta.

Cuando se vaya haciendo mayor, al pasar mucho tiempo fuera de casa, será más difícil que se adapte si desde pequeño no se le ha enseñado. ¿Qué mejor manera de rebelarse para un niño que comer aquello que nunca ha probado?

Las preguntas más frecuentes

¿Hay suficientes proteínas en una dieta vegetariana?
- Aunque parezca mentira, las proteínas son el último nutriente por el que hemos de preocuparnos, ya que es muy fácil encontrarlo. Primero nos hemos de asegurar de que nuestros niños consumen suficientes calorías. Se recomiendan aproximadamente entre 1.000 y 1.500 para antes de los diez años, y de 2.000 a 2.500 para de los diez años en adelante, dependiendo del peso y el grado de actividad.
- Podéis aumentar el consumo de calorías con pequeñas comidas a lo largo del día. Os ayudarán la mantequilla de frutos secos, los purés de legumbres, los aguacates... son ricos en calorías y contienen grasas insaturadas (ideales para la energía). Las grasas nunca deben suponer más del 30 % de la dieta.
- La variedad es muy importante: proporcionad a vuestros hijos una buena variedad de frutas, verduras, cereales, legumbres y productos de soja. Con esto es casi imposible que los niños no obtengan las suficientes proteínas.

¿Qué hay del calcio?
- Los niños necesitan calcio, que es la base para tener unos huesos y dientes fuertes. El cuerpo produce tejido óseo hasta los 35 años, cuando el hueso alcanza la densidad adecuada, de manera que teniendo una buena base desde el principio, será posible prevenir la osteoporosis después.
- La cantidad diaria recomendada de calcio para los niños es de 800 mg y para los adolescentes es de 1.200 mg. La leche es una buena fuente, pero no la mejor, como hemos comentado: alergias, asma, problemas digestivos, intolerancia a la lactosa y dolencias cardíacas han sido relacionados con un con-

sumo continuado y abundante de productos lácteos. Los vegetales de hoja oscura (como la humilde ortiga), las legumbres, la leche de soja o los frutos secos son fuentes saludables de calcio; incluso los zumos preparados están siendo enriquecidos con calcio. Pero no se trata tanto de consumir el calcio suficiente, ya que la clave consiste en almacenarlo.
- Es tanto o más importante evitar el exceso de proteínas (sobre todo las procedentes de la carne roja) y de sodio (que hace que nuestro organismo expulse el calcio). Los productos animales contienen tres veces más proteínas que los vegetales, por lo que contribuyen a un exceso de las mismas y, en consecuencia, a la pérdida de calcio.

¿Los niños vegetarianos son anémicos?
- Aumentando el consumo de vitamina C ayudamos a la absorción de hierro. La melaza, los cítricos, las hortalizas de hoja verde, los cereales integrales y los granos de soja son buenas fuentes de hierro. Si creéis que vuestro hijo es anémico (entre los síntomas encontramos debilidad, palidez, respiración entrecortada o infecciones recurrentes) lo mejor es ir a un médico.
- También sugerimos reducir o eliminar los productos lácteos, porque una intolerancia no detectada a la lactosa puede contribuir a la anemia. Podéis estar seguros de que vuestro hijo tiene el suficiente hierro sin tener que sobrecargarlo con la grasa saturada de la carne.

¿Debemos darles suplementos?
- No, siempre y cuando el niño esté siguiendo una dieta equilibrada y variada. Sin embargo, si sigue una alimentación vegetariana sin huevos ni leche, aseguráos entonces de que toma una fuente regular de vitamina B_{12}, necesaria para que el organismo produzca glóbulos rojos.
- La cantidad necesaria de vitamina B_{12} es mínima: los niños necesitan entre 0,7 y 1,4 microgramos de B_{12} al día. La leche de soja y algunos cereales están ahora enriquecidos con B_{12}, pero también podéis dar un suplemento en según qué casos.

Diez maneras de conseguir que tu hijo coma (un poco más de)… verduras

1. **Participación**: háblale sobre la nutrición y anímale a que ayude en la compra y en la preparación de la comida (removiendo, añadiendo agua, probando…). Esto les hace partícipes de lo que comen.

2. **Juega**: ¿quién puede masticar las zanahorias más rápido?, ¿mordisquear la lechuga como un conejo?, ¿poner las hojas de la alcachofa en un bol? Todos los sentimientos negativos que cualquiera puede tener de los vegetales desaparecen cuando cuando conviertes la hora de comer en un juego.

3. **Que utilicen los dedos**: a los niños le gustan las cosas que puedan comer con las manos. Algunas ideas son: hummus (o patés vegetales) con pan de pita (en dietéticas), rollitos de verduras, palitos o frutas cortaditas que puedan «mojar» en alguna salsa...

4. **Ofrece alternativas**: si les das una variedad suficiente de comidas, seguro que encontrarás aquello que más les gusta.

5. **Camuflaje vegetal**: puedes poner muchas verduras en las salsas, sopas, lasaña y sobre todo en los purés. También se puede añadir calabacín rallado o zanahoria al hacer unas madalenas o en el pan, o incluir brécol o zanahoria en las salsas para los platos de pasta.

6. **Experimenta**: si un niño no quiere comer una verdura determinada, prueba a hacerla a la brasa, a la parrilla , estofada, acompañada con otros alimentos… Aunque si nada de esto funciona, tendrás que aceptar que a tu hijo no le gusta un determinado alimento.

7. **Olvídate de que «limpie el plato»**: el camino más rápido para que un niño no coma es forzarlo. La comida no ha de convertirse en un premio o en un castigo. Tiene que ser deliciosa, divertida… pero no ha de convertirse en una guerra.

8. **Ojo con las cantidades**: es mejor que tus hijos pidan repetir, que llenarles demasiado el plato.

9. **Ánimo**, no te rindas: el gusto de los niños cambia. Lo que rechazan en julio, puede convertirse en uno de sus platos favoritos en setiembre. Así que no te desanimes cuando tu hijo diga que algo no le gusta, es cuestión de tiempo… y de paciencia.

10. **No te preocupes demasiado**: los niños saben lo que su cuerpo quiere o su organismo necesita, aunque no puedan expresarlo. Algunos días comen como caballos, y otros casi no prueban bocado. Pero no te preocupes en exceso.

TRANSICION A UNA ALIMENTACIÓN SIN CARNES
(Alimentación a base de comida vegetariana o con la menor carne posible)

A continuación vamos a intentar poneros las cosas fáciles para que, casi sin darnos cuenta, podamos abandonar algunos hábitos y preferencias culinarias por otros más saludables y ecológicos.

En España (y en muchos otros lugares del mundo) una dieta sin carne ni pescado se consideraba como algo excéntrico, extraño y peligroso hace tan sólo dos o tres décadas. Hoy en día estas ideas han cambiado y el hecho de ser vegetariano se ha convertido en una opción personal tan normal como practicar submarinismo, dedicarse a la jardinería o estudiar idiomas. Los asistentes de vuelo en las líneas aéreas atienden cada día pedidos de catering vegetariano (se solicita en el mostrador de embarque), y los restaurantes van incorporando platos exentos de carne y pescado en sus menús.

Existe una nueva sensibilidad hacia la dieta; queremos saber qué ingerimos realmente y el efecto que tendrán los alimentos en nuestro organismo.

Los motivos

Existen motivos de tipo económico, ético e incluso religioso entre los que deciden no comer carne. Pueden consultarse los argumentos en algunos libros (hemos recogido alguno al final de este libro). Aquí nos ocuparemos tan sólo, y de manera muy breve, de lo relacionado con la salud, recordando dos cosas: una, que en todo caso se trata de una decisión personal; y dos, que la alimentación sin carnes puede probarse una temporada, y decidir luego si se sigue o no. En el caso de los niños con problemas de sobrepeso y obesidad los beneficios son claros y todos ellos favorables a la salud, a la recuperación de sabores naturales y a un equilibrio más armónico en general.

Las decisiones sobre un cambio en la dieta basadas en una elección responsable, por la economía y ecología globales, o por la propia salud forman parte de una nueva sensibilidad. Sin embargo, la lista de «vegetarianos éticos» es muy larga, y viene de lejos. Algunas figuras singulares a lo largo de la historia han sido vegetarianas, como Leonardo da Vinci, William Shakespeare, Albert Einstein, George Bernard Shaw, Albert Schweitzer, Mahatma Gandhi, Voltaire, Darwin, Isaac Newton... Y en la Roma y la Grecia clásicas, Virgilio, Horacio, Platón, Pitágoras...

El vegetarianismo también ha sido la norma más que la excepción entre los grandes maestros espirituales del mundo. En cambio, en Occidente siempre se consideró la dieta sin carne un asunto *aventurado* desde el punto de vista de la salud. El gran cambio, lo que está protagonizando una auténtica revolución es que esta idea ya no es creíble. Por el contrario, se están descubriendo los riesgos que comporta la ingestión de carne y pescado, como osteoporosis, arteriosclerosis o exceso de colesterol en la sangre, por ejemplo.

Un asunto de salud

Los científicos aceptan que una dieta vegetariana puede ser tanto o más saludable que la carnívora, desde fechas muy recientes; tan sólo desde hace algo más de veinte años. El cambio formal de actitud empezó en 1950 en EE UU, cuando un grupo de nutricionistas de la universidad norteamericana de Harvard realizó un estudio sistemático sobre el vegetarianismo. Se trató de un seguimiento a un amplio grupo de personas adventistas del séptimo día, que siguen una alimentación vegetariana. Todos lo eran al menos desde cinco años antes. Incluyeron adolescentes y embarazadas porque sus requerimientos alimenticios son altos y una dieta supuestamente inadecuada les podría producir rápidamente algún déficit.

Se realizó un examen físico completo: registros de la altura, el peso, la presión arterial, pruebas de laboratorio para detectar anemia, la cifra de colesterol y las proteínas de la sangre.

También siguieron la evolución de las mujeres embarazadas hasta el parto para comprobar el peso de los recién nacidos. Todos esos parámetros fueron absolutamente normales. Incluso los niveles de colesterol eran mejores que los de los no vegetarianos.

Fueron unos resultados mejores de lo que se esperaba; incluso se llegó a pensar que quizá los adventistas estaban tan sanos porque no fuman ni beben alcohol, sin que la alimentación tuviera nada que ver.

De todas formas, aquellas conclusiones no pasaron de ser un informe médico de poca trascendencia. Nadie optó por cambiar a una alimentación vegetariana: desde siempre parecía claro que la proteína de buena calidad sólo podía venir de la carne...

Un libro importante

Otro paso se dio con la publicación en 1971 del libro *Diet for a small planet* («*La dieta ecológica*», editado en español por Integral en 1979). Su autora, la californiana Frances Moore Lappé, consiguió el premio Nobel alternativo en 1987. En el libro demuestra que los alimentos combinados de determinada manera aumentan su valor proteico y que pueden proveer de proteínas de la misma calidad que las de la carne. Ello permite una explotación de los recursos naturales de manera ecológica, respetuosa y sostenible.

Tales criterios fueron, y siguen siendo, una guía de referencia para mucha gente de todo el mundo que come muy poca o ninguna carne, y obtienen las proteínas necesarias para su salud. A partir de entonces, el cambio hacia una dieta vegetariana era seguro e imparable: comenzaron a aparecer personas vegetarianas por todas partes, así como artículos científicos que confirmaban los datos positivos acerca del equilibrio que conlleva.

Los datos llegaron a ser cada vez más evidentes en otros muchos aspectos, como por ejemplo en la influencia de la dieta vegetariana en ciertas enfermedades importantes. Se descubrió que los vegetarianos son mucho menos propensos (aunque no inmunes) a toda una serie de enfermedades frecuentes, como el infarto de miocardio, la diabetes, la artrosis degenerativa, la hipertensión arterial o el cáncer.

Dieta ideal

Además de las proteínas, una buena dieta debe contener el *combustible* adecuado que provea de la energía necesaria para mantener el funcionamiento del organismo. Tanto los hidratos de carbono como las grasas desempeñan bien esta función, pero los primeros son preferibles para satisfacer las necesidades energéticas, ya que las grasas tienen efectos negativos sobre las arterias y células. Y dentro de los hidratos de carbono, los complejos (los que proceden de cereales integrales y legumbres, por ejemplo) son más aconsejables que los simples, como el azúcar.

La cantidad de *combustible* que una persona necesita al día depende, entre otros factores, de su metabolismo basal, de su sexo y del ejercicio o actividad que desarrolla diariamente. En general, el hombre necesita entre 2.000 y 2.700 calorías, y la mujer entre 1.800 y 2.000 calorías.

Como ya hemos visto a lo largo del libro, también necesitamos una amplia gama de elementos en cantidades pequeñas. Se trata de las vitaminas, los minerales y los oligoelementos, que son como los tornillos que sostienen los grandes motores metabólicos de nuestro cuerpo.

Por tanto, podemos describir los requerimientos alimenticios de dos maneras: en términos de principios nutritivos (por ejemplo, proteínas, hidratos de carbono, o vitaminas) o en términos de alimentos (carne, cereales, vegetales, derivados lácteos...). Hablar de alimentos es más fácil y práctico si se tiene una ligera idea de su contenido para así descubrir los excesos o las deficiencias.

Apuntes sobre la transición a una alimentación sin carne

Llegados a este punto nos preguntamos: ¿cómo se puede llevar el cambio de alimentación con inteligencia? El paso hacia una salud mejor y una mayor autoconciencia siempre ocurre de forma **gradual**; éste es un punto importante a recordar en la modificación de hábitos dietéticos.

La mayoría de dietistas consideran mejor una evolución que una revolución. En el cambio de una dieta que contenga carne a otra básicamente vegetariana es mejor hacerlo de manera lenta y progresiva.

Un cambio repentino en la dieta puede producir reacciones indeseables. El cuerpo necesita tiempo para acostumbrarse a otro tipo de alimentos; cuando esta nueva dieta, más sana y más adaptada al ser humano es demasiado precipitada, la adaptación no es posible, y uno se siente a menudo cansado, como sin fuerzas y con problemas digestivos o cutáneos, que suelen ser debidos a la autodepuración del organismo.

El paladar debe redescubrir y acostumbrarse a nuevos sabores, por ejemplo, como el verdadero sabor del pan. Un buen pan integral es incomparable con cualquier pan blanco procedente de harinas refinadas. Pero es mejor que aprendamos a valorarlo degustándolo poco a poco.

Todo lo que uno come afecta a su organismo, a su estado anímico y a su estado de autoconciencia, y eso lo saben perfectamente todos aquellos que han realizado un ayuno, por breve que haya sido.

Por eso, muchas personas que intentan llevar a cabo un cambio demasiado rápido no consiguen adaptarse y abandonan, volviendo a sus dietas anteriores. Y concluyen que la nueva dieta no les satisface. En cambio, los que hacen con éxito una transición al vegetarianismo lo hacen gradualmente, tomándose su tiempo. Es generalmente un proceso paso a paso en varias etapas.

Inicialmente, se produce la **eliminación de la carne roja**. Esto implica la reducción paulatina de la carne de ternera y de cerdo, y más adelante la de otros mamíferos como el cordero. La fase siguiente significa normalmente la eliminación de las **aves** de corral. Luego puede reducirse el consumo de marisco y de **pescado**. Algunas personas tardan un tiempo considerablemente largo en la primera fase, mientras que otras precisan meses o incluso años entre el segundo y el tercero.

Los que han hecho la transición con éxito han permanecido el tiempo necesario en cada fase hasta que se han sentido cómodos en ella y han visto claramente que podían dar el siguiente paso. No se trata de una serie de fases artificial, impuesta por los médicos o los nutricionistas. Es algo que ha emergido espontáneamente en personas muy diversas como resultado de su propia evolución personal y su propia experiencia. Podemos aprender de los éxitos y errores de sus ensayos.

El primer paso hacia una dieta vegetariana casi siempre implica la reducción o eliminación total de la carne roja. Existen sólidos argumentos relacionados con la salud para hacerlo, pero también hay casos de personas que se han hecho vegetarianas de golpe después de una experiencia impactante. La mayoría de personas, sin embargo, sigue una evolución progresiva, cuyo primer paso es la eliminación de la carne roja. Ello significa abandonar el consumo de un buen número de mamíferos, tales como el cerdo, la vaca, el conejo, el ciervo, el jabalí, el cordero, etc. Se usa el término «carne roja» en contraposición a la carne de las aves o del pescado, que suele ser blanca.

El consumo de carne por parte del ser humano se remonta a la noche de los tiempos, cuando quizá nuestro planeta tenía una temperatura más baja y sus instintos le empujaron a cazar animales que formaban parte de un sistema ecológico intacto. Como el ser humano no es un animal carnívoro (no posee garras, sus dientes no están separados, su tracto digestivo es largo, mastica antes de tragar, etc.), este temprano antecesor del hombre moderno tuvo que adaptar su digestión y metabolismo al alimento que estaba disponible para él. Más tarde, el hombre empezó a guardar animales domésticos para consumirlos y aunque ello determinó algunos cambios en la calidad de la carne, fueron mínimos.

Sin embargo, en nuestro tiempo las condiciones en que viven los animales destinados al consumo humano han cambiado sustancialmente. Los descubrimientos de la biotecnología han facilitado la rapidez para producir carne. Los resultados, en cuanto a productividad y precio han sido gratificantes, pero no lo ha sido la drástica alteración en la calidad de la carne. Vamos a repasar algunos de los peligros que implica comer carne hoy, y cómo reemplazar los principios nutritivos que aporta.

¿Carne biológica?

Aunque la carne del matadero ya es de calidad cuestionable, su almacenamiento es igualmente problemático. Desde el matadero hasta el comercio, las condiciones higiénicas proveen un lugar tentador para el fácil crecimiento de las bacterias.

Alguien dirá: ¿qué hay de malo en consumir carne de animales que tengan la garantía de haber sido alimentados y cuidados de forma natural, y que hayan vivido en plena naturaleza? La carne es ciertamente un alimento rico en proteínas y aporta un buen suministro en hierro. Es pobre en vitaminas, especialmente C y E y ácido fólico, y es una fuente también pobre de minerales como el calcio. Pero quizá el inconveniente más serio lo comporta la grasa.

La carne tiene un contenido moderado o alto en grasa, tanto de grasa visible como oculta. Si uno la consume para obtener la proteína que su organismo necesita, también está incorporando una excesiva cantidad de grasa, especialmente de grasa saturada, es decir, aquella que nuestro metabolismo no puede procesar. Dichos niveles de grasa aumentan el riesgo de algunos de los problemas de salud más importantes del ser humano.

En cualquier dieta para disminuir la grasa conviene tener en cuenta que se debe prescindir no sólo de la carne de ternera, sino sobre todo de la del cerdo y el cordero, ya que éstas tienen un contenido excepcionalmente alto en grasa.

Muchos especialistas sostienen que existe una relación directa entre consumo de carne de cerdo e hipertensión. Y la hipertensión no sólo colabora a desarrollar la enfermedad cardíaca, sino que aumenta la susceptibilidad de padecer infarto de miocardio y accidentes vasculares cerebrales. La mayoría de estas enfermedades vasculares tienen el mismo denominador común: la arteriosclerosis.

La arteriosclerosis consiste en el endurecimiento de las arterias por el depósito de grasas en su interior. Las arterias afectadas se ven gradualmente ocluídas, y la sangre circula con dificultad por ellas. Llega un momento en que una arteria se ocluye totalmente y, como consecuencia, las células que se nutren de ese vaso arterial se quedan sin alimento y se mueren. En esto consiste un infarto de miocardio, por ejemplo, o un infarto cerebral. Es así de sencillo y así de grave. Se trata de un problema de pura fontanería vital, de la misma manera que una tubería de agua se obtura por la cal que lleva disuelta.

Por supuesto que existen muchos otros factores que favorecen toda clase de trastornos: el sedentarismo, el tabaco, el consumo del agua del grifo, etc. Y, por supuesto, también hay factores como mantener una actitud mental positiva que ayudan a disfrutar de una buena salud. Sin embargo, a menudo olvidamos lo importante que es disminuir drásticamente el consumo de carne.

Las investigaciones están ahí; queda claro que las placas de colesterol obstruyen las arterias. Sólo se trata de cambiar hábitos ancestrales como la matanza del cerdo y argumentos populares, tan entrañables, acerca del supuesto placer de comer un buen bistec o un buen chorizo («no sabes lo que te estás perdiendo»). La carne en sí misma sabe a bien poco; son precisamente las especias aromáticas (en los embutidos) y la verdura acompañante (en los guisos) las que le dan sabor.

Cuando el hombre trabajaba en el campo, con una azada en las manos y sudor en la frente, su organismo podía capear el excesivo aporte de colesterol por otros medios, pero en nuestra actual vida sedentaria ni con media hora de *footing* a menudo podemos compensarla.

Proteínas sin carne

Cuando se menciona la palabra «proteína», la mayoría de personas piensa automáticamente en carne, pescado y aves. Como estos alimentos contienen aminoácidos en una proporción ideal, se les denomina proteínas «completas» o «de alta calidad». Pero al repasar los menús típicos de todo el mundo, uno se da cuenta de que miles de millones de personas obtienen las proteínas de cereales integrales, verduras y legumbres, con solamente una décima parte de su dieta compuesta por carne o alimentos ricos en proteínas.

Los huevos, la leche y derivados y las legumbres (sobre todo cuando se combinan con cereales integrales) son alimentos de alto contenido en proteínas.

También hay otros productos que contienen bastante proteína; aunque algunos, como los frutos secos y las semillas, no se consumen en grandes cantidades, contribuyen significativamente al abastecimiento de proteínas. Y lo mismo sucede con los alimentos básicos (como cereales y vegetales) cuyos aportes moderados de «proteínas escondidas» añaden sorprendentes cantidades de este material básico estructural en la dieta.

Finalmente, recordemos que en estos momentos comer «de todo» sin recurrir a las carnes convencionales está al alcance de todos gracias a la asombrosa capacidad de adaptación de la soja y sus derivados como el «tofu». Hamburguesas y salchichas vegetales, nuggets de pollo (tofupollo), tempeh... Y también el seitán, auténtica «carne» vegetal que tan a menudo llega a confundirse con carnes animales y que se puede preparar en forma «libritos» (seitán y queso), roast beef y demás formas de preparación de las carnes animales.

Ahora bien, ¿la eliminación de carne significa que uno se convierte en pálido y anémico como un fantasma? ¿Es posible estar sano, cordial y alegre? Es cierto que la carne roja es más rica en hierro que otros alimentos por porción. Pero también está claro que al conocer la composición de los alimentos vegetales podemos aumentar un poco su consumo (por ejemplo espolvorear semillas de sésamo en las ensaladas o los postres) para obtener la cantidad necesaria diaria.

Uno de las datos más importantes en relación al hierro es que su absorción en el intestino es potenciada por la presencia de vitamina C, la cual abunda en el tomate, el pimiento crudo, las frutas, etc. Y, por contra, los alimentos ricos en calcio pueden interferir en la absorción férrica. Por ejemplo, un consumo excesivo de leche, que es rica en calcio y pobre en hierro, puede bloquear la absorción férrica, igual que una dieta excesivamente rica en té negro, fósforo o fibra. También interfiere la absorción de hierro un aditivo presente aún en botes de conservas (sobre todo de legumbres) llamado EDTA.

Si eliminamos la carne de la dieta podemos reducir la cantidad de grasas saturadas de nuestra alimentación, con lo cual decrece el riesgo de padecer arteriosclerosis y enfermedades cardiovasculares, así como algún tipo de cáncer, como el de colon. Además, al sustituir nuestro aporte calórico de las grasas a los hidratos de carbono, si éstos proceden de cereales integrales, legumbres, frutas y verduras ecológicas, también nos aseguramos una gran cantidad de vitaminas, minerales y fibra. Con un poco de atención podemos lograr fácilmente nuestro propósito sin poner en peligro nuestro aporte de hierro diario.

Medidas prácticas

Al iniciar la transición al vegetarianismo, el primer paso consiste en comer carne roja solamente dos o tres veces a la semana. Para muchas personas ésta es una reducción importante y puede constituir la fase I. Si se trata de un gran consumidor de carne, debe llegar a este punto de manera escalonada, para que su organismo se vaya adaptando y evitar una eventual sensación de malestar.

En su lugar puede tomar pescado y pollo, pero no sustituyendo cada plato de carne, sino combinándolos con menús vegetarianos. La inclusión de algún plato exento de carne es muy importante en los primeros pasos hacia una dieta vegetariana, ya sea el desayuno, la merienda, la cena o entre horas.

Cuando una persona considera dejar de tomar carne, inevitablemente piensa: «¿De dónde voy a obtener la proteína que necesito?». Si toman carne dos o tres veces a la semana, mentalmente estarán tranquilos. El truco de la dieta vegetariana es la combinación de alimentos.

Una vez el paladar ha recobrado el placer de saborear los platos vegetarianos, como ensaladas con alguna planta silvestre, el futuro vegetariano debe empezar a combinar cereales con legumbres, por ejemplo, y añadir los alimentos mencionados anteriormente, como los frutos secos, que aunque no son especialmente ricos en proteínas colaboran a que el resultado final sea el adecuado. Veamos algunos ejemplos a continuación.

Observar la calidad de lo que comemos y cómo lo comemos nos conducirá a adoptar una actitud más consciente durante las comidas. Nos fijaremos en la masticación, que es muy importante. «Aprender» a masticar será nuestra primera tarea, que se repetirá bocado a bocado. Suprimiremos las sustancias más nocivas como alcohol y café, y durante las comidas sólo beberemos agua.

DESAYUNO

Se puede tomar cada día el zumo de dos o tres naranjas y un limón con una cucharada de miel, al levantarnos o media hora antes de desayunar.

- 250 g de uva y un bocadillo de pan integral con paté vegetal.
- 2 manzanas, un vaso de leche con miel y malta y un bollo de pan integral con mermelada artesana.
- 2 melocotones y un bocadillo de pan integral con queso fresco.

COMIDA

Primer plato
- Ensalada con hortalizas del tiempo con un poco de sal, un chorrito de aceite y unas gotas de limón.

Segundo plato
- Macarrones con un sofrito de cebolla, zanahoria, acelgas, tomate, etc… espolvoreados con queso rallado y un poco de mantequilla, gratinados al horno.

- Menestra de verduras con alcachofas, guisantes, cebolla, coliflor, judías tiernas, zanahoria, acelgas, calabaza, calabacín, etc... según la época del año.
- Lentejas con verduras.

Tercer plato
- Un huevo al plato con una salsa de tomate, cebolla y guisantes, con queso rallado, una pizca de orégano y unos trocitos de margarina. Se gratina y se sirve acompañado de una rebanada de pan integral.
- 150 g de pollo a la plancha con un pimiento asado y un trozo de pan integral.
- Un filete de ternera de 100 g asado con un poco de zanahoria y un poco de perejil; acompañado por una rebanada de pan integral que no sea del día.

Postre
- Una manzana
- Una pera
- Un buen puñado de avellanas o almendras crudas

Infusión (para aquellas personas que están acostumbradas a tomar té o café después de comer):
- Una tacita de malta con anís verde
- Una infusión de manzanilla
- Una infusión de menta

CENA
Primer plato
- Ensalada variada del tiempo: tomate, cebolla, aceitunas, lechuga, pepino, escarola, apio y zanahoria, o bien fruta del tiempo (manzana con unas almendras, peras y melocotón, sandía).

Segundo plato
- Sopa de verduras con unos granos de arroz.
  o un hervido de acelgas con una rebanada de pan integral.
- Puré de patata y cebolla con mantequilla.

Tercer plato
- Una tortilla de calabacín y cebolla, y una rebanada de pan integral.
- Un huevo pasado por agua y una rebanada de pan integral.
- 100 g de pescado hervido con tomate, unos trocitos de cebolla, una ramita de tomillo y un poco de aceite crudo de oliva. Con un trozo de pan integral.

Postre
A ser posible será conveniente prescindir de él y si no es posible:
- Yogur natural
- Flan
- Fruta del tiempo
- Frutos secos

Anexo VIII
Alimentos bioactivos

Cómida basura

¿Te gustan los dulces? ¿Consideras que un pastel o una caja de bombones son uno de los grandes placeres de la vida? ¿Te requiere una enorme fuerza de voluntad decir que no a un postre?¿Te encanta el chocolate?¿Y los helados?

Desde que tengo memoria, el dulce siempre ha sido una de mis debilidades. Nunca había entendido por qué hay gente a la que no le gusta. Me daba igual lo que fuera, desde gominolas a dulces caseros, pasando por cualquier tipo de galletas, bombones, tartas o pasteles. Durante mucho tiempo fui consciente de que eso me perjudicaba: ayudaba a destrozar el esmalte de mis dientes, producía altibajos en mi nivel de energía, empeoraba el aspecto de mi piel y, por supuesto, engordaba muchísimo. Sin embargo, no podía controlarme. La sensación que experimentaba en el momento en el que el dulce en cuestión se ponía en contacto con mis papilas gustativas era superior a cualquier conciencia de que comer eso me perjudicaba.

¿Te gustan las cosas saladas? ¿Disfrutas con las patatas fritas, los gusanitos o con cualquier bolsa de snacks para picar?¿Te gustan los frutos secos salados? A mí me han apasionado desde siempre. Existen algunas marcas que fabrican unos productos recubiertos de un polvito lleno de sabor artificial de los que fui un fiel consumidor. Durante una temporada, cada vez que tenía un día duro en el trabajo, pasaba por el supermercado al terminar de trabajar, y compraba una bolsa grande de alguno de esos productos para cenar esa noche. Era muy consciente de que aquello no era nutritivo, pero, sin duda, la combinación de sabor me parecía tan exquisita que era el mejor regalo que podía hacerme en un momento con el estado de ánimo bajo.

Si eres un apasionado de este tipo de comida basura, ya sea dulce o salada, nadie puede entenderte mejor que yo. Yo también lo he sido. Ahora no lo soy. La mayoría de los dulces que antes adoraba, ahora me resultan empalagosos, incluso me parece que tienen un sabor desagradable. Algunos dulces me siguen gustando, pero los más suaves, los menos cremosos y elaborados. El chocolate me resulta ahora muy empalagoso y desagradable. El sabor de boca que me queda después de comerlo no es nada grato.

Respecto a los alimentos salados, ya no me apasionan como antes. El sabor salado me resulta artificial, reseca la boca y me cansa pronto.

Cuando todo son inconvenientes

Debes tener en cuenta que ninguno de estos alimentos te aporta ningún nutriente. Ninguno de ellos es digestivo; todos producen sensaciones de acidez, pesadez o malestar en el estómago. Los dulces dañan la dentadura. Los productos salados dejan la lengua recubierta de sal e irritada.

Los dulces, por su combinación de grasas e hidratos de carbono, hacen aumentar considerablemente la cantidad de grasa acumulada en el cuerpo. Además, producen grandes altibajos en el nivel de glucosa en sangre (recuerda el capítulo que trataba de eso), con los consecuentes bajones en el nivel de energía.

Los salados cada vez son más artificiales. ¿Alguna vez te has fijado en que, unas horas después de comer una bolsa de alguno de estos productos, al orinar, la orina huele exactamente igual que el producto? Hay una marca comercial, que no citaré aquí, que siempre me ha sorprendido por eso. Todos estos productos tienen una enorme cantidad de aditivos que «ensucian» enormemente el interior del cuerpo. Comer estos productos supone intoxicar el cuerpo y forzarle a realizar un trabajo extra para eliminar todos estos desechos. Si al comer cosas saladas se retiene un exceso de agua en el cuerpo es porque, a partir de cierta concentración, la sal resulta tóxica y el organismo debe aumentar la concentración de agua para paliar esa toxicidad. No es una pura y simple reacción química, es hacer trabajar al cuerpo en condiciones penosas. Imagina que tu jefe suelta avispas en tu lugar de trabajo. Podrías ponerte un traje especial para seguir trabajando sin que las avispas te picaran. ¿Realizarías tu trabajo con la misma eficiencia? Entonces, ¿por qué fuerzas a tu cuerpo a trabajar en condiciones penosas?

¿Recogerías bolsas del contenedor de basura de tu calle para meterlas en tu casa por el mero placer de sentir que no vuelves con las manos vacías? ¿Por qué llenas tu cuerpo de desechos comiendo este tipo de productos?

Yo mismo me he planteado estas cuestiones durante mucho tiempo. ¿Por qué, a pesar de ser consciente de los perjuicios, no podía evitar comer estos alimentos, y no siempre en cantidades moderadas?

Para dejar de hacerlo, en primer lugar tienes que estar convencido de que es malo para ti. Pero aunque es necesario este convencimiento, no suele ser suficiente. Modificar un hábito que nos produce placer siempre es complicado. Trataré de darte ideas útiles en el siguiente apartado.

Cómo dejar de disfrutar de la comida basura

Dejar de hacer algo que nos gusta suele ser complicado. La fuerza de voluntad es como un globo. Cada vez que la forzamos, el globo se va hinchando más, hasta que al final revienta. No trates de cambiar nada de tu comportamiento si eso te va a suponer tener que echar mano de la fuerza de voluntad. La fuerza de voluntad debe usarse para hacer cosas puntuales, nunca para cambiar hábitos duraderos. Si la fuerza de voluntad sirviera para eso, no habría tantos fumadores, ni drogadictos, ni comedores compulsivos, ni obesos. Mira a tu alrededor: ¿cuántos fumadores conoces que hayan tratado de dejar de fumar y lo hayan conseguido? ¿Cuantos obesos que hayan intentado adelgazar y lo hayan logrado? No confíes nunca en vencer a tu subconsciente con la fuerza de voluntad. Es la lucha de David contra Goliat, y tú no eres Goliat precisamente. El subconsciente es un luchador duro y vengativo. Cada vez que se sienta privado de algo que le apetece, lo recordará y se vengará en cuanto tenga oportunidad. Si quieres vencer a tu Goliat, has de saber que no lo conseguirás con fuerza, sino con inteligencia.

Sólo hay dos formas de dejar de comer este tipo de comida. La primera es no tenerla disponible. La segunda es que no nos guste. Te diré cómo combinar ambas formas para cambiar tus hábitos.

Todos estos productos, ya sean dulces o salados, tienen un efecto adictivo. Ten en cuenta que afectan a la química del cerebro, produciendo sustancias que modifican la forma en la que nos sentimos. Comer alimentos de este tipo aumenta los niveles de sustancias como la serotonina, la beta-endorfina y la dopamina, que nos hacen sentir más relajados y despreocupados. La adicción hacia la comida es similar a la adicción hacia el tabaco, el alcohol o la heroína. No te culpes nunca por necesitar comer bombones o patatas fritas. No lo haces por tu poca fuerza de voluntad o porque seas menos que las personas que se controlan en este sentido. La gratificante sensación que sientes cuando los comes se debe a la química de tu cerebro. Es necesario que lo sepas para dominarlo. Te explicaré cómo han cambiado mis gustos. No es necesaria ningún tipo de terapia, sólo tiempo.

Lo más importante que debes tener en cuenta es que el paladar se adapta a cualquier tipo de alimento. Si le acostumbras a los sabores extremos, se adaptará a eso, y encontrará a los sabores suaves insípidos. Si le acostumbras a los sabores suaves y naturales, también se adaptará, y los sabores extremos te resultarán desagradables.

El paladar humano no está diseñado para disfrutar de la comida basura, sino de los sabores naturales. Si hemos terminado pensando que son más apetecibles los alimentos artificiales ha sido por una mezcla de varios factores.

Por una parte están las campañas de marketing realizadas por los fabricantes del producto, diseñadas con muchísimo ingenio para hacernos ver apetecibles a esos alimentos. ¿Cuánto dinero se gastan en publicidad McDonald's o Matutano y cuanto se gastan los productores de naranjas?

Además, cada fabricante se esfuerza todo lo posible por añadir los aditivos necesarios para realzar las sensaciones experimentadas por nuestro paladar. Cualquier salsa hace que un alimento deje de saber a ese alimento para adoptar el sabor de la salsa. Los aditivos comerciales que se añaden a ciertos productos cumplen esa función, pero de forma mucho más exagerada. Los departamentos de investigación y desarrollo de las multinacionales de alimentación no descuidan en absoluto este aspecto. Te propongo que hagas una prueba. Coge una bolsa de alguno de estos productos para picar, por ejemplo, de tiras de maíz fritas. Introduce una en tu boca, y, sin masticarla, chupa el polvo que la rodea. Después extrae la tira de tu boca y deja pasar un rato, para que se te pase el sabor de todos los aditivos que la impregnaban. Cómete la tira, saboreándola para ver a qué sabe. ¿Se parece en algo el sabor?

Todos estos productos son masas insípidas. Lo que les da sabor son los aditivos artificiales que les añaden. La próxima vez que vayas a comerte una bolsa de alguno de estos productos, trata de imaginar el producto sin aditivos, por una parte, y los aditivos, en forma de polvo, por otra. ¿Comerías una cucharada de este polvo? ¿Te parecería igual de sabroso el producto sin aditivos? ¿Por qué lo comes junto entonces?

Las mezclas que se hacen en los productos dulces no son mejores. Te aseguro que si dejas de comer dulces y productos salados, no recibirás por parte de tu cuerpo nada que no sea agradecimiento.

Controlar cualquier adicción siempre es un tema complicado. Te daré algunas sugerencias, por si necesitas ayuda en este punto.

Por una parte, te va a ayudar mucho hacer una dieta sana, basada principalmente en frutas y ensaladas. Eso va a ir modificando tu paladar y, al cabo de unos seis meses, irás viendo cómo el gusto te ha cambiado. Te darás cuenta, no sin dejar de sorprenderte, de que tu paladar disfruta más de una fruta del tiempo en buen estado que de un pastel o del chocolate. Es más, el sabor de la fruta te producirá un gran placer y el del dulce te resultará empalagoso y desagradable. Te darás cuenta de que los dulces te atraen durante una temporada, pero por su aspecto, no por su sabor, y cuando los comas, cada vez irás notando más cómo ese sabor no te llena en absoluto. Entonces, incluso su aspecto dejará de resultarte atractivo.

Lo mismo te va a suceder con los productos salados. Después de un tiempo de alimentarte de productos naturales y poco procesados, los sabores muy salados y especiados te resultarán incluso desagradables. Necesitas entre seis meses y un año para reeducar tu paladar y tus gustos. No va a ser inmediato, pero no tengas prisa. Dispondrás del resto de tu vida para disfrutar de los efectos del cambio.

También te va a ayudar dejar de tener los altibajos de energía provocados por una dieta basada en comida mal combinada, con hidratos de carbono de absorción rápida y alimentos adictivos. No sentir bajones hará que tu deseo de comida basura disminuya considerablemente.

La forma que yo he utilizado para controlar mi compulsividad al comer estos alimentos ha sido ésta que describo a continuación.

Cuando, al hacer la compra o al pasar por alguna tienda, he visto algún producto de este tipo que me llamaba la atención, lo he comprado. No creo que privarse de algo que apetece sea bueno, el subconsciente se tomará su venganza correspondiente.

Lo que he hecho, en vez de comérmelo inmediatamente, ha sido esperar a tener el estómago lleno. Comer estos alimentos con hambre fomenta la adicción. Si puedes, ve a casa, come dos o tres piezas de fruta, disfruta de ellas y luego siéntate delante de la bolsa de comida basura, de la caja de bombones o del pastel en cuestión. Cómelo despacio, extrae el sabor de cada bocado, piensa en los ingredientes que lleva, en cómo ha sido fabricado. También piensa en cómo va a ensuciar tu cuerpo y en cómo tu organismo tendrá que trabajar para tener que limpiar todos esos residuos. No lo dejes a medias, cómelo todo, sáciate completamente. Incluso después de harto, sigue comiendo hasta terminarlo. Pero no veas la tele o hagas otras cosas mientras comas, simplemente concéntrate en el sabor.

Repite esto cada vez que te apetezca comer alimentos basura. El proceso va a ser paralelo y va a contribuir a las modificaciones que se irán produciendo en tu paladar poco a poco. En una temporada no querrás comer comida basura, salvo en alguna reunión social (no te invito a que seas radical en ese sentido) y no la echarás de menos, como yo no la echo ahora, después de haber sido casi un adicto a ella.

ALIMENTOS BIOACTIVOS y otras sustancias muy saludables

Los alimentos que comemos están compuestos en su mayor parte por tres tipos de sustancias, con las que el cuerpo se alimenta y obtiene la gran mayoría de los materiales necesarios para construir y regenerar sus tejidos. Estas tres sustancias son los hidratos de carbono, las grasas y las proteínas.

Una dieta a base de alimentos que simplemente contengan estos tres elementos nos mantendrá vivos durante una buena temporada. Sin embargo, a medida que vayan pasando los meses, nos sentiremos cada vez más cansados, con menos lucidez mental, nuestra piel presentará un aspecto cada vez más enfermizo, nuestros sentidos irán estando más y más embotados, nuestra salud irá empeorando día a día, y terminaremos enfermando y muriendo en unos años.

La mayoría de los alimentos refinados, los conservados durante largos periodos, los elaborados industrialmente, se componen básicamente de proteínas, hidratos de carbono y grasas, a las que añaden una serie de productos conservantes, colorantes y potenciadores del sabor. Estos aditivos no sólo no contienen ninguna sustancia beneficiosa para el cuerpo, sino que son residuos que el organismo debe eliminar porque, si su concentración aumenta, resultan tóxicos.

Alimentándose exclusivamente de este tipo de alimentos nadie puede sobrevivir. Son cómodos de fabricar y procesar, cómodos de consumir, resultan atractivos para el paladar, pero no aportan al organismo lo que necesita para sentirse sano. Por el contrario, los alimentos naturales, poco o nada procesados, crudos, vivos, son una fuente inagotable de salud y bienestar para nuestro cuerpo.

La forma correcta de aportar al organismo todos los nutrientes que necesita es a través de los alimentos que comemos. No tiene sentido tratar de alcanzar una buena salud suplementando la dieta con vitaminas, si estamos descuidando completamente lo que comemos. Muchas de nuestras reservas de nutrientes se gastan precisamente por comer alimentos nocivos. El azúcar, el alcohol, el tabaco, las carnes muy hechas, los conservantes y colorantes, o los alimentos mal combinados consumen gran cantidad de micronutrientes. Cuanto menor sea la cantidad de estos alimentos que comas, menores serán tus necesidades de vitaminas y minerales. Si, además, sustituyes estos productos por otros más sanos y naturales, el beneficio será doble: menos consumo y más aporte. El resultado: unas necesidades de nutrientes más que cubiertas.

Una comparación económica: si reduces tus gastos a la cuarta parte y multiplicas por tres sus ingresos, ¿cuál es el resultado? Pues que no tendrás problemas nunca más para llegar a fin de mes, tu cuenta bancaria estará más que saneada, podrás comprar todo lo que necesites y cualquier gasto extraordinario que aparezca no te quitará el sueño.

El hecho de que el cuerpo sea capaz de apañarse con casi cualquier cantidad de nutrientes no quiere decir que no le venga bien disponer de más. Igual que los disgustos personales acortan la vida, la falta de nutrientes hará que tu cuerpo no rinda de forma óptima, que la salud se vaya resintiendo con el tiempo y que muchos de los tejidos de nueva construcción no queden todo lo bien construidos que deberían. Si a un albañil le damos ladrillos, arena y agua en abundancia, pero sólo una pequeña cantidad de cemento, construirá el edificio igualmente, pero ¿será un edificio tan resistente como el construido con la cantidad adecuada de cemento?

Llevar unos hábitos alimenticios poco adecuados y tomar suplementos para compensarlo es como derrochar tu sueldo en compras innecesarias y tener que trabajar los fines de semana para poder comprar comida y pagar el alquiler de tu casa.

Aportar al cuerpo el 100 % de lo que necesita, sin ayuda de ningún suplemento, no sólo requiere alimentarse con productos naturales y de calidad, también requiere variedad. El ritmo de vida, no poder comer en casa a diario o las frecuentes comidas ingeridas por motivos sociales harán que, con frecuencia, una parte de lo que comas no sea lo que tu cuerpo necesita. Además, la variedad de alimentación en la vida moderna es una cosa difícil de conseguir. La comida basura que podemos encontrar es muy variada, pero la natural no lo es en absoluto, y cada vez menos.

Te animo a que adquirieras unos hábitos alimenticios sanos. Eso no sólo hará que soluciones tu problema de sobrepeso; también te proporcionará una buena salud. Tomar algún suplemento que aporte micronutrientes al cuerpo es interesante, si con ello piensas que va a compensar alguna carencia que deje tu alimentación. Si gastas en suplementos la cuarta parte del dinero que un fumador se gasta en tabaco, no sólo no te hará ningún daño; también puede ser que compense alguna carencia del cuerpo y eso repercuta en una mayor calidad de vida y una mejor salud.

Vitaminas y minerales

Son los micronutrientes más conocidos. Existen en el mercado multitud de suplementos que contienen cantidades importantes de las vitaminas y minerales más conocidos y necesarios. No sólo puedes adquirirlos en la farmacia; también los venden en el supermercado. Hay una gran variedad de marcas y combinaciones de sustancias para favorecer el estado de la piel, el pelo, las uñas, para deportistas o para tratar de mejorar casi cualquier función del cuerpo que puedas imaginar. También existen muchas fuentes naturales de vitaminas y minerales. Estas fuentes naturales son alimentos que, por su alta concentración de estos micronutrientes, se venden como suplementos. Ejemplos de este tipo de alimentos son la levadura de cerveza, el germen de trigo, el aceite de hígado de bacalao, la lecitina de soja…

A la hora de decidir si prefieres vitaminas y minerales de fuentes naturales o sintéticas, debes tener en cuenta todos estos aspectos.

- Las **vitaminas y minerales** de fuentes **naturales** son mucho más fáciles de absorber para el cuerpo que los de origen sintético.
- El **exceso de vitaminas** de origen natural no tiene ningún efecto secundario ni toxicidad para el cuerpo. El exceso de vitaminas sintéticas, en cambio, es tratado por el organismo como un residuo y tendrá que eliminarlo a través de los riñones, forzándole a un trabajo extraordinario. Algunos de estos complejos vitamínicos hacen que la orina tenga una tonalidad diferente, muestra inequívoca de que nuestro organismo se ve sometido a un trabajo extraordinario de eliminación. Uno de los efectos secundarios de un exceso de vitaminas sintéticas es una sobreestimulación cerebral, que acarrea problemas de insomnio, irritabilidad o alteraciones digestivas. Eso nunca te pasará con una «sobredosis» de levadura de cerveza o de germen de trigo.

- Los minerales de **origen mineral** no son asimilables por el cuerpo y serán eliminados como residuos. Cantidades de un mineral disueltas, por ejemplo, en el agua que bebemos, no son aprovechables por el cuerpo (si fuera así, ¿por qué no comer un puñado de yeso si se tiene una deficiencia de calcio?). Aunque parezca contradictorio, sólo son asimilables los minerales de origen orgánico, es decir, que se presenten formando parte de compuestos que existan en la materia orgánica.
- Las vitaminas, para poder ser asimiladas, deben tomarse **en compañía** de otras vitaminas o sustancias necesarias para su asimilación. En productos naturales, siempre se encuentran juntas en combinaciones asimilables. En productos sintéticos, no siempre es así.
- Los **complementos vitamínicos** sintéticos tienen una gran variedad de vitaminas y minerales, mientras que los productos naturales sólo tienen algunos tipos.
- Las **vitaminas sintéticas** normalmente son más baratas. Por siete u ocho euros al mes puedes tomarte un comprimido diario con las principales vitaminas y minerales. Si quieres suplementar toda esa variedad de vitaminas utilizando productos naturales, tendrías que tomar varios, con lo que el coste sería mayor.
- Si la carencia de una vitamina o un mineral es importante, se corregirá antes la deficiencia tomando un suplemento de alta concentración.

En resumen, las vitaminas en forma de preparado son adecuadas para el tratamiento de enfermedades o deficiencias importantes, mientras que para prevenir problemas que aún no son importantes o simplemente para conseguir un mejoramiento general es mejor tomarlas de fuentes naturales. Yo esto lo resumo en una frase: «Para curar con rapidez, mejor la farmacia. Para prevenir y curar con tiempo, mejor el herbolario».

Los tratamientos naturistas no contradicen ni rivalizan con la medicina oficial. Si necesitas un transplante de corazón, una operación de apendicitis o tienes un hueso roto, ningún producto natural va a resolver tu problema. Por suerte, tu médico puede ayudarte. Si lo que tienes es un problema de sobrepeso, de falta de energía o de malestar general, es a ti a quien le corresponde resolver ese problema, y en la alimentación que lleves va a estar la clave para solucionarlo. Tu médico, en una consulta de cinco minutos, no puede hacer otra cosa que recetarte unas vitaminas, hacerte unas pocas recomendaciones o darte una hoja con una dieta hipocalórica, similar a las que habrás seguido alguna vez y que ya sabes que no funciona.

Los fitoelementos

Aparte de vitaminas y minerales, hay otras muchas sustancias que intervienen en los procesos vitales del cuerpo. Muchas de ellas el cuerpo puede pasarse prácticamente toda la vida sin recibirlas, aunque, si las recibe, las utilizará para reforzar el sistema inmunitario o algún aspecto de la salud o el bienestar.

Estas sustancias se llaman «fitoelementos» y se encuentran sobre todo en las plantas. Tienen un importante efecto potenciador de todas las defensas del organismo. Sus efectos son muy beneficiosos en la prevención del cáncer, de las enfermedades circulatorias y de cualquier enfermedad relacionada con el envejecimiento. Muchas enfermedades y la mayoría de los procesos degenerativos del cuerpo se producen por oxidación. La oxidación la provocan los radicales libres (moléculas con un enlace libre).

Se calcula que cada célula de nuestro cuerpo es atacada 10.000 veces al día por radicales libres y otros productos oxidantes. Estos radicales y productos provienen de los alimentos que comemos (sobre todo de los que contienen aditivos y de la carne muy hecha), del aire que respiramos (por el tabaco y la contaminación) y también se producen en los procesos metabólicos del cuerpo (especialmente cuando tiene que metabolizar sustancias poco saludables). Los fitoelementos reaccionan con los radicales libres, anulando su enlace libre y acabando con su efecto dañino.

El proceso de envejecimiento y de pérdida de la salud es comparable con el saldo de una cuenta bancaria. Nacemos con una cantidad disponible (no todo el mundo nace con la misma salud, eso es evidente) y vamos agotando esa cantidad hasta que nuestro saldo es negativo. Cuanto menor va siendo el saldo, menor es el bienestar que sentimos. Cuando el saldo se agota, la capacidad del cuerpo para responder a las agresiones externas es casi nula, y cualquier dolencia provocará efectos desastrosos. El cáncer que aparece a partir de cierta edad es un buen ejemplo de ello. A mucha gente le diagnostican un cáncer, se lo extirpan y un tiempo después le aparece otro en otra parte del cuerpo. La capacidad natural del organismo para acabar con las partículas cancerígenas está agotada. La lucha externa que puedan hacer los médicos contra futuros desarrollos va a ser muy poco eficaz. Normalmente, a cada nueva extirpación le seguirán nuevas reapariciones.

Cada vez que fumas un cigarrillo, comes un alimento cargado de aditivos, carne o conservas estás sometiendo a tu cuerpo a un trabajo excesivo y gastando tu reserva de salud. Cada vez que comes un alimento sano, natural, crudo, vivo, fresco… estás incrementando tu reserva de salud.

La reserva de salud no sirve sólo para vivir más años, sirve también para disfrutar más de los años que se viven. Fumar no implica necesariamente que vaya a vivirse menos tiempo, lo que sí implica es que, el tiempo que se viva, se vivirá peor. Tal vez, si tienes 20 ó 30 años te parezca poco relevante, pero nadie de más de 50 piensa que su salud sea un tema poco importante. Mucha gente vive los últimos 20 ó 25 años de su vida en unas condiciones lamentables, debido a la mala salud. Los laboratorios farmacéuticos, en su constante búsqueda de sustancias que mejoren la salud y ayuden a curar o prevenir el cáncer, el Alzheimer, el envejecimiento de la piel o cualquier otra enfermedad o proceso degenerativo del cuerpo, van descubriendo alguna que otra sustancia nueva de vez en cuando. El resultado de las más modernas investigaciones no dice nada de lo que el sentido común no advierta: las sustancias beneficiosas para el cuerpo se encuentran en la naturaleza y en los alimentos naturales, crudos, que son propios de nuestra especie.

Hipócrates, hace 2.400 años, decía: «Que vuestros alimentos sean vuestros remedios». Él no tenía los medios ni los conocimientos científicos de ahora y, sin embargo vivió 105 años. Podemos suponer que sus conocimientos sobre salud debían ser bastante acertados.

Los laboratorios, como tienen un carácter mercantil, procuran obtener beneficios. Ningún laboratorio diría que, para prevenir el cáncer, lo mejor es comerse un diente de ajo cada día. Si un laboratorio encuentra en el ajo un potente anticancerígeno, lo que hará es aislarlo, buscar un procedimiento industrial que permita extraer la sustancia o crearla sintéticamente y patentar el procedimiento de extracción o la sustancia. A partir de ahí, la propia empresa u otra a la que se conceda la licencia de explotación fabricará cantidades importantes de esta sustancia y la venderá en forma de comprimidos, cremas o ampollas, al precio más alto que pueda.

La alta concentración de estas sustancias en los medicamentos hace que sean efectivos para curar una dolencia concreta, pero también provoca efectos secundarios. Una buena salud se consigue previniendo, no curando los destrozos después de años de maltratar al cuerpo día a día. Muchos de los daños que provocamos a nuestro cuerpo son irreparables, así que mejor no hacérselos.

Se calcula que existen entre 5.000 y 10.000 fitoelementos diferentes, de los que se conocen bien apenas unas docenas de ellos. Los alimentos con una concentración mayor de los fitoelementos conocidos son todo tipo de frutas, verduras, cereales integrales, legumbres, semillas y aceites vegetales.

Haremos un breve repaso de los principales tipos de fitoelementos conocidos, dónde se encuentran y sus efectos.

Carotenoides: Se encuentran en frutas y hortalizas de color anaranjado y en las verduras de hoja verde. Son un potente antioxidante, previenen el cáncer, potencian el sistema inmunitario y reducen el nivel de colesterol en sangre.

Fitosterinas: Están en las semillas oleaginosas (de girasol, sésamo, soja...). Disminuyen el nivel de colesterol y previenen el cáncer de colon.

Saponinas: En legumbres y otros vegetales. Previenen el cáncer de estómago e intestino, tienen efecto bactericida y antiinflamatorio, y reducen el nivel de colesterol.

Glucosalinatos: En mostaza, rábanos, coles y otras verduras. Tienen efectos anticancerígenos y bactericidas.

Polifenoles: Están en casi todas las plantas, abundando en cebollas, cerezas y lombardas. Son antioxidantes, anticoagulantes, antimicrobianos, protegen del cáncer, regulan la presión arterial y la glucemia, y estimulan el sistema inmunológico.

Inhibidores de las proteasas: Se encuentran en las legumbres. Protectores del cáncer, antioxidantes, reguladores de la glucemia y antiinflamatorios.

Fitoestrógenos: Se encuentran en la soja y en los cereales integrales. Protegen del cáncer de mama y de útero.
Sulfuros: En ajos, cebollas y puerros. Son antioxidantes, poderosos antimicrobianos, anticancerígenos, anticoagulantes y potenciadores del sistema inmunitario.
Ácido fítico: Está en los cereales integrales, las legumbres y las semillas oleaginosas. Regula el nivel de glucemia y previene el cáncer.

Como dije antes, muchos no se conocen todavía. La mejor forma de conseguir un buen aporte de estas sustancias es una dieta variada, compuesta en buena parte por frutas, verduras, cereales integrales y legumbres. Muchas de estas sustancias se destruyen con el calor, la luz y el paso del tiempo. Cuanto más crudos y más frescos sean los alimentos, mayor cantidad de fitoelementos tendrán. Son preferibles los productos de temporada y de la región que los exóticos, normalmente recolectados hace muchos meses.

Fuentes de micronutrientes naturales

Para terminar el capítulo, repasaremos algunas de las principales fuentes naturales de vitaminas, minerales y fitoelementos. Todos los alimentos que veremos son productos naturales o partes de ellos, pero la concentración de sustancias beneficiosas que contienen es tan importante que puede ser conveniente añadir alguno de ellos a la dieta, o tomarlo como suplemento. Si el producto puede encontrarse en su forma natural y además en copos, escamas, perlas o comprimidos, siempre es mejor adquirirlo en su forma natural, ya que estará menos procesado y conservará mejor sus propiedades. Además, suele ser más barato. Puede tomarse directamente o añadirse a cereales, ensaladas, sopas, etc.

Todos los precios que aparecerán son apoximados y de su formato en comprimidos o perlas.

Lecitina de soja: Ya vimos que era uno de los alimentos que mejor parados salían de entre los que tienen fama de ayudar a quemar grasas. Dejando aparte esta propiedad, no muy demostrada, es una fuente importante de vitaminas del grupo B, vitamina E, fósforo, calcio, potasio, cinc, hierro, cobre, selenio, sodio y varios fitoelementos. Puede ayudar a personas con problemas de colesterol, mejorar el rendimiento intelectual y también el físico. Se puede encontrar en copos o en perlas. El coste de tomarla en perlas puede estar entre los 2,4 y los 4 euros al mes.

Alga espirulina: También estaba entre los productos con fama de ayudar a quemar las grasas. Aparte de contener todos los aminoácidos esenciales, posee casi todas las vitaminas del grupo B, vitamina E, precursor de la vitamina A, potasio, calcio, zinc, magnesio, manganeso, selenio, hierro y fósforo.

El coste de tomarla, en comprimidos, puede estar entre los 2 y los 4,5 euros al mes.

Levadura de cerveza: Contiene vitaminas del grupo B, fósforo, azufre, potasio, cinc, cobre, cromo, hierro, manganeso, selenio, yodo, precursor de la vitamina D, aminoácidos esenciales…

Recomendada sobre todo en problemas de piel y cabellos, para mejorar el rendimiento mental, el estado de ánimo y la mayoría de las disfunciones del sistema nervioso.

Se puede encontrar en copos y en comprimidos. Tomarla en comprimidos puede costar entre 0,60 y 1,40 euros mensuales.

Germen de trigo: Es la capa del grano de trigo situada entre el interior y el salvado. Es, sin duda, la parte del grano que tiene un mayor contenido en nutrientes. Normalmente es retirada al moler y refinar el trigo para obtener harina blanca. Destaca su alto contenido en vitamina E. Aparte de eso, tiene vitamina A, varias del grupo B, hierro, calcio, magnesio, cobre, fósforo, aminoácidos esenciales y bastantes fitoelementos.

Puede encontrarse en escamas y en perlas (normalmente de aceite de germen de trigo). Tomarlo en perlas puede costar entre 3 y 5 euros al mes.

Aceite de hígado de bacalao: Es posiblemente la fuente natural con mayor contenido de vitaminas A y D. También contiene ácidos grasos beneficiosos para el cuerpo. Ideal para ayudar a combatir anemias y enfermedades de la piel. Su presentación más habitual son las perlas.

El coste está en torno a los 7 euros al mes.

Miel: Ha sido considerada como sustancia terapéutica y fuente de salud y energía por prácticamente todas las civilizaciones del mundo. En ella se reúnen más de setenta sustancias distintas, muy valiosas para la salud. Suaviza y protege las vías respiratorias, tiene un importante efecto antibiótico y sobre el sistema nervioso, alivia ciertos trastornos digestivos, mejora el tono de la piel y, aplicada externamente, facilita la recuperación de las quemaduras y es un magnífico hidratante aplicado sobre el rostro como mascarilla.

Si la naturaleza nos aporta todo lo que necesitamos, no hemos de olvidar que las abejas, para fabricar 100 gramos de miel, visitan un millón de flores. ¿No te parece una gran cantidad de naturaleza concentrada en tan poco espacio?

Personalmente, hace tiempo que sustituí el azúcar por la miel como endulzante. Uno es un producto artificial, vacío de nutrientes, muerto… la otra, en cambio, es toda energía y riqueza.

Si tienes ocasión de comprobar el origen de la miel que compras, procura evitar la que provenga de flores de cultivos agrícolas, porque muchas de ellas contienen restos de insecticidas utilizados en la agricultura. Es mejor comprar una que provenga de algún tipo de planta silvestre.

Polen: Contiene aminoácidos esenciales y no esenciales, vitaminas B, C, D, E y H, muchos minerales, enzimas y multitud de fitoelementos. Se ha comprobado que regula el apetito y las funciones intestinales, mejora el rendimiento físico, el estado de ánimo, el rendimiento mental, la recuperación después del esfuerzo, aumenta el número de glóbulos rojos y la hemoglobina, y mejora el rendimiento sexual.

Un paquete de medio kilo puede costar unos 7 u 8 euros, y tendrás para utilizarlo como complemento durante un mes.

Jalea real: Es el alimento de la abeja reina, que, debido a que ha de poner 1.500 huevos diariamente, necesita un alimento de extraordinario valor nutritivo. Posee todas las vitaminas del grupo B, vitaminas A, C, D y E, multitud de minerales y gran cantidad de fitoelementos. Además, contiene un 3 % de un compuesto llamado «factor R», del que se desconoce su composición, pero parece ser que explica parte de los sorprendentes efectos de este producto.

Se ha comprobado que provoca sensación de bienestar, agudeza intelectual, mejora piel, cabello y uñas, aumenta la potencia sexual, retarda el envejecimiento, favorece la cicatrización y también la recuperación tras esfuerzos prolongados.

La jalea real es un producto difícil de obtener. Fresca sólo puede conservarse a una temperatura de entre 0 y 5 °C, y durante doce meses como máximo, así que es realmente difícil de conseguir. Si queremos comprarla, normalmente la encontraremos en comprimidos y ampollas, que sólo contienen una pequeña parte de jalea real y, además, liofilizada. Ese proceso mejora su capacidad de conservación y los productores afirman que no afecta a la calidad de los nutrientes que contiene, pero, haciendo caso al sentido común, hemos de suponer que la jalea real que podamos obtener en un comercio dista mucho de la que consume la abeja reina.

El coste de tomarla como suplemento será, como mínimo, de 9 euros mensuales. Hay otra alternativa para tomarla, que es comprar miel con jalea real. Existe alguna en el mercado con un 6 % de jalea real, que es una cantidad importante. Esta miel puede costar unas tres veces más que la miel normal, pero aun así, si se compara con el coste de comprar suplementos de jalea real, resulta económica. Es la opción que parece más interesante porque los suplementos de jalea real traen, como excipiente, otros productos mucho menos sanos que la miel y, tomando dos o tres cucharadas de esta miel al día, estamos beneficiando al cuerpo por partida doble.

Ajo: Es el antibiótico natural más poderoso que existe y también el que contiene la máxima concentración conocida de fitoelementos. Ha sido usado desde la Antigüedad como remedio natural para muchísimas afecciones.

Se ha demostrado que es eficaz para bajar la tensión arterial, disminuir los niveles de colesterol, ayudar a paliar los efectos de la diabetes, mejorar el funcionamiento del sistema respiratorio, prevenir la aparición de tumores y el desarrollo de células cancerígenas, y es un potente bactericida eficaz para el tratamiento de muchas infecciones.

Los mayores beneficios se obtienen tomándolo crudo. A diferencia del resto de los productos que aparecen en esta sección, el ajo, debido a su altísima concentración de sustancias, no es algo que deba administrarse indiscriminadamente. Produce irritaciones gastrointestinales y una bajada de tensión que puede resultar perjudicial si ya se padece hipotensión. Si se toma cocinado, la tolerancia por parte del sistema digestivo aumenta, pero muchos de sus componentes beneficiosos se destruyen.

Si se quiere tomar ajo para tratar alguna afección, una cantidad razonable es un diente crudo al día, acompañado con abundante agua para paliar sus efectos irritantes. Si se va a tomar como un suplemento preventivo, con tomar medio diente dos veces por semana es más que suficiente.

Semillas de sésamo: Contienen aminoácidos esenciales, varias vitaminas del grupo B, vitamina E, lecitina, calcio, hierro, zinc, fósforo, magnesio, cobre y multitud de fitoelementos.

Su principal característica es su alto contenido en calcio (es el producto natural que tiene una mayor concentración de este mineral) que, además, se presenta en una forma mucho más asimilable que la de los productos lácteos. Es un complemento ideal (mucho mejor que la leche) para tomar durante la lactancia, durante cualquier afección de los huesos o si se tiene deficiencia de este mineral.

Conviene moler las semillas. Si se toman enteras, una buena parte pasan a través del sistema digestivo y se expulsan sin digerir. Se pueden añadir a ensaladas, sopas, cereales o a casi cualquier alimento, espolvoreando por encima cuando el alimento ya está cocinado. También pueden tomarse directamente. Mezcladas con miel tienen un sabor muy agradable.

El coste de estas semillas en un herbolario puede estar entre tres y cuatro euros el medio kilo. No es un producto caro en absoluto.

Es muy importante tener en cuenta que cualquier suplemento de este tipo, incluso los suplementos de vitaminas sintéticas, deben tomarse antes de las comidas. De esta forma, pasan por el el estómago deprisa y son absorbidos sin mayor dificultad en el intestino. Si se toman después de la comida, permanecerán en el estómago durante un buen periodo de tiempo, llegarán al intestino degradados y será absorbida una menor cantidad de nutrientes, con lo que los beneficios que podremos obtener serán también mucho menores.

La compulsividad al comer

Nunca he sido fumador, ni alcohólico, ni drogadicto, sin embargo hace años que entiendo el problema de quienes sí lo son y soy consciente de la dificultad que tienen para superar su adicción. Siempre he procurado tener control sobre mis actos, incluso sobre mi temperamento, pero hay algo que, hasta no hace mucho, siempre me ha superado: la comida.

Durante algunas épocas de mi vida he sido un comedor compulsivo. Creo que el término «bulimia» sería exagerado, así que prefiero utilizar el de «comedor compulsivo». En ocasiones, me he pegado atracones entre horas en los que he devorado cantidades de comida impresionantes, a una velocidad de vértigo y haciendo unas mezclas de lo menos digestivas. En alguna época, esta falta de control llegó a preocuparme. Aunque comportamientos de este tipo tienden a desencadenarse cuando no hay nadie que lo presencie, imagino que, como a mí, esto le sucede a muchas personas.

Los momentos en los que se tiene tendencia a cometer estos excesos son de preocupación, tensión, sensación de fracaso, fatiga… La comida es un refugio; la sensación de tener el estómago lleno y la serotonina y otras sustancias que segrega el organismo cuando se come por placer provocan un relajamiento y una sensación de bienestar y despreocupación que nos ayudan a superar el mal momento que estamos pasando. ¿Te pasa algo parecido? Te contaré cómo he superado yo esta situación.

Si me paro a pensar en lo que me ha llevado a cometer estos excesos, compruebo que, la mayoría de las veces, ha sido una mezcla de preocupación y falta de energía. Hay veces en las que he comido de semejante manera sin tener nada de hambre, simplemente porque la tensión me desbordaba y necesitaba algo que me relajara. En esos momentos, además, se tiende poderosamente a la comida basura. Rara vez se me ha ocurrido ponerme a cocinar algo en una situación así, y siempre he tendido a los dulces, frutos secos, patatas fritas, embutidos o cosas similares. He acabado por darme cuenta de que ese hábito es destructivo y no conduce a nada, y ahora, cuando algo me desborda, en vez de pegarme un atracón de comida me cambio de ropa, salgo de casa y me voy a correr treinta o cuarenta minutos. La sensación de fatiga me produce una relajación mental mucho más gratificante que la de la comida, y suelo volver a casa con las ideas mucho más claras para poner algún tipo de solución a la situación que me preocupa.

Si hay algo en tu vida que te genera tensiones y preocupaciones, y eso te impulsa a comer más de la cuenta, lo que tienes que hacer es resolverlo. La comida no va a solucionar nada, tendrás que hacerlo tú mismo. Solucionar estos detalles no sólo te ayudará a perder peso, también te proporcionará una vida más plena y feliz. Comienza hoy mismo a buscar soluciones a cada uno de los problemas de tu vida. Seguro que para todos ellos existe una solución.

Lo que siempre había visto realmente difícil de controlar eran los atracones en los que se mezcla un decaimiento, falta de energía y hambre con la preocupación. En ese momento parece que comer se convierte en la principal prioridad, no importa la hora del día que sea ni el lugar donde estemos. En general, la mayoría de estos «bajones», me han dado en momentos en los que estaba tratando de perder peso. Privar al cuerpo de alimentos, saltarse comidas, reprimirse de comer algo que apetece, me han provocado muchos de estos bajones que terminaban, al menos momentáneamente, con todos los buenos propósitos que había hecho durante los días o las semanas anteriores. Además, parecía que en ese momento, el cuerpo pedía mezclar alimentos y comer cosas prohibidas.

Hacer dietas, privarse de alimentos y comer productos con un índice glucémico alto provocan estos bajones. Si tienes tendencia a pegarte atracones de este tipo, no vuelvas a hacer dietas ni a saltarte comidas. Trata, en lo posible, de evitar los «subidones» provocados por comer de forma inadecuada. Por ejemplo, los dulces provocan un aumento exagerado del nivel de glucosa en la sangre que nos hace sentir cierta sensación de energía tras comerlos. Como ya hemos visto, este exceso hace que el páncreas segregue insulina a toda prisa para disminuir el nivel. Esta cantidad brusca de insulina disminuirá el nivel de glucosa, que terminará bajando por debajo del nivel normal, lo que provocará el bajón que nos incitará a comer mucho y deprisa. Y eso provocará otro nuevo ciclo. Para evitar estos bajones haz lo siguiente:

- Evita las comidas copiosas. La cantidad de energía gastada en la digestión, unida al aumento del nivel de glucosa que provocarán los hidratos de carbono de absorción rápida, te provocarán un bajón a las cuatro o cinco horas de la comida.
- Evita los hidratos de carbono de absorción rápida.
- Evita la comida basura.
- No hagas dietas ni te prives de comer cuando el cuerpo te lo pida.
- No te saltes comidas.

En resumen, si te alimentas principalmente de frutas y verduras, combinas adecuadamente los alimentos y, cada vez que tengas hambre o te sientas decaído comes algo de fruta, tu nivel de energía será siempre el correcto y no tendrás bajones de este tipo, con lo que no necesitarás ninguna fuerza de voluntad para vencerlos.

La fuerza de voluntad y la disponibilidad de alimentos

A un fumador le resulta imposible dejar de fumar si lleva un paquete de cigarrillos en el bolsillo. Si se lleva a ese mismo fumador a una isla desierta y se le deja allí unos meses, sin ninguna posibilidad de conseguir tabaco, podemos estar seguros de que en esos meses no fumará.

Lo mismo pasa con la comida. Si quieres dejar de comer ciertos alimentos, por ejemplo dulces, y tienes una bandeja llena delante de tu vista todo el día, te va a costar muchísimo vencer la tentación.

La voluntad flaquea más cuanto más cerca está la tentación. La persona que más influye en la salud de las personas que viven en una casa es la que compra los alimentos que comen. Si te planteas cambiar tus hábitos alimenticios actuales por unos más sanos, lo mejor que puedes hacer es no comprar la comida que no te conviene comer. No debes pasar hambre en ningún momento, así que procura tener comida a mano siempre, pero que sea sana. Procura que en tu casa no haya comida poco conveniente, así apenas te costará ningún esfuerzo evitar comerla. De la misma manera, procura no fijarte en los escaparates de las pastelerías y en los estantes del supermercado donde se encuentra la comida basura. Cuando tu paladar haya cambiado y ya no te atraigan estos alimentos adictivos, no necesitarás evitar el contacto. Pero tu paladar no va a cambiar si los sigues comiendo con asiduidad. Evita el contacto con ellos, no los mires cuando pases cerca de donde se encuentran y, sobre todo, no los tengas en casa. Tu objetivo no debe ser nunca llegar a ser como un monje budista, con un control absoluto de tus pasiones, deseos y voluntad. Si quieres conseguir algo, lo más razonable que puedes hacer es evitar el contacto con la tentación.

La influencia de la mente en los resultados

En muchos aspectos de la vida, podríamos hacer la siguiente afirmación:
- Si crees que puedes, tienes razón. Si crees que no puedes, también tienes razón.
- Tener un propósito definido y estar convencido de que puedes lograrlo son ingredientes fundamentales para el éxito de cualquier proyecto.
- Tu mente es mucho más poderosa de lo que piensas. El subconsciente, por su propia naturaleza, trata siempre de hacer realidad aquello en lo que piensas.
- Si eres tímido y quieres vencer la timidez, no pienses nunca en lo tímido que eres, sino en lo seguro de ti mismo que te gustaría ser.
- Si quieres estar sano, no pienses en la enfermedad, sino en la salud.
- Si quieres ser rico, no pienses nunca en lo que cuesta ganar el dinero. Trata, por el contrario, de verte poseyendo una gran cantidad de él.
- Si quieres estar delgado, no pienses nunca en que estás obeso, sino en cómo te gustaría ser.

¿Te parece absurdo? Pues no lo es en absoluto. La historia de la humanidad está llena de personas que centraron su mente en una idea (que muchas veces parecía imposible) y consiguieron llevarla a cabo. Veamos algunos ejemplos de lo que puede hacer la mente.

En ocasiones, tras hipnotizar a alguien, se le ha puesto un objeto en la mano diciéndole que era una brasa. Más tarde, a esa persona le ha salido una ampolla como si lo que hubiera tenido en la mano le hubiera quemado la piel.

En una tribu de la India (los muria), los adolescentes, hasta que se casan, se emparejan y mantienen relaciones sexuales cada noche. No se ha dado nunca el caso de que una chica se haya quedado embarazada antes de casarse. En la tribu están completamente convencidos de que, para que una mujer quede embarazada, debe primero haber sido bendecida por los espíritus de la fertilidad, en una ceremonia que se hace en el momento de la boda. Después de varios años manteniendo relaciones sexuales casi a diario sin ningún tipo de método anticonceptivo y sin problemas de embarazo, a las pocas semanas de casarse la mayoría quedan embarazadas.

En aquellas tribus que confieren al hechicero grandes poderes, éste puede incluso matar a personas. Están tan convencidos de que realmente puede hacerlo que, si alguien incumple alguna norma importante y el hechicero le condena a muerte, esa persona muere esa misma noche (el cerebro humano tiene la capacidad de hacer segregar al cuerpo una sustancia que actúa igual que un veneno mortal).

Hay personas que han llegado a adelgazar 15 kilos en unos meses sin cambiar sus hábitos alimenticios, simplemente haciendo ejercicios mentales de autoafirmación y mejora de la confianza en ellos mismos (puedes intentarlo, pero mejor cambia tu forma de comer; es mucho más efectivo y tu salud te lo agradecerá enormemente...).

Muchos estudios han demostrado que las ganas de seguir viviendo y el fuerte deseo de realizar algo que aún está pendiente por hacer en la vida han contribuido muy positivamente a la curación de enfermedades como el cáncer. De la misma forma, la frustración, la negatividad o la falta de ganas de seguir viviendo influyen notablemente en la aparición de un gran número de enfermedades.

Cómo pensar para adelgazar

Como el subconsciente trata de lograr todo lo que visualiza, debes ser cuidadoso en este aspecto.

No pienses en personas obesas, no pongas la foto de alguna persona extremadamente gorda en la puerta de tu frigorífico y no te veas como una persona obesa; eso haría que tus kilos de más se mantengan en su lugar o incluso aumenten. Al contrario, piensa en personas esbeltas y delgadas, trata de cerrar los ojos y visualizar tu cuerpo con una forma esbelta y sin ningún kilo de más, y sé ambicioso, no te conformes con visualizar tu problema a medias de resolver, trata de verte con un cuerpo similar al de algún modelo o actor atractivo. Cierra los ojos y trata de visualizar esa imagen, de forma lo más nítida posible, varias veces al día. ¿Te parece absurdo? No lo creas, simplemente con eso no vas a conseguir el cuerpo que deseas, pero verte así, desearlo, sentir que puedes conseguirlo va a hacer que el subconsciente acepte de mucho mejor grado y con un mayor convencimiento cualquier cambio que realices en tu vida. Lo importante es el deseo ardiente de conseguir algo. Una vez que el deseo está sembrado, tu mente irá pensando, día a día, formas de convertir el plan en realidad, hasta que encuentre un camino.

Algo que he podido observar durante todos los años en los que he estado haciendo un intento de adelgazar tras otro es que pensar en la privación de alimentos induce a comer en exceso. Por ejemplo, muchas veces me ha pasado que un día decidía hacer un nuevo intento de perder peso. Planificaba la forma en la que iba a comer a partir de entonces y decidía que a partir del día siguiente comenzaba. Al día siguiente me levantaba, desayunaba tal y como había previsto en mi plan y me iba a trabajar. Durante la mañana, me venía muchas veces a la cabeza mi plan. Pensaba en lo disciplinado que iba a ser a partir de ese momento y, sobre todo, pensaba en los alimentos que ya no iba a comer nunca más. Así durante bastantes veces a lo largo del día. Era normal darle importancia, ése era un gran día, había comenzado el intento definitivo que me conduciría a perder los kilos que me sobraban y eso provocaría grandes cambios en mi vida. Durante varios días seguía recordándolo con mucha frecuencia, pero no desde el punto de vista del resultado que esperaba conseguir, sino desde el de las privaciones que iba a sufrir. A los pocos días, me daba un bajón y terminaba pegándome un atracón, precisamente del tipo de comida que me había prometido no volver a comer nunca más. Ahora veo que eso era normal: yo pensaba en los alimentos que no quería comer y, a los pocos días, el subconsciente obtenía precisamente esos alimentos. Tu subconsciente no es tan sutil como para saber a qué intención asocias tus pensamientos. Si piensas en comida basura, sea para comerla o para no comerla, tu subconsciente la terminará consiguiendo. Si piensas en la enfermedad, aunque sea para evitarla, tu subconsciente tenderá hacia la enfermedad. Así pues, no pienses en la enfermedad, no pienses en la obesidad, no pienses en la comida basura, no pienses en ningún hábito poco saludable. Por el contrario, piensa en la salud, en tener un cuerpo esbelto, en las frutas y las ensaladas con las que te vas a deleitar a partir de ahora. Tu mente comenzará a recorrer el camino hacia la salud, hacia el cuerpo esbelto y hacia las frutas y las ensaladas. Y éste es un consejo para todas las facetas de tu vida: piensa en lo que quieres conseguir y aparta de tu mente lo que no quieres.

Anexo IX
Auriculoterapia y adicción a la comida

En EE UU la adicción a la comida se está convirtiendo en una epidemia de efectos similares a los del alcoholismo. Los adictos crónicos a la comida, especialmente a la llamada «comida basura», sufren el mismo tipo de enfermedad que las personas aquejadas por el alcoholismo o los estupefacientes, según un estudio de la Universidad de Florida.

«¿Cuál es la diferencia entre alguien que pierde el control sobre el alcohol o las drogas y alguien que lo pierde sobre lo que come?». Según los autores del estudio, «la adicción causante de la obesidad se debe en parte a que la comida se ha vuelto más refinada, más hedónica, más agradable». La obesidad es la segunda causa de muerte prematura en EE UU y los expertos prevén que en los próximos veinte años sobrepase al tabaquismo, que es la primera. Según las estadísticas del 2003 del National Center for Health Statistics, alrededor de un 24 % de los estadounidenses mayores de veinte años son obesos, la que sin duda es una cifra alarmante.

En cuanto al tratamiento, la medicina convencional trabaja sobre las respuestas cerebrales de los adictos a la comida. Se apunta al diseño de una terapia «integral» basada en atención psicológica, medicamentos asociados a las respuestas neurológicas, ejercicio y una dieta equilibrada.

Auriculoterapia

La eficiencia de esta técnica, desarrollada por médicos como el Dr. Nogier y el Dr. Bucek, en los tratamientos para la deshabituación del tabaco, todavía no ha logrado los mismos resultados en el caso de la adicción a la comida. Hay que tener en cuenta que la nicotina es un medicamento que es posible eliminar sin problemas por parte de muchos pacientes. Cuando se aprende a vivir sin la toxicomanía de la nicotina se la puede evitar durante largo tiempo sin necesidad de hacer un esfuerzo sobrehumano. Pero en el caso de la comida, las cosas son diferentes: necesitamos comer.

La nicotina es un fármaco que se puede evitar, pero la gente necesita comer. Por eso es tan importante lo que comen nuestros hijos prácticamente hasta la adolescencia e incluso hasta la entrada en el mundo de los adultos. Hay que recordar que las sensaciones que produce la comida durante la infancia quedan registradas de tal forma que a menudo forman parte de un «paquete de maravillas» al que se regresa de mayores.

El impulso más fuerte en el ser humano es el de la supervivencia, pero le siguen comer y beber. La escasez de alimentos en épocas primitivas daría, como resultado, el registro de un «hambre ancestral», más allá de todo raciocinio, en cada uno de nosotros.

Que comemos en exceso también se observa, por ejemplo, en caso de guerra o carencias en épocas recientes. Por ejemplo, está documentado que en el norte de Alemania, durante la segunda guerra mundial, el peso normal se alcanzó fácilmente con motivo de una alimentación escasa, con lo que se influyó beneficiosamente en la prevención de diversas enfermedades y sin efectos secundarios. Sin embargo, hasta hace bien poco, los ayunos eran una práctica habitual en casi todas las culturas y su poderoso efecto terapéutico ha sido reconocido desde siempre. De todas formas, antes de iniciar un ayuno total sólo con agua (que, además, en tratamientos de auriculoterapia no es recomendable) conviene consultar al médico o dietista, y más aún si se trata de niños. Téngase muy presente que un ayuno total conlleva, a partir del tercer día, una importante depuración del organismo. En todo caso se deben administrar soluciones con electrolitos y como mínimo tres litros diarios de agua o líquidos.

Los diversos tipos de ayuno, como la cura de savia y zumo de limón, tan popular entre los naturistas, resulta beneficiosa generalmente para los adultos. En cambio, no conviene que los niños y adolescentes lleven a cabo ayunos estrictos, sino sólo curas de frutas. Por ejemplo, un día a la semana podrían cenar sólo fruta o zumos de fruta naturales y recién exprimidos. Podréis comprobar, además, una ventaja añadida, y es que ayudan a que la persona recupere poco a poco y por sí misma el sentido del gusto y reeduque el paladar.

¿Hemos perdido hoy en día el instinto de la salud? Es cierto que la publicidad suele conducir a una ingestión excesiva de alimentos y, en particular ,de alimentos cargados de grasas saturadas o demasiado dulces (chocolate, bollería industrial y azúcar blanco, que además aparece «camuflado» en toda clase de alimentos preparados).

Otro efecto nocivo de la comida industrializada es la pérdida de la costumbre de masticar, debido a que se ofrece un sinnúmero de platos exageradamente «blandos», de forma que el hecho de deglutirlos se pueda realizar sin problemas. Valga como ejemplo una última muestra reciente: el pan de molde «sin corteza», cuyo éxito ha premiado a los expertos en marketing que protagonizaron el lanzamiento de semejante disparate.

La publicidad favorece además el «prestigio» del mundo del gourmet, rico en salsas, condimentos y efectos que a una u otra escala propician también cierta adicción a la comida.

La auriculoterapia (terapia por acupuntura) para tratar la adicción a la comida debe combinarse necesariamente con cambios en la alimentación; por eso conviene insistir en la importancia de elegir una buena dieta para la salud. Por ejemplo, dietas como la del célebre Dr. Atkins (mucha carne e incluso grasas, pero prácticamente prohibición de los hidratos de carbono) ejercen un claro efecto nocivo para la salud del organismo.

En caso de que se elija un tratamiento de auriculoterapia, hay que evitar absolutamente la toma de alcohol (por ejemplo, los familiares «vinos quinados», tan populares hasta hace poco), ya que el alcohol es portador de calorías y puede estimular el apetito. También hay que suprimir radicalmente el azúcar blanco y sustituirlo por azúcar integral de caña o bien por miel, miel de caña o siropes: de cereal, manzana, arce, ágave, etc.

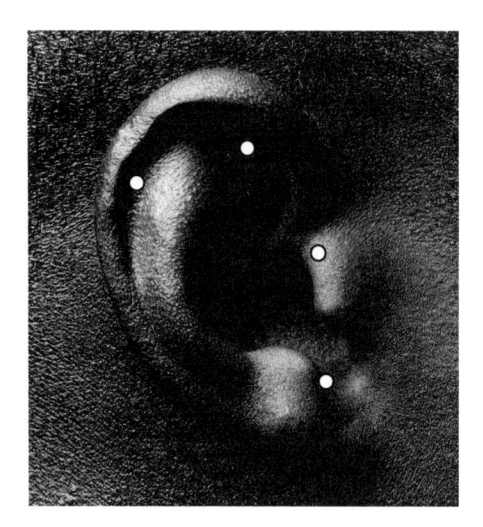

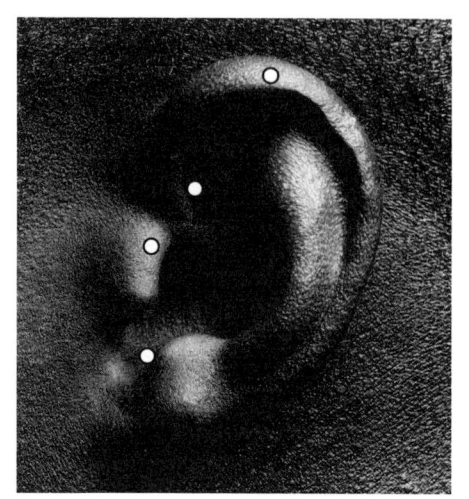

Los cereales no integrales y sus derivados (como la harina blanca) deberán sustituirse por cereales integrales: muesli, copos de avena, pan y pasta integral, y arroz integral de cultivo ecológico. Se comerán, además, en cantidades moderadas, pero eso ya no será no será tan difícil porque aquella sensación de apetito exagerado ya no se va a dar tanto ni tan intensamente.

Todo ello puede combinarse con ensaladas en abundancia, toda clase de hortalizas y verduras, huevos, tofu («queso» de soja) o seitán, que es un excelente sustituto de la carne, al poseer todas sus ventajas (como la textura) y ninguno de sus inconvenientes. El seitán se prepara con la proteína del trigo y es fácil de encontrar en las tiendas de dietética que ofrecen productos frescos, aunque también puede prepararse en casa y conservarlo varios días en el frigorífico.

Los no vegetarianos o quienes elijan una alimentación de transición al vegetarianismo pueden incluir, con moderación, un poco de pescado o de carne magra.

Para perder peso, resulta conveniente seguir un plan personalizado con el seguimiento de un especialista, pero se puede seguir una alimentación equilibrada y unas reglas básicas para prevenir y reconducir el sobrepeso o la tendencia a engordar. En el primer caso se suele establecer, de acuerdo con el médico, una tabla de alimentos en la que el paciente registrará a diario lo que coma, junto a su valor calórico, para no sobrepasar una ingesta superior a 1.000-1.200 calorías. Si se desea controlar la dieta, siempre hay que tener en cuenta las calorías, incluidas las de las frutas. La fruta es muy conveniente desde muchos puntos de vista, sobre todo si se puede conseguir fresca y recogida con un buen punto de maduración en el propio árbol.

En cuanto a la auriculoterapia, los puntos (descritos en el gráfico) son muy parecidos a los que se siguen para la deshabituación del tabaco. Su aplicación debe ser siempre efectuada por un acupuntor especializado, quien determinará la lateralidad de cada persona (por ejemplo, la derecha es la oreja dominante en las personas diestras). Los pacientes obesos deben visitar al terapeuta una vez por semana para controlar su peso. Perder un kilo a la semana es perfectamente aceptable, ya que aunque se puede perder más peso con rapidez, esos kilos suelen jugar luego malas pasadas porque acaban instalándose de nuevo y más adelante cuestan más de eliminar.

Diez reglas de oro

Si quieres iniciar junto a tu hijo una batalla contra los kilos de más, es importante prestar atención a una serie de hábitos. Os hemos resumido los diez puntos más importantes:

1. Conviértete en su ejemplo y haz ejercicio físico regularmente.
2. Reordena tu cocina y elimina todos los alimentos grasos.
3. Cuando preparéis juntos la comida, toma en consideración los deseos del pequeño.
4. Reduce la compra de dulces y chucherías. No almacenes este tipo de alimentos porque tarde o temprano se avcabarán comiendo.
5. Escribid juntos la lista de la compra.
6. Cocinad juntos.
7. Reduce las raciones de comida.
8. No te preocupes tanto por si tu hijo deja comida en el plato.
9. No veáis la televisión mientras coméis.
10. Busca aliados y establece contacto con personas que se encuentren en la misma situación.

Bibliografía

ALEMANY, Marià, *Obesidad y nutrición*, Alianza Editorial, Madrid, 1992

CABALLERO BLASCO, Javier, *Pequeños errores que nos hacen sufrir*, Pirámide, Madrid, 1997

CARDÚS Y VEGA, *El primer año de vida (Aprender a comer, una sabrosa aventura)*, Parramón, Barcelona, 2003

Centre d'Ensenyament Superior de Nutrició i Dietètica, *L'alimentació de l'adolescent*, Pòrtic, Barcelona, 2001

DOMÈNECH, Montse, *¡A comer! Método Estivill para enseñar a comer*, Plaza-Janés, Barcelona, 2004

EDGSON Y MARBER, *El poder curativo de los alimentos*, Parramón, 1999

PEARCE, John, *Comer: manías y caprichos*, Paidós, Barcelona, 1995

ROMERO, José Luis, *Para que tus hijos coman bien*, Juventud, Barcelona, 2001

ROSSELLÓ, María José, *Comida amiga*, Plaza-Janés, Barcelona, 1999

SÁNCHEZ-OCAÑA, Ramón, *Guía de la nutrición*, Espasa-Calpe, Madrid, 1999

VV. AA., *Larousse de la Dietética y la Nutrición*, Larousse, Barcelona, 2001

Alimentación vegetariana y naturismo:

BIRCHER BENNER Dr. R., *Regímenes de salud y esbeltez*, Rialp, Madrid, 1991

BONET, Dr. Daniel, *Peso perfecto*, Ibis, Barcelona, 1994

BRADFORD, Montse, *La nueva cocina energética*, Océano Ámbar, Barcelona, 2005 (8ª edición)

BRADFORD, Montse, *El libro de las proteínas vegetales*, Océano Ámbar, Barcelona, 2005 (3ª edición)

BRUKER, Dr. M. O., *La salud por la alimentación*, Integral, Barcelona, 1992

BRUKER, Dr. M. O., *Tratamiento natural del estreñimiento*, Integral, Barcelona, 1992

CASADEMUNT, Jordina, *Cocina ligera sin grasas*, Océano Ámbar, Barcelona, 2005

DALLA VIA, Gudrun, *El peso ideal con las combinaciones alimenticias*, Océano, Barcelona, 1997 (incluye carne y pescado)

KRIZMANIC, Judy, *A teen's guide to going vegetarian*, Penguin, Nueva York, 1994

MELTZER, Dr. Barnet, *La alimentación equilibrada*, Océano Ambar, Barcelona, 2002

MÉRIEN, Désiré, *Las claves de la nutrición*, Océano, Barcelona, 1998

PELETEIRO, Dr. Joaquín, *Alimentación y salud*, Integral, Barcelona, 1979

SAGER-KRAUSS, Brigitte, *Wie dicke Kinder abnehmen können*, Midena, Augsburgo, 1994

WEIL, Dr. Andrew, *¿Sabemos comer?*, Urano, Barcelona, 2001

Agradecimientos

Agradecemos la información sobre auriculoterapia facilitada por Mandala ediciones y que corresponde al excelente libro *El desafío de la auriculoterapia*, del Dr. Victorino Martínez Figuereo.

SP
618.92398 C334

Friends of the Houston Public Library

Casademunt, Jordina.
Mi hijo esta gordo! :
sobrepeso y obesidada
infantil : dietetica y
Ring ADU HRC
01/07

DISCARD